**GOLDMANN**
ARKANA

# Madisyn Taylor

# Täglich OM

Inspirierende Gedanken
für einen gesunden, glücklichen
und erfüllenden Tag

Aus dem Englischen von Richard Barth

**GOLDMANN**
ARKANA

Die Originalausgabe erschien 2008 unter dem Titel
»Daily OM. Inspirational Thoughts for a Happy, Healthy and Fulfilling Day«
bei Hay House, Inc., Carlsbad, California, USA.

Verlagsgruppe Random House FSC-DEU-0100
Das für dieses Buch verwendete FSC-zertifizierte Papier
*Super Snowbright* liefert Hellerfoss AS, Hokksund, Norwegen

1. Auflage

**www.arkana-verlag.de**

# INHALT

6

8

# EINLEITUNG

Im Jahr 2004 habe ich gemeinsam mit meinem Mann die Internetplattform DailyOM mit dem Ziel gegründet, E-Mails der Hoffnung, Bewusstheit und Liebe zu versenden. Jeden Tag verschicken wir Texte zu Themen wie Meditation, Beziehungen und Natur, aber auch Worte, die einfach zu Herzen gehen. Sie erzählen von Ereignissen und Lebenslagen, die uns als Menschen auf dem Weg zum Wachstum begegnen.

Seitdem wir uns auf diesen Weg gemacht haben, wollten wir immer schon die Weisheit von DailyOM gern in einem Buch zusammenfassen. Den ersten Band halten Sie nun in Ihren Händen. Lassen Sie sich auf Ihrem Weg zu mehr Bewusstheit und Erfüllung behutsam von der Energie der Worte auf diesen Seiten leiten.

Als Chefredakteurin von DailyOM werde ich oft gefragt, woher ich jeden Tag die Ideen für meine Texte nehme. Und tatsächlich ist das eine der schwierigsten Aufgaben bei diesem Job – andererseits kann es auch die leichteste sein. Denn meistens sind es Eingebungen, die ich beim Meditieren habe, und manchmal lässt das Universum mich einen Blick auf mein eigenes Leben werfen und über meine persönlichen Erfahrungen schreiben. Schließlich leben wir alle auf demselben Planeten und machen ähnliche Erfahrungen. Eine wichtige Rolle für meine Inspiration spielt stets die Natur, und ich bin jeden Tag aufs Neue von ihrer Schönheit, ihrer Weisheit und ihrer Bereitschaft ergriffen, an der Heilung der Menschheit mitzuwirken.

Wir erleben alle Freude und Schmerz, Liebe und Leid – niemand ist dagegen gefeit, auch ich nicht. Ich bin den gleichen Weg gegangen wie Sie, und ich habe mein Leben unter die Lupe genommen und dort Veränderungen vorgenommen, wo ich gespürt habe, dass sie nötig sind. Ich könnte Ihnen diese Zeilen nicht schenken, wenn ich nicht selbst an diesen Themen arbeiten würde. Ich hoffe aufrichtig, dass diese Texte Ihnen Trost spenden werden. Dass sie ein Feuer in Ihnen entfachen und zum Anlass von Gesprächen werden oder zu Veränderungen führen. Und dass Sie vielleicht sogar etwas Neues lernen, wenn Sie dazu bereit sind. Ich bin so froh, dass Sie sich mit uns auf diese Reise machen.

Viele Glück- und Segenswünsche

Ihre

Madisyn Taylor

# DIE VERBINDUNG ZUM ZENTRUM

## EIN KURZBESUCH IN UNSEREM HERZEN

Jeden Tag erleben wir einen magischen Dämmerzustand zwischen Träumen und Wachen. Während dieser kurzen Zeitspanne weiß unser Geist, dass nichts unmöglich ist. Wenn wir unserem Herzen einen Kurzbesuch abstatten, bevor wir überhaupt aufstehen, dann können wir ganz sanft in die fassbare Welt hinübergleiten, ohne dieses hoffnungsfrohe Gefühl zu verlieren.

Unser Herzenszentrum ist das Bindeglied zwischen Körper und Seele, Intuition und Inspiration. Es dauert nicht lange, dem Herzen, das in uns schlägt, einen liebevollen, dankbaren Gedanken zu widmen – für einen kurzen Augenblick können wir alles, was wir erreichen wollen, im Licht der Liebe betrachten. Wenn wir uns angewöhnen, unseren Tag aus dem Herzen heraus zu beginnen, dann umfängt all unser Tun der Glanz bewussten Handelns, und alle Begegnungen sind geprägt von Mitgefühl.

Wir können unseren Tag hier und jetzt neu beginnen, indem wir uns bewusst machen, wie sich Liebe und Inspiration anfühlen. Sobald das Licht unseres Herzens aufleuchtet und durch unseren Körper hindurch in unser Umfeld ausstrahlt, sind Stress und Ärger wie verflogen. Jetzt erkennen wir in jedem, der uns begegnet, einen Reisegefährten auf der Reise des Lebens, und jede Handlung wird Teil einer spirituellen Partnerschaft. Indem wir den Kreislauf des Gebens und Nehmens bewusst erleben, teilen wir unser Licht mit anderen und werden dadurch selbst belebt, wobei unser Herz uns den Weg weist.

Dort, wo sich Körper und Seele treffen, schlägt unser Herz im Gleichklang mit dem Universum. Seine physische Aufgabe, unseren Körper mit Lebenskraft zu versorgen, verrichtet es ohne unser Zutun – aber damit es seine *spirituelle* Aufgabe erfüllt, bedarf es unserer bewussten Aufmerksamkeit. Wenn wir uns auf seinen Rhythmus konzentrieren – und auf das Licht, das es verströmt, dann erinnern wir uns daran, dass wir spirituelle Wesen mit menschlichen Erfahrungen sind. Dann wird uns bewusst, dass wir unserem Herzenszentrum jederzeit einen kurzen Besuch abstatten können und dabei erfahren, wie bereichernd es ist, verliebt zu sein in das Leben.

• • •

# ZEN FÜR PENDLER

## WIE WIR MITTEN IM VERKEHR UNS SELBST FINDEN

Eigentlich möchten wir uns nicht über einen Mitmenschen ärgern, nur weil er sich verfahren hat. Aber wenn wir hinter so jemandem herfahren müssen, kann es passieren, dass wir furchtbar ungeduldig werden, obwohl das sonst gar nicht unsere Art ist. Es ist unser aufrichtiger Vorsatz, anderen Menschen mit Liebe und Mitgefühl zu begegnen, aber sobald uns einer von ihnen schneidet, fühlen wir uns persönlich gekränkt und sind wütend und verletzt. Aber das hat auch sein Gutes: Wenn wir diese schwierigen Gefühle erleben, ist das eine Gelegenheit zur Selbsterkenntnis, und wir können unseren Ansatz überdenken. In diesem Licht betrachtet kann es ein wichtiger Teil unserer spirituellen Weiterentwicklung werden, wenn wir im Verkehr feststecken.

Die Weisen aller Glaubensrichtungen sind sich darin einig, dass der jetzige Augenblick das Einzige ist, was wirklich existiert. Für die Gegenwart des Jetzt sind Vergangenheit und Zukunft gleichermaßen irrelevant. Im Grunde genommen müssen wir also nirgendwohin, denn der einzige Ort, an dem wir sein müssen, ist hier und jetzt. Es kann unglaublich befreiend sein, uns selbst mitten im Verkehr an diese Wahrheit zu erinnern. Das Zen-Mantra »Nirgendwohin müssen/ Niemand sein müssen/ Nichts tun müssen« kann Wunder wirken, wenn wir in Panik der Täuschung unterliegen, wir müssten ganz schnell irgendwohin. Indem wir im Augenblick bleiben, kommen wir ganz automatisch an unser Ziel. Wir müssen nicht drängen oder hetzen oder in Panik verfallen.

Ein anderes Hilfsmittel, das seit Urzeiten angewandt wird, um im Zustand erleuchteter Bewusstheit zu bleiben, ist meditatives Atmen. Mit dem schlichten Akt, bewusst ein- und auszuatmen, erden wir uns in unserem Körper, erinnern wir uns, wo wir sind, wer wir sind und wie kostbar das Leben ist. Wenn wir auf diese Weise unmittelbaren Kontakt zu unserer Existenz aufnehmen, dann lösen sich viele unbedeutende Gedanken und Gefühle, die manchmal unseren Verstand beherrschen, im Nichts auf. Wir haben uns durch unser Atmen selbst zur Vernunft gebracht.

Von dieser Warte der Bewusstheit aus können Sie Mitgefühl mit den Fahrern empfinden, die mit der Faust auf das Lenkrad schlagen und laut hupen, selbst wenn sie *Ihretwegen* hupen. Sie wissen, dass es nicht persönlich gemeint ist. Diese Leute haben einfach nur das Gefühl für die Verhältnismäßigkeit verloren. Senden Sie ihnen beim Ausatmen den Wunsch zu, dass auch sie die ruhige Gelassenheit des Augenblicks entdecken mögen.

• • •

# EIN GESCHENK DES HERZENS

## SAGEN SIE ANDEREN, DASS SIE SIE MÖGEN

Allzu oft nehmen wir unsere Gefühle für selbstverständlich und gehen davon aus, dass die Menschen, die uns wichtig sind, wissen, was wir für sie empfinden. Auch wenn sie sich unserer Gefühle durchaus bewusst sind: »Ich mag dich« oder »Ich hab dich lieb«, das sind Sätze, die wir unseren Lieben so oft wie möglich zum Geschenk machen sollten. Anderen mitzuteilen, was wir für sie empfinden, ist wichtig, um liebevolle Beziehungen zu pflegen.

Kaum jemand kann oft genug hören, dass er oder sie gemocht wird. Der Satz »Ich mag dich« kann das Leben eines Menschen entscheidend verändern, eine Beziehung auf eine ganz andere Ebene heben oder eine stabile Bindung bekräftigen und stärken. Jeder möchte diesen Satz hören. Drei schlichte Wörter: *Ich ... mag ... dich*. Wenn Sie anderen sagen, dass Sie sie mögen, dann drücken Sie damit aus, wie viel sie Ihnen bedeuten.

Vielleicht fällt es Ihnen schwer, Ihre Gefühle in Worten auszudrücken, vor allem wenn Sie unter Menschen aufgewachsen sind, die nie über ihre Gefühle gesprochen haben. Aber Sie sollten niemals Angst davor haben, »Ich mag dich« zu sagen, oder sich Sorgen machen, dass Sie sich dadurch extrem verletzlich machen. Es ist wichtig, Ihre Gefühle denen mitzuteilen, die Ihnen etwas bedeuten. Ein Teil der Erfüllung, die wir in der Sympathie oder auch Liebe zu jemandem finden können, liegt darin, es ihm oder ihr zu *sagen*. Sympathie und Liebe sind da, um ausgesprochen, nicht, um zurückgehalten zu werden.

Wenn Ihnen jemand am Herzen liegt, dann lassen Sie es sie oder ihn wissen. Haben Sie keine Angst davor, dass Ihre Gefühle zu stark sein könnten oder dass er oder sie nicht das Gleiche empfinden könnte. Oft ist es das Beste, wenn man »Ich mag dich« oder »Ich hab dich lieb« sagt, ohne zu erwarten, dass diese Investition einen Gewinn abwirft. Da wir alle Liebe in Hülle und Fülle in uns tragen, müssen Sie sich niemals Sorgen machen, sie könnte Ihnen ausgehen, wenn Sie von Ihrem Gegenüber nicht die selben Worte zurückbekommen.

Der Satz »Ich mag dich« ist ein Geschenk, das wir von unserem Herzen unmittelbar zum Herz des Empfängers aussenden. Auch wenn es nicht immer so aussehen mag: Es ist ein Geschenk, das immer vorbehaltlos und ohne Bedingungen gegeben wird. Das ist der eigentliche Kern des Geschenks, das der Satz »Ich mag dich« darstellt.

• • •

# DIE MACHT DER VIELEN

## SCHICKEN WIR UNSER KOLLEKTIVES LICHT HINAUS IN DIE WELT

So wie viele kleine Wellen sich zu gewaltigen Wogen vereinigen können, ist die gemeinsame Absicht vieler Menschen mehr wert als die Summe ihrer Teile. Jeder Einzelne kann die Welt ein klein wenig besser machen, indem er bewusst Wellen der Liebe, Schönheit, Güte und Weisheit aussendet. Eine Gruppe von Menschen, die ihre Energie darauf konzentrieren, Licht in die Welt hinauszuschicken, kann positiven weltweiten Veränderungen den Weg bereiten.

Wir alle besitzen die Fähigkeit, Liebesenergie zu kanalisieren, zu heilen, ein Medium für weißes Licht zu sein und unsere Mitmenschen aus der Ferne positiv zu beeinflussen. Doch die Möglichkeiten des Einzelnen sind begrenzt. Stellen Sie sich vor, wir alle nähmen uns am Beginn jedes einzelnen Tages nur einige Augenblicke Zeit, um Licht aus unserem Herzen in die Welt hinauszuschicken. Mutter Erde würde es bald besser gehen, und unser Planet – einschließlich allen Lebens, das sich auf ihm tummelt – wäre in ein liebevolles Licht getaucht. Die Welt wäre ein unendlich schöner Ort.

Sie können dazu beitragen, eine Erde zu erschaffen, in der die Liebe über die Gewalt triumphiert, in der Menschen sich an reiner Luft und reinem Wasser laben und einfach daran freuen zu leben. Das Licht, das Sie aussenden, ist ein wunderbares Heilmittel, aber wenn Sie sich mit anderen zusammentun, die Ihre Absicht teilen, Mitgefühl und positive Energie in die Welt auszustrahlen, entsteht eine gewaltige Macht. Ihre gemeinsame Bewusstheit und Ihr gebündeltes Licht werden sich über den ganzen Planeten ergießen und Menschen, Städte, Länder, Kontinente beeinflussen.

Andere dazu einzuladen, so was mit Ihnen zu tun, kann etwas Wunderbares sein, wenn Sie umsichtig vorgehen. Manche könnten in Frage stellen, ob es sinnvoll ist, Licht in eine zerrissene Welt auszusenden. Wahrscheinlich werden Sie erklären müssen, dass das Licht jedes Einzelnen gebündelt wird und dass durch diese Bündelung alle gestärkt werden. Versichern Sie ihnen, dass es nicht auf die angewandte Technik, die praktizierte Religion oder die persönlichen Glaubensüberzeugungen ankommt, sondern auf die *Absicht*.

Wenn immer mehr Menschen darauf achtgeben, ihr kollektives Licht in die Welt hinauszuschicken, wächst die Macht ihres Geschenks an den Planeten exponentiell. Vielleicht sind Sie bereits Mitglied in Gruppen, die gerne an solch einem sinnvollen Projekt mitwirken würden. Kinder, die oft das Gefühl haben, auf ihre Welt keinen Einfluss zu haben, aber voller angeborener Macht sind, teilen ihr kollektives Licht meist mit Begeisterung. Je mehr Menschen guten Willens Sie um sich scharen, desto mehr wird Ihre individuelle Absicht zu einer kraftvollen, mächtigen Woge werden, und Sie werden die Auswirkungen bei Ihren Mitmenschen, in den Nachrichten und in Ihrem Alltag beobachten können.

• • •

# DIE GESTE ANNEHMEN

## NEHMEN LERNEN

Die meisten von uns haben als Kind gelernt, großzügig zu geben. Aber Anleitungen, wie man etwas in der rechten Weise *annimmt*, sind selten. Uns selbst zu geben – unsere Talente, unsere Zeit und unseren Reichtum zu teilen – fällt uns nicht schwer. Doch wenn wir etwas geschenkt bekommen, sind wir oft verlegen oder unsicher, weil wir nicht wissen, wie wir reagieren sollen, oder weil wir das Gefühl haben, es nicht verdient zu haben. Nehmen ist ebenso eine Kunst wie Geben, und wenn wir sie lernen wollen, sollten wir als Erstes unsere Augen und Ohren für die vielen kleinen Dinge öffnen, die wir jeden Tag geschenkt bekommen. Wenn wir es versäumen, unsere Dankbarkeit auszudrücken, selbst für Dinge, die uns unbedeutend erscheinen, negieren wir unbewusst die Gefühle dessen, der gibt. Nehmen wir etwas dankbar an, dann weiß er oder sie, dass wir sie schätzen.

Vielen Menschen ist es unangenehm, etwas geschenkt zu bekommen, und anstatt den Geist zur Kenntnis zu nehmen, in dem das Geschenk gemacht wurde, missachten sie die Gefühle ihres Gegenüber mit Kommentaren wie: »Das war doch nicht nötig.« Wir vergessen leicht, dass es oft ein Geschenk für sich ist, ein Geschenk, einen Liebesdienst oder ein Kompliment in aufrichtiger Dankbarkeit anzu-

21

nehmen. Indem wir unserem Dank Ausdruck verleihen, geben wir jemandem die Chance, die Freude des Gebens zu erfahren.

Ein Geschenk, sei es Liebe, Unterstützung, Hilfe, ein offenes Ohr oder etwas Materielles, hat immer auch eine emotionale Qualität und hat damit die Macht, Bindungen zu knüpfen oder zu festigen. Ein Geschenk anzunehmen erfordert daher, von sich selbst abzusehen, und das kann Unbehagen auslösen. Wir haben gelernt, dass Nehmen eine Form von Egoismus ist, aber wenn jemand aus freien Stücken und in guter Absicht gibt, dann ehren wir damit sowohl den Schenkenden als auch das Geschenk.

Damit wir Geschenke annehmen können, ohne die Einstellung des Gebenden außer Acht zu lassen oder uns über den relativen Wert des Geschenks Gedanken zu machen, müssen wir uns selbst lieben und das Gefühl entwickeln, Geschenke verdient zu haben. Es erfordert nicht viel Zeit, unsere Dankbarkeit auszudrücken. Es genügt, den Anderen wissen zu lassen, dass man seine Aufmerksamkeit zu schätzen weiß. Oft genügt ein schlichtes »Dankeschön«, das von Herzen kommt.

Sowohl Geben als auch Nehmen sind ein Segen, und beides bedingt sich gegenseitig. Je besser Sie lernen zu nehmen, desto mehr haben Sie zu geben. Nur wenn Sie bereit sind, beides bereitwillig zu akzeptieren, werden Sie wirklich in der Lage sein, den Zauber der Großzügigkeit und des Überflusses zu erleben.

• • •

# EIN VERSCHLUNGENER PFAD

## IN DER NATUR WIE IM LEBEN GIBT ES KEINE GERADEN LINIEN

Wenn Sie in die Natur hinausziehen und sich mit wachem Auge umsehen, wird Ihnen auffallen, dass Bäume, Blumen, ja sogar Felsen oft etwas Fließendes haben: Da sind der gebogene Zweig, der zur Blüte hinführt, der sanfte Schwung in einer Felsformation, der knorrige Ast an einem Baumstamm, die Gabelung zweier Triebe. So wie es in der Natur von Kurven, Verzweigungen, Verästelungen und unerwarteten Richtungswechseln nur so wimmelt, so ist auch unser Leben voller unvorhersehbarer Biegungen und Windungen.

Für kurze Zeit befinden Sie sich vielleicht auf einem geraden Weg, aber die nächste plötzliche Richtungsänderung kommt bestimmt. Die Reise des Lebens bringt Sie nicht unbedingt Ihren Zielen stets näher. Vielmehr werden Sie immer wieder feststellen, dass Sie denselben Weg zurückgehen oder in eine ganz andere Richtung abdriften. Da es unmöglich ist vorauszusagen, wohin Ihre Reise führen wird (genauso wie man nicht vorhersehen kann, wie eine zarte Knospe sich entwickeln wird), ist das Leben selbst der Pfad zur Weisheit.

Wie ein Wanderweg in der Natur, so kann Sie auch dieser Pfad an unerwartete Orte führen. Sie können mit sehr direkten Fragen wie »Wer bin ich?« und »Was ist mir wichtig?« konfrontiert werden. Oder Sie finden die Antworten auf diese Fragen in alltäglichen Erfahrungen. Der Weg zur Weisheit ist nur dann versperrt, wenn Sie erwarten, dass er in gerader Linie verläuft. Machen Sie sich bewusst, dass Pläne und Vorhersagen nichts Starres sind und sich sehr wahrscheinlich ändern werden, je komplexer Ihre Welt wird. Daher ist es notwendig, für die unterschiedlichsten Pfade offen zu sein. Hindernisse, Erschöpfung, Neugier oder äußere Umstände können dazu führen, dass Sie die eingeschlagene Richtung abrupt ändern. Sie können jederzeit auf eine Weggabelung stoßen, an der Sie auf Ihre innere Stimme hören und eine wichtige Entscheidung treffen müssen.

Es gibt lange und kurze Wege. Manchmal sind sie voller Kurven, und manchmal verlaufen sie geradeaus. Genießen Sie das Abenteuer und lernen Sie daraus. Wenn wir die Natur betrachten, dann sehen wir Schönheit oft an unerwarteten Stellen. Keine zwei Pflanzen oder Minerale sind vollkommen gleich, und selbst die kleinsten Knospen sind anmutig geschwungen. Der gewundene Pfad ist häufig der interessanteste. Was Sie daraus lernen können, ist, sich nicht an das zu klammern, was passieren »muss«, sondern auf Ihrer Reise flexibel zu bleiben. Wenn Sie entschlossen sind, bestimmte Ziele zu erreichen, dann wird Ihnen das auch gelingen, egal, wie viele Biegungen und Windungen Sie hinter sich bringen müssen.

• • •

# EINE VERÄNDERUNG ZUM POSITIVEN

## DIE KUNST DES VERGEBENS

Zu vergeben ist wahrhaftig etwas Himmlisches. Ärger, der oft durchaus gerechtfertigt ist, beiseitezuschieben erfordert Stärke. Es ist viel leichter, einen Groll zu hegen. Aber wenn wir uns dazu durchringen, den Ärger beiseitezuschieben und denen zu verzeihen, die uns verletzt haben, dann erweisen wir uns letztlich selbst einen großen Dienst. Die bewusste Entscheidung, den Schmerz loszulassen, ist der erste Schritt auf dem Weg zur Heilung. Und das fällt uns oft schwer, denn allzu gern machen wir es uns in der Opferrolle bequem und klammern uns an unseren Groll, selbst wenn es demjenigen, der uns verletzt hat, aufrichtig leidtut. Jemandem zu vergeben ist eine der schwierigsten, aber zugleich eine der spirituell am meisten bereichernden Entscheidungen, die wir treffen können.

Doch Vergebung ist mehr als ein großmütiger Akt. Studien haben gezeigt, dass derjenige, der vergibt, ebenso stark, vielleicht sogar noch stärker gewinnt als derjenige, dem vergeben wird. Von Herzen zu verzeihen macht uns stärker, weil es uns dabei hilft, uns nicht länger als Opfer zu sehen und unserem Leiden daran, dass man uns Unrecht zugefügt hat, ein Ende zu bereiten. Wut und Feindseligkeit nehmen ab, während unsere Fähigkeit zu lieben *zu*nimmt. Wir können unsere negativen Gefühle besser kontrollieren, und es fällt uns leichter, anderen zu vertrauen. Wir lassen uns nicht mehr von Ereignissen beherrschen, die in der Vergangenheit liegen, und dadurch können wir leichter vermeiden, destruktive Verhaltensweisen zu wiederholen. Das ist gut für unsere physische wie geistige Gesundheit. Viele glauben, dass Vergebung etwas ist, was andere erbitten oder sich verdienen müssen, doch in Wahrheit ist sie ein Geschenk, das wir uns selbst machen.

Wenn Sie bereit sind, Ihren Ärger loszulassen und zu vergeben, dann hilft es, das innerlich zu tun, egal, ob Sie beabsichtigen, es demjenigen zu sagen, der Sie verletzt hat. Es spielt keine Rolle, ob derjenige noch am Leben ist oder ob Sie noch Kontakt zueinander haben. Betrachten Sie den Menschen, dem Sie vergeben wollen, vor Ihrem geistigen Auge, aber halten Sie sich nicht damit auf, was in der Vergangenheit gesagt oder getan wurde. Konzentrieren Sie sich auf dieses Bild, und wünschen Sie dem Anderen aufrichtig alles das, was Sie für sich selber wünschen. Wiederholen Sie diese Übung so lange und so oft wie nötig. Es können Tage, Monate oder auch ein Jahr vergehen, bevor Sie einen Fortschritt bemerken, aber Sie werden wissen, wann Sie am Ziel sind, denn Sie werden eine Veränderung zum Positiven spüren und sich befreit fühlen.

• • •

# IN DIE SPUR KOMMEN

## ZÜGE SIND WIE MENSCHEN

Die Gleise, die unsere Landschaften kreuz und quer überziehen und unsere Städte durchschneiden, haben Menschen schon immer fasziniert. Allein die Vorstellung, mit einem Luxuszug, einem Hochgeschwindigkeitszug oder in einem Güterwaggon zu fahren, kann romantische Gefühle von Freiheit und Abenteuer wachrufen.

Züge sind wie Menschen: Irgendwann erreichen sie zwangsläufig ihr Ziel. Sie fahren mit wechselnder Geschwindigkeit und legen unterwegs fahrplanmäßige und außerfahrplanmäßige Halte ein. Manche fahren stundenlang ohne Halt und haben nur ein einziges Ziel, andere tändeln von einem belebten Bahnhof zum anderen. Die Route und der Zielort eines Zuges können sich im Laufe der Jahre ändern. Unser Leben erstreckt sich vor und hinter uns wie Eisenbahnschienen, und wir sind Zug, Passagiere und Lokführer zugleich.

Die Art und Weise, in der Sie Ihr Leben führen, und die Ziele, die Sie sich setzen, sind die Route und der Zielort, für die Sie sich entschieden haben. Wie ein Zugpassagier können Sie ein- und aussteigen, neue Routen entdecken, sich unbekannte Orte aussuchen, die Sie besuchen wollen, oder einfach stehen bleiben und eine Zeitlang die Aussicht genießen. Vielleicht eilen Sie gerne durchs Leben wie ein Hochgeschwindigkeitszug. Oder Sie sind wie ein Pendler, der immer wieder dieselbe Strecke fährt. Es kann sogar passieren, dass Sie nicht länger bloßer Mitfahrer sein und Ihrem Leben eine andere Richtung geben wollen.

Wenn Sie die Gleise Ihres Lebens untersucht haben und unzufrieden mit dem Ergebnis sind, dann wollen Sie vermutlich sondieren, welche Veränderungen Sie vornehmen können, um einen Weg zu finden, der stärker Ihren Vorstellungen entspricht. Vielleicht wollen Sie es etwas langsamer angehen lassen und einen verschlungeneren Pfad einschlagen, anstatt einfach nur dem geraden, vorgegebenen Weg zu folgen wie bisher. Vielleicht wollen Sie Ihr Leben aber auch mehr als ein Abenteuer empfinden und nicht als eine Fahrt, die Sie dort hinbringt, wo Sie hin müssen. Die Reiseroute zu ändern eröffnet uns manchmal die Chance, »in die richtige Spur zu kommen«. Denn es könnte sein, dass das Neue, auf das Sie gewartet haben, gleich hinter der nächsten Wegbiegung liegt.

• • •

# DIE EIGENE VOLLKOMMENHEIT SEHEN

## LASSEN SIE IHR LICHT LEUCHTEN

Jeder von uns ist mit einzigartigen Talenten zur Welt gekommen. Wir tragen einen göttlichen Funken in uns, ein Licht, das dazu beitragen kann, die Welt zu einem schöneren Ort zu machen. Doch in vielen Menschen führt dieses Licht ein Schattendasein, erstickt von Ängsten und Unzulänglichkeitsgefühlen. Wenn wir es aufleuchten lassen, erregen wir Aufmerksamkeit, laufen Gefahr, zurückgewiesen zu werden, und riskieren, als unbescheiden zu gelten. Doch wenn wir es schwächen, indem wir unsere Fähigkeiten verstecken und unsere Träume unterdrücken, dann enthalten wir uns und anderen eine Fülle von Erfahrungen vor. Unsere Fähigkeiten sind ein Teil dessen, was wir sind. Wenn wir stolz auf sie sind, bekräftigen wir die Wertschätzung, die Liebe und das Vertrauen zu uns selbst. Indem wir unserem inneren Licht Ausdruck verleihen, geben wir damit außerdem auch anderen die Erlaubnis, es uns gleichzutun und ihrerseits ihre Talente zu erforschen.

Manche von uns lernen von Kindesbeinen an, ihr Licht vor der Welt zu verstecken. Verwandte warnen uns, dass Berufe, die zu unseren Fähigkeiten passen, unerreichbar für uns seien. Unsere Freunde sind möglicherweise neidisch auf unsere Fähigkeiten und gehen deshalb allzu kritisch mit Dingen um, die wir von Herzen gerne tun, und

Respektspersonen ermahnen uns, bescheiden zu sein und nicht anzugeben. Aber zwischen Menschen, die ihr Licht leuchten lassen, und Menschen, die nur Aufmerksamkeit auf sich ziehen wollen, besteht ein himmelweiter Unterschied.

Wenn Sie sich trauen, Ihr Licht mit der Welt zu teilen, dann werden Schönheit und Vollkommenheit Ihrer Seele deutlich sichtbar. Sie werden ein ganzer Mensch – buchstäblich die Verkörperung des gewaltigen Potenzials, das in Ihnen steckt. Ob Sie eine begnadete Tänzerin, ein ausgezeichneter Koch, ein Zahlengenie oder ein Verhandlungstalent sind, Sie werden lernen, dass Sie der Welt keinen Gefallen tun, wenn Sie sich zurücknehmen, wenn Sie Ihr Licht unter den Scheffel stellen.

Falls Sie Ihr Licht schon so lange versteckt haben, dass es nur noch schwach glimmt, dann stellen Sie eine Liste von Dingen zusammen, die Sie gut können, egal wie unbrauchbar, albern oder unbedeutend sie Ihnen auch vorkommen. Überlegen Sie anschließend, wie Sie diese Fähigkeiten in Ihrem Alltag positiv nutzen können. Die Talente, mit denen Sie zur Welt gekommen sind, sind Ihnen nicht zufällig mitgegeben worden. Sie werden vermutlich nie erfahren, was Ihr Licht in anderen bewirkt hat, aber Sie können sicher sein: Wenn Sie Ihre Talente annehmen und mit anderen teilen, werden Sie dazu beitragen, Licht auf der Welt zu verbreiten.

• • •

# HIMMELBLAUE HEILUNG

## VON BLAUEM LICHT GELEITETE MEDITATION

Setzen Sie sich bitte bequem hin. Der Rücken ist gerade, die Beine sind verschränkt, und die Handflächen zeigen nach oben. Wenn diese Haltung für Sie unbequem ist, können Sie diese Meditation auch im Liegen machen.

*Stellen Sie sich zu Beginn die Farbe des Himmels an einem sonnigen Tag vor: Himmelblau.*

*Stellen Sie sich als Nächstes vor, dass dieses Himmelblau aus Licht besteht – einem heilenden Licht.*

*Atmen Sie dieses Licht ein – spüren Sie es.*

*Stellen Sie sich eine Öffnung an der Oberseite Ihres Kopfes vor. Mit jedem Einatmen laden Sie diese Farbe ein in Ihren Körper, mit jedem Atemzug saugen Sie sie ein.*

*Atmen Sie das blaue Licht ein.*

*Leiten Sie es jetzt in Ihren Unterleib beziehungsweise in Ihr Becken. Stellen Sie sich vor, Ihr Becken sei eine Schüssel, die Sie allmählich mit diesem wundervollen himmelblauen Licht auffüllen.*

*Atmen Sie langsam etwas tiefer. Atmen Sie leidenschaftlich durch die Nase ein, und pressen Sie das blaue Licht in Ihr Becken. Ziehen Sie die Luft weiter geräuschvoll durch die Nasengänge ein, und achten Sie darauf, auch durch die Nase auszuatmen. Ihr Atem ist Ihre Kraft.*

*Füllen Sie Ihr Becken mit dem blauen Licht. Atmen Sie einige Minuten so weiter, und spüren Sie, wie Ihr Becken sich mit dem wundervollen, heilenden blauen Licht füllt.*

*Atmen Sie wieder normal, und lassen Sie das blaue Licht allmählich in sich aufsteigen. Lassen Sie es nach oben in Ihren Bauch und Ihren Magen strömen. Lassen Sie es weiterströmen in Ihre Brust, den Hals, den Kopf ... bis schließlich Ihr ganzer Körper darin eingehüllt ist.*

*Seien Sie in diesem Licht, und spüren Sie es.*

Sie haben gerade viel für Ihre Selbstheilung getan. Bleiben Sie noch eine Weile sitzen, und lassen Sie das Licht in sich einsinken.

Lassen Sie es sich gut gehen!

• • •

# SICH SCHENKEN

## DER GEMEINSCHAFT DIENEN

Ein Leben in Harmonie setzt voraus, dass wir allen Menschen, Tieren und Pflanzen, die diese Erde mit uns teilen, helfen und sie unterstützen. Es gehört nicht nur zu unseren Aufgaben als Weltbürger, uns nützlich zu machen; anderen zu helfen gibt uns auch ein *gutes Gefühl*. Wenn wir etwas zum Wohl anderer tun, ohne eine Gegenleistung zu erwarten, dann werden unsere Handlungen zu Geschenken.

Die Möglichkeiten, wie wir der Gemeinschaft dienen können, sind vielfältig. Dazu gehören natürlich dringend benötigte ehrenamtliche Tätigkeiten, wie beispielsweise Essen in einem Obdachlosenheim auszugeben, Jugendliche zu betreuen oder einen Strand sauber zu machen. Dazu zählen aber auch Dinge, die wir vielleicht gar nicht als Dienst empfinden.

Wenn Sie zum Beispiel eine neue Sprache lernen (etwa die Gebärdensprache), damit Sie mit mehr Menschen reden können, ist das auch ein Weg, auf andere zuzugehen. Wenn Sie jemanden, der sich alleine nicht aufraffen kann, einladen, Sie auf Ihrem täglichen Spaziergang zu begleiten, dann geben Sie etwas von sich selbst. Blumen oder Gemüse aus dem eigenen Garten zu verschenken, eine Dichterlesung zu organisieren, einer vielbeschäftigten Mutter anzubieten, als Babysitter einzuspringen, Tierfutter an ein Tierheim zu spenden – all das sind einfache Möglichkeiten, der Gemeinschaft zu dienen.

Sie können der Welt auch auf andere Weise dienen. Stellen Sie sich vor, welche Auswirkungen es auf die Umwelt hätte, wenn Sie jeden Tag ein einziges Stück Abfall von der Straße aufsammeln und jede Woche einen autofreien Tag einlegen würden. Sie müssen nur einige Handvoll Blumensamen auf ein unbebautes Grundstück werfen, und schon tun Sie anderen etwas Gutes – nicht zuletzt Vögeln und Insekten. Sie können jeden Tag ein wenig dazu beitragen, die Welt ein bisschen schöner und lebenswerter zu machen.

Bitten Sie beim Meditieren um einen Fingerzeig, was Sie tun können, um anderen zu dienen. Das ist eine ganz wunderbare Art, Ihren Tag zu beginnen. Wenn Sie einem Fremden, der deprimiert wirkt, ein Lächeln schenken oder Nachbarskindern beibringen, wie man pfeift, dann hat das einen positiven Einfluss auf den Tag – oder sogar auf das Leben – von anderen. Etwas von sich selbst zu schenken ist das größte Geschenk, das es gibt.

• • •

# LASSEN SIE IHREN GEFÜHLEN FREIEN LAUF

## TRÄNEN

Wie herrlich ist es, uns gehen und den Tränen freien Lauf zu lassen, wenn wir von Gefühlen überwältigt werden. Ob wir glücklich oder traurig sind: Tränen kommen vom Herzen – von der Quelle unserer Gefühle, die ihren Ursprung tief in unserem Inneren hat. Wenn wir dem Kribbeln in den Augen und dem Kloß im Hals nachgeben und die Tränen fließen lassen, können unsere Gefühle sich Bahn brechen und kommen an die Oberfläche.

Eltern vergießen Tränen des Stolzes über die Erfolge ihres Kindes: die ersten Schritte, Geburtstage, Examen. Freunde liegen sich nach Jahren der Trennung in den Armen, und Tränen rinnen über ihre Wangen.

Manchmal fließen unsere Tränen, wenn wir Zeuge einer Hochzeit sind oder wenn wir einfach nur einen Liebesfilm anschauen. Manchmal stehen uns Tränen der Erleichterung in den Augen, wenn wir hören, dass eine(r) unserer Lieben eine schwere Prüfung bestanden hat, oder Tränen der Trauer, wenn wir nach einem Verlust oder wegen eines Todesfalls betrübt den Kopf senken. Tränen aus Kummer können fließen, als wollten sie niemals aufhören, sei es wegen einer zerbrochenen Liebe, einem verlorenen Freund oder einer verpassten Gelegenheit. Manchmal weinen wir auch aus Enttäuschung über uns selbst, wegen tragischer

Ereignisse auf der Welt, Krankheit oder Schmerzen. Oder es rinnen heiße Tränen des Zorns über unser Gesicht.

Tränen sind ein körperliches Ventil für unsere Gefühle. Manchmal fühlen wir uns besser, wenn wir ihnen freien Lauf lassen, auch wenn es zunächst den Anschein hat, dass sie niemals versiegen, wenn die Schleusen einmal geöffnet sind. Es ist keine Schande, sie oft und hemmungslos fließen zu lassen. Weinen ist so natürlich wie Atmen.

Es liegt eine große Schönheit darin, wenn Sie sich zugestehen, so verletzlich zu sein, Tränen zu vergießen. Öffnen Sie sich, lassen Sie die Tränen fließen, und lassen Sie Ihren Gefühlen freien Lauf.

• • •

# DER REICHTUM DER GEFÜHLE

## WAS IST LIEBE?

Seit Menschengedenken brannte das Feuer der Liebe in den Herzen von Komponisten, Schriftstellern, Malern und Dramatikern ... Und es schwelte in denen von Eltern, Kindern und Freunden. Die Liebe – ursprüngliche, leidenschaftliche, reine Liebe – ist analysiert, idealisiert, gepriesen und belächelt worden. Man hat sie als komplex, himmlisch und unergründlich bezeichnet. Wir sehnen uns nach einer Definition, doch wir haben Angst, dass dieses Gefühl, das wir Liebe nennen, weniger aufregend wäre, wenn wir es eindeutig definieren würden.

Das Geheimnisvolle an der Liebe liegt nicht zuletzt in der Unbegreiflichkeit ihres Zwecks. Aufopferungsbereitschaft, Fortpflanzung, Fürsorge, Romantik – all das gibt es auch ohne Liebe. Man kann tiefe Gefühle für andere empfinden, ohne sie als Liebe zu bezeichnen. Und doch ist und bleibt Liebe eine überwältigende und universelle Kraft, die uns beflügelt und inspiriert – und die stark genug ist, tiefgreifende Veränderungen zu bewirken.

Wie den Wind, den wir nicht sehen, aber rings um uns spüren können, kann man oft auch die Liebe leichter an ihren Auswirkungen erkennen. Indem wir die Grenzen unseres Ichs überwinden, um zu lieben und geliebt zu werden, legen wir unsere Ichbezogenheit ab und erleben die Verschmelzung mit einem Gegenüber. Die zwangsläufigen Folgen sind Mitgefühl, Friede, Freude, Begeisterung und Erfüllung.

Paramahansa Yogananda bemerkte: »Es ist sehr schwierig, die Liebe zu beschreiben, und zwar aus demselben Grund, warum man mit Worten selbst den Geschmack einer Orange nicht ganz erfassen kann. Man muss die Frucht selbst kosten, wenn man wissen will, wie sie schmeckt. Ebenso verhält es sich mit der Liebe.« Wer die Liebe gekostet hat, bringt sie oft auch mit Eifersucht, Verbitterung, Groll, Begehren oder übermäßiger Anhänglichkeit in Verbindung – doch sie ist nichts von alledem. Sie ist Gefühl und Handlung zugleich. Je mehr ihr Licht uns durchdringt, desto mehr liegen uns Glück, Sicherheit, Gesundheit und Erfüllung derer am Herzen, für die wir Liebe empfinden.

Ja, die Liebe ist oft flüchtig, und sie akzeptiert ungern Einschränkungen oder Bedingungen. Die stärksten Liebesgefühle lodern plötzlich auf und sind manchmal ebenso rasch wieder erloschen... Oder aber sie halten ein Leben lang. Allen Liebeserfahrungen gemeinsam ist allerdings das Freisetzen von Gefühlen. Liebe wird nicht erlernt, sondern bricht sich von innen her Bahn, weil sie das eigentliche Wesen des Menschen *ist*. Es ist nur die Angst, die uns unser Bedürfnis verbergen lässt zu lieben – und geliebt zu werden. Wenn wir unseren Wert akzeptieren und die Gleichgültigkeit abschütteln, dann können wir zu einem Quell der Liebe werden.

• • •

# WIE STEINE IN STILLES WASSER

## IHRE WELLEN ZIEHEN KREISE

In einer Welt mit sechs Milliarden Menschen kommt es uns leicht so vor, als könnten grundlegende Veränderungen nur durch extreme Maßnahmen bewirkt werden. Doch jeder von uns trägt die Fähigkeit in sich, die Welt im Kleinen zu verändern – zum Besseren, aber auch zum Schlechteren. Alles, was wir tun und denken, hat Auswirkungen auf die Menschen in unserem Umfeld, und deren Reaktionen wiederum haben Auswirkungen auf andere. In dem Maße, in dem sich eine scheinbar belanglose Bemerkung von einem zum anderen ausbreitet, nimmt ihre Wirkung zu und kann zur Quelle großer Freude und Inspiration, aber auch von Kummer und Schmerz werden.

Ihre Gedanken und Handlungen sind wie Steine, die in stilles Wasser fallen und Wellen schlagen, die sich langsam ausbreiten und Kreise ziehen. Die Wirkung, die Sie auf die Welt haben, ist größer, als Sie sich je ausmalen können, und Ihre Entscheidungen haben weitreichende Folgen. Sie können sich diesen Welleneffekt zunutze machen, um eine Veränderung zum Positiven auszulösen und Wellen der Güte auszusenden, die sich über die ganze Welt verbreiten.

Wenn Sie jemandem etwas Gutes tun, so wird er oder sie sich wahrscheinlich veranlasst fühlen, selbst jemandem etwas Gutes zu tun, sobald sich die Gelegenheit dazu ergibt. Wenn jemand dagegen die Folgen negativer Energie zu spüren bekommt, wird er oder sie auch das sehr wahrscheinlich weitergeben. Ein Akt der Nächstenliebe, eine Geste der Aufmerksamkeit oder auch nur ein positiver Gedanke kann von einem zum anderen wandern und dabei anwachsen wie eine Lawine, bis er eine Massenbewegung oder ein Hoffnungsschimmer wird, der jemandem das Leben rettet. Jeder tiefgreifende Wandel nimmt irgendwo seinen Ausgang, genau wie eine Welle. Wenn Sie die Wellen, die Sie aussenden, nutzen wollen, um Güte zu verbreiten, müssen Sie an Ihre Fähigkeit glauben, dieser Ausgangspunkt zu *sein*. Bedenken Sie die Folgen Ihres Tuns, und versuchen Sie warmherzig zu handeln, wann immer möglich.

Ein Lächeln für einen Fremden, ein Kompliment an eine Freundin, eine humorvolle Haltung oder eine aufmerksame Geste kann Kreise ziehen, unter Ihren Lieben und Kollegen, in Ihrer Stadt und schließlich auf der ganzen Welt. Sie haben die Macht, das Leben von jedem zu beeinflussen, mit dem Sie in Kontakt kommen, und von jedem, mit dem *diese* Menschen wiederum in Kontakt kommen. Ihr Einfluss wächst, je weiter Ihre Wellen sich ausbreiten. Aus einer winzigen Welle könnte so eine gewaltige Woge der Liebe und Güte werden.

• • •

# KOSMISCHE UNTERSTÜTZUNG

## WAS DAS UNIVERSUM MIT UNS VORHAT

Der Weg, der uns unseren Träumen näherbringt, ist bisweilen anspruchsvoll und weit verzweigt, und allzu leicht verzetteln wir uns darin, weil wir unsicher und verwirrt sind. Oft zögern wir am Ausgangspunkt dieses Weges und stellen seinen Sinn in Frage oder unsere Fähigkeit, ihn zu Ende zu gehen – dabei sollten wir freudig voranschreiten, voller Entdeckerlust auf das, was das Schicksal für uns bereithält.

Das Universum hat Pläne mit uns, die weit über das hinausgehen, was wir bisher zu träumen wagten. Zwar müssen wir fleißig daran arbeiten, unser Potenzial umzusetzen und unsere persönliche Mission zu erfüllen, doch das Universum kennt sowohl die Mission, die wir vor unserer Geburt ausgewählt haben, als auch die Ziele, die wir uns als Erwachsene gesteckt haben. Wenn wir akzeptieren, dass es über uns wacht, und daran glauben, dass es letzten Endes zu unserem Erfolg beitragen wird, dann wird das Universum uns die nötige Unterstützung und entsprechende Gelegenheiten bieten, um auf unserem ehrgeizigen Weg entscheidende Fortschritte zu machen.

Alles, was geschieht, hat einen Sinn. Ob wir Erfolg anziehen oder nicht, hängt von unserer Bereitschaft ab, für eine große Bandbreite von Möglichkeiten offenzubleiben und uns auf Konzepte wie Synchronizität einzulassen. Das Universum ist stets bereit, sich unserer Bedürfnisse anzunehmen, aber wir dürfen seine liebevolle Aufmerksamkeit nicht als reinen Zufall abtun. Außerdem sollten wir darauf achten, dass unser Ego uns nicht den Blick auf die Erkenntnis verstellt, dass auch Zwietracht und scheinbare Fehler wichtige Lektionen sein können, die unserer persönlichen Entwicklung den Weg ebnen. Wenn wir erkennen, dass wir nur freudig unser Bestes tun müssen, um unsere Ziele zu erreichen, dann wird das Universum sich um die Details kümmern und uns in seinem unaufhaltsamen Strom voranbringen. Wir mögen nicht immer sofort den Sinn bestimmter Erfahrungen verstehen, aber wenn wir Vertrauen haben, wird es uns leichter fallen, an jeder Weggabelung die richtige Entscheidung zu treffen.

Das Universum möchte, dass Sie Ihre Ziele erreichen. Egal, wie lange Sie getrödelt oder gezögert haben: Es ist immer da, bereit, seinen Plan für Sie umzusetzen, sobald Sie ihm ein Zeichen Ihres Vertrauens geben. Um das Beste aus dieser Hilfe zu machen, müssen Sie sich fügen, anstatt dagegen anzukämpfen. Arbeiten Sie an der Verwirklichung Ihrer Träume, aber versuchen Sie nicht, jeden kleinen Schritt auf dem Weg dorthin zu steuern. Das Universum wird Sie leiten, und wenn Sie seinen Rat befolgen, werden Sie überrascht feststellen, dass Ihre einst so stressige Jagd nach Erfolg sich in eine Reise voller Freude verwandelt.

• • •

# ÜBER DAS UNBEKANNTE HINAUSBLICKEN

## DIE ANGST, ETWAS ZU VERLIEREN

Zu den größten Ängsten der Menschen gehört die Angst, etwas zu verlieren. Zwar ist es gesund, wenn die Angst vor Verlust uns dazu bringt, etwas zu unternehmen, um das zu bewahren, was wir uns hart erarbeitet haben. Aber es ist *un*gesund, Angst vor etwas zu haben, was wir nicht ändern können. Wir sollten nicht vergessen: Wenn wir unsere Energie auf die Angst konzentrieren, dann kann das genau das hervorbringen, was uns Angst macht. Und wenn wir uns fest an das klammern, was wir besitzen, dann hindert uns das, am universellen Strom des Überflusses teilzuhaben, und führt stattdessen zu Stagnation. Das Einzige, was wir wirklich kontrollieren können, sind unsere Gedanken und Reaktionen, und deshalb liegt der Schlüssel zur Überwindung solcher Ängste darin, die Dinge ins rechte Licht zu rücken.

Aus den Buchstaben des englischen Wortes für Angst, *fear*, kann man den Ausdruck »False Evidence Appearing Real« zusammensetzen: »Falsche Beweise, die echt erscheinen.« Die Angst davor, von etwas oder jemandem getrennt zu werden, das beziehungsweise den wir für unsere Sicherheit oder zu unserem Glück zu brauchen glauben, entspringt einer Täuschung – das heißt einem verzerrten Bild von uns selbst und der Welt, die uns umgibt.

Wenn wir erkennen, dass Besitz nur die Energie symbolisiert, die in unserem Leben am Werk ist, dann können wir unsere Aufmerksamkeit dem Wesentlichen zuwenden. Wir können aufhören, uns vor dem Verlust von Geld oder Status zu fürchten, denn wenn wir wissen, wie man diese Dinge erwirbt, können wir jederzeit mehr davon erwerben. Wir können aufhören, uns vor dem Verlust von materiellen Dingen zu fürchten, weil uns bewusst ist, dass sie nicht die Grundlage unseres Glücks oder unseres Wohlergehens sind, sondern nur das Sahnehäubchen. Und wenn wir die Kraft der Liebe erkannt haben, dann müssen wir uns an niemanden zu sehr klammern, aus Angst, sie oder ihn zu verlieren, denn wir wissen, dass dieses Gefühl nicht weniger wird, wenn man es jemandem schenkt oder mit jemandem teilt, sondern dass es sich vielmehr ausdehnt, über die Grenzen von Raum und Zeit hinaus.

Wenn wir unser Licht auf unsere Ängste konzentrieren, dann erweisen sie sich als bloße Schatten, die sich in der Gegenwart von Geist und Verstand im Nichts auflösen. Wir können beschließen, unsere Gedanken und unsere kreative Energie stattdessen auf die wirklich wichtigen Dinge zu lenken – Liebe, Überfluss, Friede, Leidenschaft und Freude. Wenn wir uns ganz dem universellen Strom des Überflusses anvertrauen, dann steht uns seine Energie jederzeit zur Verfügung.

• • •

# VON INNEN HERAUS WACHSEN

## ÄNDERN SIE ZUERST SICH SELBST

Die Welt schreit geradezu nach Kritik, und meist sind wir nur allzu bereit, anderen gute Ratschläge zu erteilen und Vorwürfe zu machen. Doch wir alle haben die Macht, die Energie in uns selbst und den Menschen in unserem Umfeld zum Positiven zu beeinflussen. So wie eine Läuterung der Seele eine Läuterung der Welt bewirkt, führen innere Veränderungen zu äußeren Veränderungen.

Konflikte kann man auch ohne Worte lösen. Der Schlüssel liegt darin, sich selbst zu verändern und den eigenen Geist frei zu machen. Wenn Sie sich über jemanden oder etwas ärgern, ist es sinnvoll, sich als Erstes zu fragen, ob Sie auch selbst diese negative Eigenschaft haben und ob Sie vielleicht überempfindlich reagieren. Sie können nur sich selbst beeinflussen, und doch reicht Ihr Einfluss weiter, als Ihnen vermutlich bewusst ist. Eine positive Veränderung in Ihnen führt oftmals zu positiven Veränderungen in Ihrem Umfeld. Das Vorbild, das Sie anderen geben, ist nicht die einzige Art, auf die Sie andere zu Veränderungen inspirieren. Vielleicht haben Sie Ihr Verhalten geändert oder einfach nur beschlossen, etwas aus einer anderen Perspektive zu betrachten. Damit könnten Sie eine ganze Reihe von positiven Auswirkungen in Gang gebracht haben, die zu einem besseren Gleichgewicht führen.

Je mehr wir das Gute in uns wachsen lassen und je fester wir in unserer Mitte verankert sind, desto deutlicher werden wir das auch nach außen hin zum Tragen bringen und desto mehr werden wir das Gute in anderen *wahrnehmen*. Indem wir uns so verhalten, dass es uns und anderen zuträglich ist, inspirieren wir die Menschen in unserem Umfeld, es uns gleichzutun. Und wenn wir die Kontrolle über *unseren* Verstand und *unsere* Seele erlangt haben, kann uns nichts mehr etwas anhaben, was von außen kommt. Wenn wir wollen, dass die anderen sich ändern, verfehlen unsere Kritik und unsere Vorwürfe meist ihre Wirkung. Der beste Weg zur Lösung eines Konflikts besteht darin anzuerkennen, dass niemand perfekt ist und dass wir alle an uns arbeiten müssen.

Im Aikido sagt man: »Verändere zuerst dich selbst, ehe du versuchst, deinen Gegner zu ändern. Während du das tust, wirst du möglicherweise feststellen, dass dein Gegner sich selbst geändert hat.« Mit Handlungen, guten Gedanken und positiver Energie können Sie mehr erreichen als mit wertenden Kommentaren. Sie sind die wirkungsvollsten Werkzeuge zum Aufbau einer besseren Welt.

• • •

# DAS GEHEIMNIS DER VERWANDLUNG

## DER KOKON DES SCHMETTERLINGS

Wenn eine Raupe sich in ihrem Ei zu regen beginnt, gleicht sie nicht annähernd der Larve, die diesem Ei einmal entschlüpfen wird. Und zwischen einem Schmetterling und der Larve, aus der er entsteht, besteht ein himmelweiter Unterschied. Wissen Raupen, dass sie später einmal zu Schmetterlingen werden? Erkennen Schmetterlinge in Raupen ihre früheren Verwandten? Die geheimnisvollste Phase im Entwicklungsprozess dieser vielgestaltigen Kreatur ist die Verpuppung: der jadegrüne Kokon, in dem die kriechende, Blätter fressende Raupe sich in einen flatternden, Nektar trinkenden Schmetterling verwandelt.

Auch wir Menschen machen in unserem Leben manchmal ein Verpuppungsstadium durch. Wenn wir zu manchen Zeiten der Außenwelt nicht viel zu geben haben, so liegt das, ob wir uns dessen bewusst sind oder nicht, daran, dass ein Großteil unserer Energie von einem inneren Entwicklungsprozess verbraucht wird. Da kann es sein, dass wir träge sind und uns kaum dafür interessieren, was um uns herum passiert. Es kann vorkommen, dass wir ungeduldig mit uns selbst sind und uns fragen, warum wir nicht mehr die gleiche Energie für unsere täglichen Pflichten haben wie früher. Aber wenn wir uns an den Kokon erinnern – das geheime Allerheiligste in uns, in dem eine bemerkenswerte Transformation stattfindet –, dann können wir loslassen, uns gewähren lassen und Wege finden, diesen Prozess zu unterstützen, anstatt ständig zu versuchen, uns selbst davon abzubringen.

Wenn man sieht, wie ein Schmetterling sich mühsam aus seinem Kokon befreit, dann ist man leicht versucht, ihm zu helfen. Doch die körperliche Anstrengung in dieser Phase ist notwendig, damit der Schmetterling die nötige Kraft bekommt, um draußen zu überleben. Genauso ist es auch bei uns: Manchmal müssen wir uns alleine abmühen, um die Kraft zu sammeln, die wir brauchen, um unser neues Selbst in die Welt zu tragen. Das Gleiche gilt, wenn ein Freund oder ein Familienmitglied zu kämpfen hat. Allzu schnell werden wir ungeduldig und wollen ihnen helfen, ihren Kokon abzustreifen, aber wir müssen lernen, andere ihren eigenen Weg finden zu lassen.

Wenn wir uns der Herausforderung stellen, uns selbst zu befreien, dann können wir an unserer neuen Freiheit wachsen. Manchmal ist die beste Unterstützung, die wir uns und anderen gewähren können, Geduld wie auch das stille Vertrauen in den Prozess, der sich vor unseren Augen abspielt, sowie Zuversicht, dass er außergewöhnliche Früchte tragen wird.

• • •

# DIE WEISHEIT DES ALTERS

## ALTE MENSCHEN EHREN

Weisheit wird nicht ohne Grund mit Alter assoziiert. In vielen Kulturen gelten alte Menschen traditionell als Weise. Die meisten geistlichen Oberhäupter haben eine jahrzehntelange Lehrzeit hinter sich, wenn sie ihr Amt antreten. In vielen Teilen der Welt werden die Ältesten wegen ihrer Klugheit und ihrer Lebenserfahrung geehrt und respektiert. Sie gelten als wertvolle Quelle von Wissen und spielen eine wichtige Rolle bei der Tradierung von Sitten und Gebräuchen.

Altersheime sind in vielen Ländern weitgehend unbekannt. Die eigenen Eltern im Alter zu pflegen gilt als Ehre und Bereicherung. In anderen Kulturen leben nicht selten drei oder vier Generationen unter einem Dach. Die unmittelbare Familie besteht aus Kindern, Eltern, Großeltern, Urgroßeltern und manchmal auch Großtanten und Großonkeln. Von diesem Generationen übergreifenden Zusammenleben profitieren alle. Kleine Kinder und alte Menschen werden versorgt, und die Älteren können den Jüngeren die Familiengeschichte weitergeben und ihnen Vorbilder sein.

Bei den amerikanischen Ureinwohnern schätzt man die Stammesältesten für ihre enge Verbindung zur Natur und zur spirituellen Welt. Sie gelten als »Hüter der Weisheit«, die für den Planeten Sorge tragen. Auch in Afrika werden die Ältesten wegen ihrer Lebenserfahrung und ihrer Weisheit respektiert und dienen als Vermittler zwischen den lebenden Familienmitgliedern und den Ahnen.

Indem wir alte Menschen ehren und respektieren, bauen wir mit an der Gemeinschaft und stärken den gesellschaftlichen Zusammenhalt. Es hilft uns, jede Lebensphase wertzuschätzen und das Altern in einem positiven Licht zu sehen. Schließlich werden wir in späteren Jahren hoffentlich selbst einmal die Chance haben, weise zu werden.

• • •

# ALLES GREIFT INEINANDER

## JEDE ARBEIT IST WICHTIG

Als Kinder hatten wir große Träume. Wir wollten Ärztin, Rechtsanwalt oder Wissenschaftlerin werden – oder unsere Eltern haben uns gesagt, dass wir das werden *sollten*. Im Laufe der Zeit wurden wir erwachsen, und unser Weg entwickelte sich auf ganz natürliche Weise. Solche Berufe hatten zwar nach wie vor ihren Reiz, aber wir erkannten eine schlichte Wahrheit: Worauf es ankommt, ist, dass wir die Rolle ausfüllen, die uns auf dieser Welt zugedacht ist. Vielleicht haben wir auch erkannt, dass wir für andere Arbeit besser geeignet waren, oder wir wollten schnell eine Anstellung finden. Doch allzu oft hängen wir an alten Vorstellungen von einem »guten« Beruf und übersehen allzu leicht, dass für die Wirtschaft und für die Seelen der Menschen, die sie ausüben, alle Berufe gleich wichtig sind.

Um sich wohlzufühlen bei dem, was Sie tun, müssen Sie keine Ärztin sein oder für eine wohltätige oder gemeinnützige Organisation arbeiten. Alles ist miteinander verbunden, alles fließt, jeder ist wichtig – vom Hausmeister über die Sekretärin bis hin zum Firmenchef. Die eine kann ohne den anderen nicht sein. Wenn Sie mit Ihrem Beruf unzufrieden sind, dann sollten Sie einmal darüber nachdenken, wie das, was Sie tun, mit anderen Menschen verbunden ist. Schauen Sie sich an, wie alles zusammenhängt.

Helfen Sie anderen mit Ihrem Lächeln und der Energie, die Sie ausstrahlen, ihren Tag gut zu bestehen? Wenn es Ihre Aufgabe ist, den ganzen Tag Dinge zu archivieren, dann seien Sie der beste Archivar aller Zeiten. Seien Sie stolz auf Ihre Arbeit, denn wie kann man seine Sache gut machen, ohne stolz auf seinen Beruf zu sein?

Jede Arbeit hat eine Bedeutung, die sich nicht in Zahlen oder am Prestige ablesen lässt, sondern nur im Herzen des Menschen zu finden ist, der sie ausübt. Die glücklichsten Menschen – diejenigen, die glauben, dass sie die wichtigsten Aufgaben erledigen – sind Menschen, die ihre Arbeit wertschätzen, egal, worum es sich handelt. Wenn wir das erkennen, dann wird deutlich, dass jede Arbeit Anerkennung verdient.

• • •

# LISTEN SIE AUF, WIE GROSSARTIG SIE SIND

## FÜNF DINGE, DIE ICH AN MIR MAG

Die wichtigste Beziehung in unserem Leben ist die zu uns selbst. Niemand sonst teilt jede einzelne unserer Lebenserfahrungen. Wir sind unser einziger ständiger Gefährte – und zugleich sind wir nicht selten auch unser schärfster Kritiker. Um uns selbst in Erinnerung zu rufen, wie großartig wir sind, bietet sich folgende Übung an: »Fünf Dinge, die ich an mir mag.«

Schreiben Sie fünf Eigenschaften auf, die Sie an sich mögen. Keine falsche Bescheidenheit! Wenn es Ihnen schwerfällt, fünf Dinge zu finden, dann steht fest, dass Sie von dieser Übung viel profitieren können. Achten Sie darauf, nicht nur körperliche Eigenschaften aufzuschreiben, denn Ihr Körper ist nur ein Teil dessen, was Sie sind. Wenn es Ihnen immer noch schwerfällt, dann denken Sie darüber nach, was Sie an den Menschen mögen, die Sie am meisten mögen, denn das sind Eigenschaften, die Sie vermutlich auch selbst auszeichnen. Eine andere Möglichkeit, die Liste zu vervollständigen, ist, sich fünf Dinge zu überlegen, die Sie *nicht* an sich mögen, und etwas an diesen Eigenschaften zu suchen, was Sie *gut* finden können.

Fahren Sie eine Woche lang mit dieser Übung fort, und überlegen Sie sich jeden Tag fünf neue Dinge, die Sie an sich mögen. Stellen Sie sich am Ende der Woche vor einen

Spiegel, und lesen Sie sich die Liste laut vor. Lassen Sie sich vom Spiegel Ihre Großartigkeit vor Augen führen, anstatt nach Makeln zu suchen, die es zu beheben gilt. Vielleicht kommen Sie sich albern dabei vor, sich vor einen Spiegel zu stellen und eine Liste aller Eigenschaften vorzulesen, die Sie als bewundernswert an sich empfinden. Aber vielleicht zaubert es auch ein Lächeln auf Ihre Lippen und hilft Ihnen, sich in einem anderen Licht zu sehen. Vergessen Sie nicht: Je größer Ihre Widerstände, desto mehr können Sie von dieser Übung profitieren.

Da unser Blick ständig nach außen gerichtet ist und nicht auf uns selbst, sehen wir selten so wie andere, was großartig an uns ist. Wenn wir uns die Zeit nehmen, uns selbst so zu betrachten wie jemanden, den wir lieben und bewundern, dann werden wir zu unserem eigenen besten Gefährten und Helfer auf dieser Lebensreise.

• • •

# SPRUNG INS KALTE WASSER

## DAS LEBEN KANN UNS ANGST MACHEN

Manchmal ist das Leben wie eine Achterbahn, voller Höhen und Tiefen, Biegungen und Windungen. Es ist ziemlich beängstigend, wenn es plötzlich steil bergab geht, selbst wenn wir zu denen gehören, die Überraschungen und Nervenkitzel mögen – und doch ist das eine Erfahrung, die wir alle machen. In solchen Momenten sollten wir nicht vergessen, dass wir mit unseren Erfahrungen nicht allein dastehen. Wir haben alle manchmal Angst, egal, wie tapfer, stark oder ausgeglichen wir sind.

Unsere Ängste können um unsere körperliche Sicherheit kreisen, vor allem wenn es uns nicht gut geht, wenn wir mit schwierigen Lebensumständen kämpfen oder einen Beruf ausüben, bei dem wir gefährlichen Situationen ausgesetzt sind. Oder wir sind in finanziellen Schwierigkeiten und müssen uns Sorgen machen, wie wir über die Runden kommen. Vielleicht fürchten wir uns auch vor dem Verlust eines geliebten Menschen, der krank ist, oder wir haben Angst, dass wir niemals den richtigen Partner finden, mit dem wir unser Leben verbringen wollen. Kann sein, dass wir Angst davor haben, die Schule zu wechseln, eine neue Arbeitsstelle anzutreten, in eine andere Stadt umzuziehen oder neue Leute kennenzulernen. Wie unsere Ängste auch aussehen: sie haben ihre Berechtigung, sie müssen uns nicht peinlich sein, und wir müssen uns nicht dafür schämen, dass wir manchmal Angst haben.

Es kann tröstlich sein, sich bewusst zu machen, dass wir alle manchmal Angst haben – und dass das völlig in Ordnung ist. Manchmal geht es uns schon besser, wenn wir uns unsere Ängste überhaupt eingestehen. Gelegentlich wird es sehr viel schwieriger sein, uns zu beruhigen, aber in vielen Fällen können wir uns damit trösten, dass das Leben manchmal einfach furchterregend *ist*. Wenn wir uns selbst zugestehen, Angst zu haben, können wir durch unsere Ängste hindurchgehen und sie loslassen. Dann ist es auch in Ordnung, sie anderen mitzuteilen. Wenn wir unsere Sorgen mit anderen teilen, erscheinen sie uns nicht mehr so erdrückend, weil wir nicht tatenlos zusehen, wie sie in uns wachsen und sich anstauen. Außerdem kann es eine große Erleichterung sein, unsere Ängste mit anderen zu teilen, weil wir nicht die ganze Last alleine tragen müssen.

Vergessen Sie nicht: *Sie sind nicht allein!*

• • •

# SIE SCHENKEN SICH SELBST

## MÜTTER

Mütter sind im Laufe der Geschichte angebetet und verehrt, aber auch analysiert und kritisiert worden. Wir sind alle aus einem wunderbaren Entwicklungsprozess im Körper einer Frau hervorgegangen. Jeder von uns hat eine Mutter.

Mutter zu sein ist jedoch mehr als der rein biologische Fakt. In Indien werden Frauen, die viel geben und zutiefst einfühlsam und weise sind, öffentlich mit dem Titel »Heilige Mutter« geehrt. Für Menschen, die ihre leibliche Mutter nie kennengelernt haben, wird diese Funktion oft von ihren Adoptiveltern, Verwandten und Freunden übernommen. Es gibt leibliche und spirituelle Mütter, die Mutter Erde wie auch Muttergöttinnen. Die Rolle der Mutter ist unendlich vielschichtig. Sie besteht aus reiner Zärtlichkeit, Mitgefühl und unerschütterlicher Treue. Eine Mutter steht für Fruchtbarkeit, Stabilität und Opferbereitschaft.

Unsere Mütter bestimmen, was aus uns wird, denn sie schenken uns nicht nur das Leben, sondern sie haben in unserer Kindheit auch den größten Einfluss auf uns. Noch bevor wir alt genug sind, um diesen Einfluss zu verstehen, legen unsere Mütter die Grundlagen unserer Spiritualität und unseres Wertesystems. Eine Mutter lobt ihre

Kinder für große Leistungen und sieht über kleine Fehler geflissentlich hinweg. Sie bringt ihnen vieles bei, bewahrt sie vor Missgeschicken und verbirgt ihre eigenen Tränen. Stattdessen lacht sie lieber, damit ihre Söhne und Töchter mitlachen können. Sie teilt deren Kummer und heilt so manchen Schmerz. Eine Mutter opfert sich auf, im Bewusstsein, dass ihr Nachwuchs sie eines Tages verlassen wird.

Aus diesen und anderen Gründen ist Mutterschaft eine ehrwürdige Institution, die sich einer engen Definition entzieht. Deshalb ist es auch nicht unüblich, sich mütterlichen Rat von einer weisen Frau oder Großmutter zu holen, denn jede Frau lernt, Mutter zu *sein*, ob sie Kinder hat oder nicht. Wir können auf der Suche nach einer Mutter auch bei der Erde fündig werden, die uns nährt wie eine Mutter, die so viel gibt und im Gegenzug so wenig erwartet. Die Erdenmutter segnet uns täglich mit ihrer Fülle, aus ihr sind wir geboren, und letztlich werden wir zu ihr zurückkehren.

Die Definition ist sehr weit gefasst, weil es viele Arten von Müttern gibt – unter anderem, weil sie für jene, die sie lieben, die Härten des Lebens abmildern. Eine Mutter hört niemals auf zu wachsen und mütterlicher zu werden. Manche mögen in ihr nichts weiter als eine Frau sehen, die mit ihrem Schoß Leben spendet und mit ihrer Brust nährt, doch wir sollten nicht vergessen, dass eine Mutter – jede Mutter – auch mit ihrer *Zärtlichkeit* Leben spendet und mit ihrer *Liebe* nährt.

• • •

# NEGATIVES IN POSITIVES VERWANDELN

## DIE TONGLEN-MEDITATION

Genau wie Schmerz exponentiell wachsen kann, so können Sie auch in zahllosen anderen Menschen Mitgefühl und Liebe inspirieren. Dazu bedarf es lediglich eines einzigen Individuums, das beschließt, negative Energie in Güte zu verwandeln. Eine Möglichkeit, das in die Praxis umzusetzen, ist die buddhistische Praxis der *Tonglen-Meditation*, bei der man bewusst Leid in sich aufnimmt und mit jedem Atemzug bewusst positive Energie freisetzt. Bei dieser Meditation, so beschreibt es *Das tibetische Buch vom Leben und vom Sterben*, atmet man ein, was geheilt werden muss, und verwandelt es durch die Macht des eigenen Herzens und des Herzens Buddhas. Anschließend, beim Ausatmen, sendet man das, was man im eigenen Herzen verwandelt hat, an die Herzen von anderen aus.

Um Tonglen-Meditation ernsthaft zu betreiben, müssen Sie sich von der irrigen Vorstellung frei machen, dass es von höchster Wichtigkeit sei, negative Dinge von sich fernzuhalten und positive anzuziehen. Daher können zehn oder mehr Minuten Meditation nötig sein, um alles aus Ihrem Geist zu verbannen, was Sie ablenken könnte. Oder Sie bereiten Ihren Geist vor, indem Sie einfach Ihren ruhigsten mentalen Ort aufsuchen und sich vorstellen, dass Ihr Herz frei wird und voller Liebe. Machen Sie sich dann beim Einatmen bewusst, dass Sie Energie in sich aufnehmen. Rufen Sie sich Ihre Bezugspunkte für Leid und für Freude ins Gedächtnis, nehmen Sie sie zur Kenntnis, und erkennen Sie, dass es in Ihrer Macht steht, das eine in das andere zu verwandeln. Machen Sie sich beim Ausatmen bewusst, dass Sie positive, liebevolle Energie aussenden, nicht nur in Ihr unmittelbares Umfeld, sondern hinaus in die Welt.

Im ersten Moment werden Sie möglicherweise das Gefühl haben, dass diese Übung gegen Ihre Intuition verstößt. Das ist eine ganz natürliche Reaktion. Doch im Tonglen dreht sich alles um das Gleichgewicht, um Geben und Nehmen. Sie können sich nicht in den negativen Aspekten der Welt verlieren, weil Sie beim Ausatmen zu einem Leuchtturm der Freude werden. Ebenso wenig können Sie weiterhin gegenüber dem Leid blind sein, da Sie die Last ja selbst spüren.

Sie können Tonglen-Meditation auf der persönlichen oder auf der globalen Ebene praktizieren, je nachdem, wo es Ihnen am nötigsten erscheint. Sie müssen einfach nur atmen – und doch machen Sie anderen das größte Geschenk, das Sie zu geben haben, wenn Sie Tonglen praktizieren: das Geschenk der Heilung.

• • •

# IHRE GANZ PERSÖNLICHE GESCHICHTE

## SCHREIBEN SIE IHRE GESCHICHTE AUF

Jede(r) von uns hatte schon einmal das Bedürfnis, seine oder ihre Geschichte aufzuschreiben. Eine Kurzbiografie zu schreiben, um sie mit Familie oder Freunden zu teilen oder sogar zu veröffentlichen, ist ein emotional sehr befriedigender Weg, auf das Erlebte zurückzublicken und dabei der eigenen, unverwechselbaren Stimme Ausdruck zu geben. Wir haben alle Gefühle und Ereignisse erlebt, die wir gerne schriftlich festhalten würden. Wenn Sie diesem Bedürfnis nachgeben, dann kann das ein Ventil sein, um sich von Frustrationen, Ängsten oder Gefühlen zu reinigen, die lange in Ihnen geschlummert haben.

Ihre Geschichte muss niemand lesen. Vielleicht wollen Sie sie sogar aufschreiben, ohne sie selbst gleich noch einmal zu lesen. Für das Bedürfnis, Ihre Geschichte zu erzählen, spielt es keine Rolle, wie gut Sie schreiben können. Aber es ist anstrengend, die Wahrheit detailliert festzuhalten. Zunächst kommen Ihnen Ihre Erinnerungen – auf Papier gebannte Szenen, Eindrücke, Geräusche und Gerüche – möglicherweise zusammenhangslos oder unvollständig vor. Vertrauen Sie auf Ihre Fähigkeit, aus Erinnerungen Geschichten zu formen.

Wir alle wünschen uns, dass wir gehört werden. Indem Sie anderen Ihre Geschichte vorlesen, können Sie dieses

Bedürfnis befriedigen. Es kann Ihnen auch dabei helfen, Ihre Erfahrungen besser zu verstehen, wenn Sie sie aufschreiben. Und wenn Sie fertig sind, werden Sie vermutlich überrascht sein von Ihrem Werk. Ihre Geschichte kann so viel oder so wenig von Ihrem Leben umfassen, wie Sie wollen. Vielleicht überraschen Sie sich selbst mit neuen Einsichten. Oder Sie erforschen mit Ihren Worten unwillkürlich Ihre Wurzeln, Ihre Identität und Ihre Zukunft. Lassen Sie sich von Ihrem Schreiben leiten, und seien Sie so ehrlich wie möglich. Machen Sie sich keine Gedanken darüber, was andere von Ihrer persönlichen Reise, Ihrem Schreibstil oder Ihren Worten halten werden.

Wenn Sie Ihre persönliche Geschichte, Ihre Gefühle und Wahrnehmungen zu Papier bringen, dann kann das langfristig auch Ihrer Gesundheit förderlich sein. Denken Sie daran, beim Schreiben nachsichtig mit sich zu sein, vor allem wenn es um traumatische Ereignisse geht. Wenn Sie noch jung sind, können Sie im Laufe Ihres Lebens immer wieder an Ihrer Geschichte weiterschreiben. Über Ihr Geschriebenes können andere Familienmitglieder Sie besser kennenlernen, und vielleicht verstehen sie auch sich selbst besser, wenn sie von Ihren Erfahrungen lesen. Das Wichtigste ist, dass Sie sich selbst in einer Form ausdrücken, die überdauert. So verleihen Sie Ihrer Stimme Ausdruck und machen sich selbst ein Geschenk.

• • •

# »SCHEIN«-ENERGIE

## DIE SPIRITUELLE ENERGIE DES GELDES

Die meisten von uns haben eine sehr enge Beziehung zum Geld. Ob wir es ausgeben oder verdienen: Geld ist ein Teil unseres Lebens. Insofern ist es sinnvoll, wenn wir ein gesundes Verhältnis zum Geld pflegen. Und wie bei so vielen anderen Dingen im Leben fängt das mit der richtigen Einstellung an.

Wie Sie Geld wahrnehmen, hängt vor allem davon ab, wie viel Geld Sie besitzen und wie viel Sie verdienen. Zwar ist es ungesund, geldgierig zu sein und an nichts anderes zu denken, aber es ist wichtig, dass Sie Geld und die positiven Dinge, die es in Ihrem Leben bewirken kann, wertschätzen. Denn je mehr Sie etwas wertschätzen, desto mehr wird es ein natürlicher Teil Ihres Lebens. Wenn Sie dankbar für die Liebe, Gesundheit und das Geld in Ihrem Leben sind, dann werden Sie mehr von diesen Dingen anziehen. Genauso umgekehrt: Wenn Sie gegenüber diesen Dingen eine negative Einstellung haben, dann werden Sie auch weniger davon anziehen. Wenn Sie sich also ständig Sorgen machen, Sie könnten in Geldnot geraten, dann werden Sie auch permanent in finanziellen Schwierigkeiten sein, selbst wenn Sie ganz gut verdienen.

Machen Sie sich also bewusst, wie Sie über Geld denken. Haben Sie das Gefühl, dass Sie es verdienen? Zu welchem Umgang mit Geld sind Sie erzogen worden? Wurden Sie immer gedrängt zu sparen und sich nichts zu leisten, oder hat man Ihnen ständig gesagt, dass man nie genug Geld haben könne?

In allem ist Energie, und Geld stellt da keine Ausnahme dar. Die Energie, die wir verdienen, manifestiert sich in Geld und wird ausgetauscht, indem wir Geld ausgeben. Deshalb ist es wichtig, dass wir nicht nur Geld verdienen, sondern es auch ausgeben. Wenn etwas statisch ist, wird es sich niemals vermehren, und das gilt auch für Geld. Allerdings sollten Sie es nicht nur zur Befriedigung Ihrer eigenen Bedürfnisse verwenden, sondern auch, um anderen zu helfen. Seien Sie gegenüber Menschen, die weniger vom Glück begünstigt sind als Sie, so großzügig wie möglich. Wenn Sie Ihr Geld in Umlauf bringen, wird auch mehr zu Ihnen zurückkommen.

• • •

# ZUSEHEN, WIE ANDERE WACHSEN

## ANDERE IHREN EIGENEN WEG FINDEN LASSEN

Es kann unendlich schmerzlich sein, dabei zuzuschauen, wie unsere Lieben oder Freunde sich auf einen dornenreichen Weg begeben. Wir möchten sie instinktiv auf einen sicheren Pfad führen und die Weisheit mit ihnen teilen, die wir uns durch Erfahrung angeeignet haben. Doch jeder Mensch hat das Recht, sich seinen eigenen Weg zu bahnen, ohne über Gebühr von außen beeinflusst zu werden. Wenn wir jemandem dieses Recht vorenthalten, dann enthalten wir ihm eine Chance der Erleuchtung vor, denn echte Einsichten kann man nicht in Vorträgen vermitteln.

Jeder Mensch muss sich seine Unabhängigkeit und Erleuchtung erarbeiten, indem er Entscheidungen trifft und über die Folgen nachdenkt. Indem Sie anderen zugestehen, ihren Weg frei zu wählen, respektieren Sie ihr Recht, ihrem Menschsein so Ausdruck zu verleihen, wie sie es für richtig halten. Mag sein, dass Sie nicht immer mit ihren Entscheidungen einverstanden sind oder sich damit identifizieren können, aber machen Sie sich bewusst, dass jeder auf seine eigene Weise und in seinem eigenen Tempo lernt.

Die Ereignisse und Umstände, die unser Leben prägen, sind einzigartig, weil wir alle einzigartig sind. Was den einen im Innersten berührt, irritiert oder verwirrt einen anderen vielleicht nur. Und deshalb neigt jeder von uns zu einem anderen Weg – zu dem, der unsere persönliche Entwicklung am nachhaltigsten beeinflusst.

Wenn Sie einem Mitmenschen dabei zuschauen, wie er sich langsam und mühsam einen schwierigen Pfad entlangschleppt, und den Drang verspüren einzugreifen, dann versuchen Sie, sich in sein Bedürfnis hineinzuversetzen, selbstständig zu wachsen und seinen eigenen Weg zu gehen. Sollte er Sie um Hilfe bitten, dann helfen Sie ihm bereitwillig. Sie können ihm auch von *Ihrem* Weg erzählen und ihm umsichtige und liebevolle Ratschläge geben. Gestehen Sie ihm ansonsten den nötigen Raum zu, seine eigenen Fehler zu machen, die Früchte seiner Arbeit zu ernten, seine Erfolge in vollen Zügen zu genießen und zu seinen eigenen Erkenntnissen zu kommen.

Die Versuchung, anderen den Weg zu weisen, hat viele Wurzeln. Ein überaktives Ego kann uns einreden, dass wir auf dem einzig richtigen Weg sind, oder ein Verlangen in uns wecken, andere zu kontrollieren. Doch jeder Mensch hat das Recht, sich seinen oder ihren eigenen Weg aus der Dunkelheit ins Licht zu suchen. Wenn wir den Wert dieser unterschiedlichen Wege erkennen und andere auf ihrem Weg ermutigen, dann können wir frohen Herzens zusehen, wie andere wachsen, und uns bewusst machen, wie wichtig Vielfalt, Unabhängigkeit und Individualität sind.

• • •

# WISSEN UM DIE EINHEIT

## STUFEN DER BEWUSSTWERDUNG

Manchmal fällt es uns schwer zu verstehen, was andere in ihrem Handeln motiviert. Dabei tun wir alle unser Bestes, auf der Basis der Informationen, die uns zur Verfügung stehen. Wir haben gelernt, die Welt nach dem Beispiel der Menschen in unserem Umfeld wahrzunehmen und auf der Grundlage unserer bisherigen Erfahrungen. Wenn wir das im Hinterkopf behalten, können wir die Entscheidungen anderer Menschen akzeptieren und gleichzeitig nach Möglichkeiten suchen, den Grad des Bewusstseins auf der Welt insgesamt zu erweitern.

Unsere unterschiedlichen Stufen der Bewusstwerdung sind wie die Entwicklungsstadien von Kindern, deren Einsichtsfähigkeit je nach Alter und Erfahrung variiert. Wenn zum Beispiel ein 2-Jähriger nicht teilen will, dann kann man das als eine normale Phase in seiner sozialen Erziehung betrachten. Dagegen würde man einem 16-Jährigen, der sich genauso verhält, kindliches Verhalten vorwerfen. Wir müssen uns immer vor Augen führen, dass wir alle auf unserem ganz individuellen Weg sind. Vielleicht haben wir uns vor unserer aktuellen Inkarnation bestimmte Lektionen ausgesucht oder eine Vereinbarung geschlossen, bei Entfaltung der Welt eine ganz bestimmte Rolle zu spielen. Unsere Aufgabe besteht daher nicht darin, über andere zu urteilen, sondern das Bewusstseinsgleichgewicht auf Erden zu verschieben, indem wir unser eigenes erweitern.

Alles, was wir tun und denken, wird Teil der kollektiven Energie des Planeten. Wenn wir unsere Energie einsetzen, um Licht in die Welt zu bringen, dann verbindet sie sich mit der Energie anderer, um die Dunkelheit zu vertreiben. Wir leben in einer Welt der Dualität, so dass wir mit der materiellen Ebene nur allzu vertraut sind, doch müssen wir die Extreme nicht erfahren, um sie zu verstehen. Wir sollten unsere Erfahrungen und unsere Erkenntnis mit anderen teilen, aber nicht von einer herablassenden Warte aus. Wenn die gesamte Menschheitsfamilie erkennt, dass jeder unserer Gedanken, jede Entscheidung und jede Handlung Auswirkungen auf uns alle hat, dann werden wir gemeinsam einen unglaublichen Grad der Bewusstheit erreichen – der unsere Einheit über alles andere stellt und uns ermöglicht, unser spirituelles Selbst besser zu verwirklichen.

Wenn Sie wieder einmal nicht verstehen, warum jemand so handelt, wie er handelt, dann machen Sie sich bewusst, dass diese Person von der gleichen Erde stammt, im Moment aber einfach auf einem anderen Bewusstseinsniveau ist als Sie. Haben Sie Mitgefühl, segnen Sie diese Person, und gehen Sie weiter in Würde durch Ihren Tag.

• • •

# DIE UNBERECHENBARKEIT AKZEPTIEREN

## MANCHMAL SPIELT DAS LEBEN ÜBER DIE BANDE

Leben heißt, dass wir uns ständig Ziele setzen und darauf hinarbeiten. Das bündelt unsere Anstrengungen und sorgt dafür, dass wir unsere Zeit und Energie effektiv und effizient einsetzen. Außerdem gibt es unserem Leben Sinn und Richtung. Wir wissen, wo wir hinstreben und was wir tun wollen. Doch ziemlich häufig, aus Gründen, die wir nicht beeinflussen können, laufen die Dinge anders als geplant – eine Reifenpanne auf dem Weg zur Hochzeit zum Beispiel oder eine plötzliche Erkältung –, und schon müssen wir uns auf Verzögerungen oder ganz neue Umstände einstellen. Selbst glückliche Fügungen – ein unerwarteter Geldsegen oder eine neue Liebe – erfordern, dass wir flexibel reagieren und unsere Pläne und Prioritäten überdenken, zuweilen von einem Augenblick auf den anderen. Manchmal spielt auch das Leben über die Bande.

Entscheidend für den Umgang mit solchen unerwarteten Launen des Schicksals ist die Fähigkeit, sich auf neue Situationen einzustellen und unsere ursprünglichen Erwartungen fahren zu lassen. Wir neigen dazu, uns festzufahren und uns an bestimmte Vorstellungen zu klammern, wie unser Leben verlaufen soll, und es fällt uns schwer, etwas zu akzeptieren, was nicht in unser Konzept passt.

69

Aber das Leben ist nun einmal unberechenbar. Auf einer Reise, die eigentlich geschäftlichen Hintergrund hatte – und Sie in Depressionen gestürzt hat, weil das Geschäft geplatzt ist –, kommen Sie zwei Tage früher. am Flughafen an als geplant. Da ergibt sich unversehens die Gelegenheit, dass Sie die Liebe Ihres Lebens kennenlernen. Sie haben eine Autopanne und verpassen einen Termin. Dadurch können Sie zwar diesen wichtigen Termin nicht wahrnehmen, aber Sie verbringen einige entspannte Stunden mit Menschen, die Sie sonst niemals getroffen hätten.

Vergessen Sie nicht, dass das Universum uns nicht nur deshalb gelegentlich über die Bande spielt, damit wir wachsam bleiben – was für sich genommen ein Geschenk ist –, sondern auch, um uns wunderbare Überraschungen zu bescheren. Wenn Sie wieder einmal in eine solche Situation kommen, dann atmen Sie tief durch, bedanken Sie sich, und öffnen Sie sich einer neuen Chance.

• • •

# GEDULD UND BEHARRLICHKEIT

## KRAFT SCHÖPFEN AUS PFLANZEN

Jedes Jahr schicken Gräser, Blumen, Sträucher und Bäume einen Teil von sich auf die Reise. In jedem einzelnen ihrer Samen ist auf engstem Raum das ganze Potenzial der Mutterpflanze konzentriert. Auf der Suche nach einem Ort, an dem sie Wurzeln schlagen können, werden sie vom Wind durchgeschüttelt, von der Sonne ausgetrocknet und vom Regen durchweicht. Und die Wahrscheinlichkeit ist ziemlich groß, dass sie anstelle von fruchtbarem Boden nichts als Zement oder Stein vorfinden.

Jedes Jahr suchen sich die Samen den besten Standort, den sie finden können, sie schlagen Wurzeln und schaffen sich allmählich mehr Raum. Sie kämpfen sich immer weiter nach oben durch, auch wenn die neue Welt, auf die sie treffen, unwirtlich und unberechenbar ist. Die Sämlinge sind winzig, und doch vermag eine einzige Pflanze einen Riss in einem Bürgersteig zu erweitern oder einen Felsen zu Staub zu zermahlen – mit nichts weiter als Geduld und Beharrlichkeit.

Es kommt im Leben nicht selten vor, dass wir aufgrund unserer eigenen Entscheidungen oder durch die Launen des Schicksals stürmische Zeiten erleben. Wir werden von unserer Angst, unserer Unsicherheit und dem Einfluss anderer bald hierhin, bald dorthin geweht. Die Hindernisse, die sich vor uns auftürmen, erscheinen unüberwindbar und die Herausforderungen unlösbar.

Wenn Ihnen so etwas widerfährt, dann schauen Sie sich um, an welch scheinbar trostlosen und unwirtlichen Orten Pflanzen gedeihen. Da ihnen kaum eine Wahl bleibt, machen sie das Beste aus ihrer Lage: Sie schlagen Wurzeln und klammern sich fest, so gut sie können. Überlegen Sie, ob es eine unverhoffte Kraftquelle gibt, die Sie anzapfen können. Blicken Sie in die Zukunft – stellen Sie sich vor, dass Sie sich irgendwann mehr Raum geschaffen und alle Schwierigkeiten überwunden haben werden.

Die kleinsten Dinge – wie diese kleinen Sprösslinge – können mit etwas Zeit und dem nötigen Durchhaltevermögen alle Widrigkeiten überwinden und gewaltige Hindernisse aus dem Weg räumen. Wenn Sie mit schlechten oder ungewissen Erfolgsaussichten konfrontiert sind, sind Sie vielleicht versucht aufzugeben, umzukehren oder den leichtesten Weg einzuschlagen. Doch Sie tragen die gleiche Entschlossenheit und Stärke in sich wie jene unerschrockenen Pflanzen. Wenn Sie in der Klemme sitzen, können auch Sie den Blick nach oben richten, Halt suchen, so gut es geht, und sich mit Hilfe Ihrer Entschlossenheit zu neuen Höhen aufschwingen.

• • •

# SICH AUS DER DECKUNG WAGEN

## ABKAPSELUNG

Es gibt Zeiten in unserem Leben, in denen wir uns von sozialen Verpflichtungen zurückzuziehen und uns ein wenig Zeit für uns selbst nehmen müssen, um unsere Batterien wieder aufzuladen und die Beziehung zu uns selbst zu festigen. Mitunter ist diese Abkapselung jedoch auch ein Alarmsignal, das auf eine unterschwellige Depression oder ein anderes Problem hindeutet. Vielleicht haben wir uns gar nicht bewusst entschieden, uns abzukapseln, sondern wachen eines Tages auf und stellen fest, dass wir den Großteil unserer Zeit alleine verbringen. Freunde haben den Versuch aufgegeben, uns telefonisch zu erreichen. Und da uns niemand mehr einlädt, versinken wir immer tiefer in der Isolation.

Je länger diese Isolation andauert, desto schwieriger wird es, auf andere zuzugehen. Es ist, als hätten wir einen bestimmten Muskel lange nicht mehr trainiert, und jetzt ist er so schlaff, dass wir kaum etwas mit ihm anfangen können. Auf andere zuzugehen ist aber genau das, was wir tun müssen, wenn wir zu einem gesunden, ausgeglichenen Leben zurückfinden wollen.

Falls Sie in eine solche Lage geraten, dann rufen Sie einen verständnisvollen Freund oder eine verständnisvolle Freundin an, der oder die Ihnen voll Mitgefühl zuhört, nicht jemanden, der sich leicht angegriffen fühlt und Ihren Rückzug möglicherweise persönlich genommen hat. Vorwürfe sind das Letzte, was Sie jetzt brauchen können. Eine negative Reaktion könnte Sie noch tiefer in die Isolation stürzen. Wenn Sie niemanden haben, auf den Sie sich verlassen können, dann rufen Sie einen spirituellen Ratgeber oder eine Therapeutin an, die Ihnen helfen können, die Ursache Ihrer Isolation zu erkennen und einen Weg aus der Einsamkeit zu finden.

Wenn Sie sich über längere Zeit in sich zurückgezogen haben, kann es wie ein Ding der Unmöglichkeit erscheinen, in die Welt der Freundschaften, Gespräche und gemeinsamen Aktivitäten zurückzukehren. Aber nach und nach wird es Ihnen gelingen. Denn die meisten Menschen werden Verständnis zeigen, wenn Sie ihnen erklären, dass Sie den Kontakt verloren haben und ihn gerne wiederbeleben möchten. Lassen Sie sich Zeit, und haben Sie Geduld mit sich. Fangen Sie bei einer Person an, und bauen Sie darauf auf. Nehmen Sie sich vor, jede Woche auf jemand anderen zuzugehen. Ehe Sie sich versehen, werden Sie sich wieder in der Gesellschaft von Freunden wiederfinden.

• • •

# BEWUSST KOCHEN

## ESSEN MIT BEDACHT ZUBEREITEN

Wir sind, was wir essen. Aber was noch wichtiger ist: Wir *beeinflussen* das, was wir essen – etwa durch das Schneidebrett, den Topf, in dem das Essen gekocht wird, und den Tisch, von dem gegessen wird. Die Art, wie wir Nahrungsmittel zubereiten, und die spirituellen Qualitäten, die wir auf sie übertragen, beeinflussen indirekt die gesundheitsförderlichen Eigenschaften von Nahrungsmitteln – sozusagen ihre Lebenskraft.

Nahrungsmittel nehmen bei der Zubereitung sowohl positive wie auch negative Gedanken und Gefühle auf. Denken Sie daran, wie sehr etwas, das Sie für einen kranken Verwandten oder Freund kochen, den Heilungsprozess unterstützen kann. Eine Hühnersuppe ist nichts weiter als eine Hühnersuppe, es sei denn, sie wird mit der Absicht gekocht, jemanden zu heilen. Während Sie kochen, werden Ihre Intentionen – ob sie nun liebevoll, traurig, destruktiv, kreativ oder heiter sind – auf das Essen übertragen. Daher ist eine mit guten Intentionen zubereitete Mahlzeit nicht nur Nahrung für den Körper, sondern auch für die Seele.

Damit Sie bewusst und mit Bedacht kochen können, müssen Sie alles von sich fernhalten, was Ihnen unangenehm ist oder Sie ablenkt. Machen Sie aus Ihrer Küche einen behaglichen, entspannenden Raum, der Ihnen guttut. Konzentrieren Sie sich jedes Mal, wenn Sie ihn betreten, auf positive Gedanken, denn eine negative Einstellung kann den Geschmack und den Nährwert der Mahlzeiten beeinträchtigen, die Sie zubereiten. Vielleicht hilft es Ihnen, Kochen als eine Art von Meditation zu betrachten, bei der Sie Ihren Kopf vom Lärm der Welt frei machen und sich ganz auf das konzentrieren, was Sie gerade tun: Gemüse schneiden, Zutaten abwiegen, Gewürze unterrühren oder Kräuter zugeben.

Verwenden Sie auf ganz einfache Tätigkeiten die gleiche Zeit und Energie wie auf die Zubereitung eines aufwändigen Rezeptes. So werden Sie allen Schritten gerecht, die zur Zubereitung einer Mahlzeit gehören. Konzentrieren Sie sich bei der Arbeit auf das Essen und auf liebevolle Gefühle. Wenn Sie das Bedürfnis dazu verspüren, dann sprechen, summen oder singen Sie einige Segensworte über den Zutaten, um Ihre positive Intention auf sie zu übertragen, bevor Sie sie zubereiten. Und schließlich: Nehmen Sie den ganzen Kochvorgang vom Anfang bis zum Ende bewusst wahr. Achten Sie darauf, wie schön die Zutaten sind und wie sie sich wundersam zusammenfügen, so dass etwas Neues entsteht. In einem ZEN-Sprichwort wird ein Koch angehalten: »Betrachte die Pfanne als deinen eigenen Kopf und das Wasser als deinen Lebenssaft.« Wenn Sie die Zutaten bewusst und liebevoll waschen, schälen, schneiden und zugeben, dann bringt Sie das dem Essen näher – und damit auch denen, für die Sie kochen. So wird das Essen schon während der Zubereitung – wenn Ihre Seele ganz im Augenblick lebt, um Nahrung zu spenden – zu einem Quell starker, Leben spendender Energie und Freude – für Sie und andere.

• • •

# EGAL, WIE ES AUSGEHT

## ES GIBT KEINE »FALSCHEN« ENTSCHEIDUNGEN

Vielen von uns fällt es schwer, Entscheidungen zu treffen. Wir haben Angst, uns für den falschen Partner zu entscheiden und in einer unglücklichen Beziehung zu landen oder uns die falsche Anlageform auszusuchen und unser Geld schlecht anzulegen. Aber falsche Entscheidungen gibt es nicht. Sicher, wir könnten uns manchmal anders entscheiden, was unsere Beziehungen, unsere persönlichen Ziele, unsere Karriere oder die Farbe unserer Schlafzimmerwände betrifft. Doch egal, wie es ausgeht: Immer führen unsere Entscheidungen zu wertvollen Erfahrungen oder Einsichten.

Es ist aber immer besser, irgendeine Entscheidung zu treffen als gar keine. Zumindest hatten wir den Mut, uns zu entscheiden, etwas zu riskieren und eine bestimmte Richtung einzuschlagen. Wir können nicht handeln, wenn wir nicht zuerst eine Entscheidung treffen. Und eine solche Entscheidung kann niemals falsch sein, weil wir immer etwas dabei gewinnen – sei es, dass wir bekommen, was wir wollten, oder zumindest eine wertvolle Lektion lernen. Manchmal müssen wir einen Plan bis zum Ende verfolgen, um zu erkennen, dass wir etwas ganz anderes wollen, als wir dachten.

Ein Beispiel: Vielleicht wollten Sie schon immer in einer

Großstadt wohnen. Also lassen Sie Familie, Freunde und den sicheren Job in einer Kleinstadt zurück und ziehen ans andere Ende Ihres Landes. Doch sobald Sie dort ankommen, stellen Sie fest, dass Ihnen das Großstadtleben gar nicht wirklich gefällt. Ohne es ausprobiert zu haben, hätten Sie das nie erfahren. Jetzt können Sie getrost zurück in Ihre Heimatstadt ziehen und werden dann das Leben in der Kleinstadt umso mehr zu schätzen wissen. Anstatt sich ständig zu fragen, was Sie da draußen wohl alles erwarten würde, können Sie jetzt Ihre Umgebung und die Richtung, in die Ihr Leben sich entwickelt, von ganzem Herzen annehmen. Ihr Plan, in die Großstadt zu ziehen, ist also *durchaus* aufgegangen – wenn auch nicht so, wie Sie vorher gedacht hatten.

Ihre Entscheidungen mögen Sie nicht immer ans gewünschte Ziel bringen, aber sie bringen Sie letztlich immer dorthin, wo Sie am glücklichsten sein werden. Entscheidungen treffen zu können gehört zu den Privilegien unseres Lebens. Nehmen Sie deshalb Ihr Recht wahr, ohne Angst Entscheidungen zu treffen.

• • •

# ALLES HAT EINEN SINN

## SCHLECHTE TAGE

Wir alle kennen Tage, an denen wir das Gefühl haben, dass sich die ganze Welt gegen uns verschworen hat und das Chaos nie ein Ende nehmen wird. Wir sind vom Pech geradezu verfolgt. An solchen Tagen fragen wir uns manchmal, ob uns jemals wieder etwas glücken wird.

Doch auch ein schlechter Tag kann genauso ein Geschenk sein wie jeder andere. Er macht Sie darauf aufmerksam, dass es an der Zeit ist, es langsamer angehen zu lassen, den Kurs zu ändern oder alles ein wenig leichter zu nehmen. Er könnte Ihnen eine Einsicht vermitteln, die Sie ansonsten übersehen oder geringgeschätzt hätten. Schlechte Tage konfrontieren Sie natürlich mit unangenehmen Gefühlen, denen Sie sicher lieber aus dem Weg gegangen wären, doch sie können auch eine hervorragende Gelegenheit sein, etwas über sich selbst zu lernen.

Ein Tag kann ein schlechter Tag sein, weil Sie wegen einer Autopanne einen wichtigen Termin verpasst haben, der Wäschetrockner den Geist aufgegeben hat oder Sie gleich am Morgen eine deprimierende Nachricht erhalten haben. Wenn ein Missgeschick das andere jagt, wird uns besonders schmerzlich bewusst, wie verletzlich wir doch sind. Aber ein schlechter Tag kann Ihnen nur dann langfristig Schaden zufügen, wenn Sie es zulassen. Besser ist es, sich zu fragen, was Sie von solch einem Tag lernen können. Vielleicht ist es ein Hinweis darauf, dass Sie sich lieber zurückziehen und eine Auszeit gönnen oder von negativen Gefühlen frei machen sollten.

Schlechte Tage haben einen Einfluss darauf, wie wir uns weiterentwickeln. Auch wenn sie uns zunächst Kummer bereiten und entmutigen – sie können uns lehren, geduldig und ausdauernd zu sein. Wir sollten niemals vergessen, dass unsere Einstellung unser Schicksal mitbestimmt und eine einzige negative Erfahrung nicht der Beginn einer langen Pechsträhne sein muss. Ein schlechter Tag bleibt uns in Erinnerung, weil er eingebettet ist in viele gute Tage. Ansonsten würden wir gar nicht erst auf den Gedanken kommen, ihn einen schlechten Tag zu nennen.

Machen Sie sich auch bewusst, dass wir alle schlechte Tage haben. Sie sind nicht allein – die Welt hat sich nicht gegen Sie verschworen. Morgen beginnt ein ganz neuer Tag. Begrüßen Sie ihn liebevoll, und schauen Sie ihm dabei zu, wie er sich vielleicht zu einem besseren entfaltet.

• • •

# ANDEREN IHRE FREIHEIT ZUGESTEHEN

## AKZEPTIEREN, DASS JEDER SEINEN EIGENEN WEG GEHEN MUSS

Jeder von uns folgt im Leben einem besonderen Pfad, der unserer Seele vorherbestimmt ist. Unsere Wege sind sehr unterschiedlich, und jeder ist in seinem eigenen Tempo unterwegs. Die Fallen und Glücksfälle, denen wir begegnen, sind einzigartig, aber wir lernen alle dazu, und die eine Form des Wissens ist nicht wichtiger als die andere.

Und doch geschieht es leicht, dass wir Entscheidungen von Menschen um uns herum verurteilen und erwarten, dass ihre Handlungen im Einklang mit dem stehen, was wir als richtig empfinden. Dabei gibt es für jedes Problem eine Vielzahl von Lösungen. Jeder muss seine eigenen Entscheidungen treffen, und es ist wichtig, dass wir akzeptieren, wie andere ihr Leben auf ihre Art und Weise angehen — auch wenn es frustrierend sein kann zuzuschauen. Wenn wir anderen die Freiheit zugestehen, so zu handeln, wie sie es für richtig halten, ohne Angst vor Vorwürfen, dann respektieren wir die Fähigkeit zu wachsen, über die alle Menschen verfügen.

Es ist wichtig, uns darin zu üben, andere so zu akzeptieren, wie sie sind. Beurteilen Sie die Entscheidungen anderer niemals auf der Grundlage des Weges, den Sie selbst eingeschlagen hätten, denn jeder lebt nach eigenen Werten und Erfahrungen. Wir stehen alle vielen Herausforderungen gegenüber, aber jeder geht mit Schwierigkeiten auf seine Weise um.

Lassen Sie anderen den Raum, sich so zu entscheiden, wie sie es für richtig halten, und verhärten Sie nicht Ihr Herz gegen deren Erfahrungen. Es ist nicht klug, anderen Vorschriften machen oder Situationen kontrollieren zu wollen. Mag ja sein, dass Sie den Drang verspüren einzugreifen, sobald Schwierigkeiten auftauchen, aber Sie sollten nur dann Ratschläge erteilen, wenn Sie darum gebeten werden, es sei denn, jemand ist in einer wirklich gefährlichen Situation oder unfähig, selbst zu handeln.

Wenn jemand *nicht* den vermeintlich richtigen Weg einschlägt oder unkluge Entscheidungen trifft, dann ist das einfach ein weiterer Schritt auf seinem oder ihrem Weg – ein Schritt, durch den er oder sie Erfahrungen und Weisheit sammelt. Wenn Sie das Bedürfnis loslassen, anderen zu helfen, schließt das nicht aus, ihnen liebevolle Unterstützung anzubieten, und es heißt nicht, dass Sie sich nicht mehr um sie sorgen sollten. Aber es bedeutet, sich zurückzunehmen, nicht vorschnell zu urteilen und ihnen anstandslos zuzugestehen, ihrem eigenen Schicksal zu folgen.

Wenn Sie anderen die Freiheit zugestehen, auf *ihre* Weise zu wachsen, gewinnen Sie Freiraum, sich mehr um sich selbst zu kümmern. Mag sein, dass Sie nicht einverstanden sind mit dem, was Sie sehen, aber wenn Sie die anderen sein lassen, werden Sie auch liebevoller mit ihnen umgehen. Und Sie werden sich darauf konzentrieren können, einfach nur Sie selbst zu sein – im Vertrauen darauf, dass Ihr Weg ebenso richtig und besonders ist und genauso seine Berechtigung hat wie jeder andere.

• • •

# DIE SEELE ERLEICHTERN

## EVOLUTION DER SEELE

Unsere Seele kann sich seit Anbeginn unseres Lebens schwer anfühlen, weil sie das Gewicht von allem trägt, was wir in unseren früheren Inkarnationen gelebt, geliebt und gelernt haben. Nur wenn wir bewusst versuchen, unsere Themen abzuarbeiten, können wir die Last verringern, und unsere Seele kann sich weiterentwickeln. Uns von Dingen zu trennen, die uns nur in unserem Wachstum hemmen – wie ungerechtfertigte Ängste, die Unfähigkeit, uns in andere einzufühlen, oder Verhaltensweisen, mit denen wir uns selbst im Wege stehen –, ist nur eine von den vielen Herausforderungen, die uns in diesem Leben begegnen können. Mit einigen Themen, mit denen wir uns herumschlagen, werden wir relativ leicht fertig, weil sie die letzten Überreste von Problemen aus einem vergangenen Leben sind. Andere dagegen stellen größere Herausforderungen dar, weil es uns bestimmt ist, sie in *diesem* Leben aufzuarbeiten.

Oftmals erwarten wir von uns selbst, dass wir uns aus schwierigen oder schmerzlichen Situationen rasch befreien. Gelingt uns das nicht oder *können* wir das nicht, dann fühlen wir uns schnell emotional ungeschickt oder verzweifelt. Doch die Evolution der Seele ist ein fortlaufender Prozess, der viele Lebensspannen lang andauern kann.

Wir müssen akzeptieren, dass es selbst dann, wenn wir unser Bestes tun, Situationen, Menschen und Ergebnisse geben wird, auf die wir keinen Einfluss haben. Darüber hinaus sollten wir uns darüber bewusst sein, dass unsere Erfahrungen in der Gegenwart möglicherweise die Grundlagen für unsere Heilung in der Zukunft legen, sei es in diesem Leben oder im nächsten. Je besser es uns jedes Mal gelingt loszulassen, desto mehr werden wir wachsen und unsere Seele weiterentwickeln.

Auch wenn es nicht immer möglich ist, all Ihre Themen in einer einzigen Lebensspanne aufzuarbeiten: Entscheidend ist, dass Sie sich dem stellen, womit Sie in diesem Leben konfrontiert sind, und das lernen, worauf es ankommt. Und vergessen Sie nicht, dass Ihre Seele dann am besten wachsen kann, wenn Sie aktiv am Leben teilnehmen. Seien Sie in jedem Augenblick ganz da, und Ihre Seele wird diese Arbeit ganz selbstverständlich für Sie erledigen.

• • •

# SEIEN SIE SO, WIE SIE SIND

## LEBEN SIE IHRE WAHRHEIT

Als kleine Kinder leben wir ganz authentisch. Kaum je sind wir ängstlich oder verlegen, das zu tun, was wir wollen, oder zu sagen, was uns in den Sinn kommt. Wenn wir älter werden, geht uns diese Authentizität immer mehr verloren. Wir legen sie beiseite, weil wir Angst haben, dass sie uns im Wege stehen könnte, während wir unseren Träumen nachjagen. Doch wir lassen uns diese Freiheit nie ganz nehmen. Etwa indem wir nach außen hin den gesellschaftlichen Erwartungen entsprechen, während wir uns unseren verborgenen Leidenschaften widmen, wenn wir für uns sind. Oder indem wir bestimmte Ansichten für uns behalten, ohne dass das etwas an unseren Überzeugungen ändern würde.

Aber es ist wichtig, sich nie zu weit von dieser jugendlichen Forschheit und diesem Egoismus zu entfernen. Schließlich handelt es sich dabei um Eigenschaften, die dazu beitragen, dass Sie sind, wie Sie sind. Ihr authentisches Selbst ist Ihr wahres Selbst. Indem Sie authentisch leben, nehmen Sie sich Zeit für die Dinge, die Sie lieben, und drücken das aus, was Sie wirklich sind. Die einfachste Möglichkeit, Ihre Wahrheit zu leben, besteht darin, die Erwartungen anderer hinter sich zu lassen und sich so zu verhalten, wie es Ihnen am besten erscheint.

Dazu müssen Sie einen gesunden Egoismus entwickeln und das tun, was am besten für Sie ist, ganz egal, was andere denken – selbst Ihre engsten Freunde und Ihre Familie. Authentisch zu leben bedeutet, auf die Weisheit Ihrer Seele zu vertrauen und Entscheidungen zu treffen, ohne Angst zu haben. Wenn Ihnen Ihre Hobbys wichtig sind, dann fühlen Sie sich nicht zu einem bestimmten Job gedrängt, nur damit Sie genug Geld verdienen, um mit den Nachbarn mitzuhalten.

Umgekehrt: Wenn Ihnen beruflicher Erfolg wichtig ist, dann lassen Sie sich nicht dadurch bremsen, dass Sie darauf achten, was in den Augen anderer gut für Sie ist. Wenn Sie Ihre einzigartige Wahrheit verleugnen und Ihr authentisches Selbst nicht zum Tragen bringen, kann das Erfolglosigkeit und Unzufriedenheit auslösen. Wenn Sie Ihre Wahrheit leben, gibt es kein Verstellen. Alles was Sie tun, wird das widerspiegeln, was Sie wirklich sind.

Wenn Sie sich über Ihr wahres Selbst nicht ganz im Klaren sind, dann horchen Sie in sich hinein und fragen Sie sich, was Ihre Ziele, Werte und Bedürfnisse sind. Erkennen Sie Ihre Stärken, und versuchen Sie sich nicht von dem leiten zu lassen, was andere von Ihnen erwarten. Und schließlich: Entdecken Sie Ihre Leidenschaften, indem Sie Neues ausprobieren und bei den Dingen bleiben, die Ihre Seele in Schwingung versetzen. Wenn Sie herausfinden, wer Sie wirklich sind, und sich dann entschließen, Ihre wahren Träume und Sehnsüchte zu verwirklichen, dann wird Ihr Leben eine andere Richtung nehmen, die zutiefst befriedigend und sinnstiftend ist.

• • •

# LEBENSÜBERGÄNGE WERTSCHÄTZEN

## DIE SCHÖNHEIT DES TODES

Der Tod gehört genauso zum Leben wie die Geburt. Die meisten von uns sind ganz aus dem Häuschen, wenn sie miterleben dürfen, wie ein Kind das Licht der Welt erblickt, aber es ist keine geringere Ehre, wenn wir einen geliebten Menschen auf seinem Sterbeweg begleiten dürfen. Natürlich ist es traurig, jemanden zu verlieren, aber wenn wir uns für die Schönheit des Todes öffnen, dann werden wir erkennen, dass er ein ebenso gewaltiger Lebensübergang ist wie die Geburt.

Die meisten Menschen möchten nicht allein sein, wenn sie sterben. Wenn wir beim Tod unserer Lieben an ihrem Bett sitzen, können wir ihnen dabei helfen, ihr physisches Leben friedvoll und in Würde zu beenden. Oft haben Menschen vor ihrem Tod noch unerledigte Aufgaben vor sich, zum Beispiel ihren Frieden mit anderen zu machen, alte Wunden zu heilen oder Kontakt mit ihrer Spiritualität aufzunehmen, falls sie das noch nicht getan haben. Menschen, die dem Tod nahe sind, sind häufig ehrlicher und echter als in irgendeiner anderen Lebensphase, vielleicht abgesehen von der Kindheit. Wenn Sie jemanden in dieser Zeit begleiten, kann eine unglaublich enge Beziehung entstehen.

Wir können unseren Lieben helfen, sich auf ihre letzte

Reise vorzubereiten, indem wir es ihnen so bequem wie möglich machen. Wenn wir das Glück haben, dass sie bei uns zu Hause sind, dann sollten wir alles dafür tun, dass sie keine Schmerzen haben und eine gute medizinische Betreuung gewährleistet ist. Darüber hinaus können wir sie mit schönen Dingen wie Blumen, Musik oder ihrer Lieblingsdecke versorgen. Auch wenn sie im Krankenhaus liegen, können wir an ihrem Bett sitzen und mit ihnen reden, ihnen vorlesen, ihnen die Füße massieren oder ihnen einfach die Hand halten.

Wenn Sie ihnen auf ihrer spirituellen Reise helfen wollen, dann sprechen Sie über Rituale, die sie trösten könnten, bringen Sie ihnen Dinge mit, die ihnen etwas bedeuten und die sie zum Nachdenken anregen, lesen Sie gemeinsam Gedichte oder spirituelle Texte, zünden Sie, soweit möglich, Kerzen oder Räucherstäbchen an, singen und/oder machen Sie Musik oder sitzen Sie einfach still bei ihnen.

Gestehen Sie sich zu, es als Segen zu empfinden, bei jemandem am Totenbett sitzen zu dürfen. Machen Sie sich bewusst, dass Ihre Gegenwart Ihnen und dem Sterbenden dabei helfen kann, ein Gefühl von Frieden und Versöhnung zu spüren und diesen Lebensübergang zu akzeptieren. Indem Sie den Tod akzeptieren, werden Sie sich hoffentlich nicht mehr davor fürchten und erkennen, welche Schönheit in ihm liegt.

• • •

# MIT EINEM SCHLECHTEN TAG ZURECHTKOMMEN

## IHRE HAUSAPOTHEKE FÜR ALLE LEBENSNOTLAGEN

In stürmischen, stressigen Zeiten ist es gut, wenn Sie ein paar Heilmittel zur Hand haben, die Ihnen über eine Durststrecke hinweghelfen und auf die Sie immer wieder zurückgreifen können, um sich das Leben ein wenig leichter zu machen. Das Wichtigste ist, sich bewusst zu machen, dass Sie nicht allein sind, auch wenn Sie manchmal das Gefühl haben, dass niemand Sie versteht.

Im Folgenden finden Sie eine Hausapotheke für alle Lebensnotlagen. Wenn Sie nicht mehr weiter wissen, dann machen Sie Ihre Hausapotheke auf, atmen Sie tief durch und tun Sie sich etwas Gutes.

– **Rufen Sie eine(n) Freund(in) an.** Reden Sie darüber. Oft geht es uns schon viel besser, wenn wir jemanden anrufen, der oder die uns bereitwillig und unvoreingenommen zuhört. Manchmal haben wir das Gefühl, dass wir andere nicht »belasten« wollen, aber wollen Sie nicht auch, dass Ihre Freunde Sie anrufen, wenn *sie* jemanden brauchen?

– **Schreiben Sie Ihr Tagebuch.** Machen Sie den Kopf frei von Gedanken und bringen Sie sie zu Papier.

– **Nehmen Sie ein Bad.** Lassen Sie sich zur Entspannung und Erfrischung ein Bad mit Meersalz ein. Das wird Ihnen helfen, Ihr Energiefeld zu reinigen, denn das ist genauso wichtig wie die Entrümpelung Ihres Kopfes. Stellen Sie sich beim Baden vor, dass alle dunklen Gedanken und alle negative Energie durch den Abfluss ablaufen zu Mutter Erde.

– **Gehen Sie eine Runde spazieren.** Bewegung ist wichtig, um Stress abzubauen. Viele von uns gehen nicht regelmäßig ins Fitness- oder Yogastudio.

– **Meditieren Sie** – was auch immer das für Sie heißt. Meditieren muss nicht heißen, dass Sie im Lotussitz Meditationsformeln murmeln. Manchmal ist das Zusammenlegen der Wäsche ein meditativer Akt – oder auch Gärtnern, Stricken, Kochen. Wichtig ist, dass Sie Ihren Kopf von den Sorgen des Alltags frei machen und sich Zeit für Stille nehmen.

– **Halten Sie Zwiesprache mit der Natur.** Hinaus in die Natur zu gehen ist etwas sehr Erfrischendes. Sie können das auf sehr unterschiedliche Weise tun, ob Sie nun gärtnern, im Park spazieren gehen, reiten, einen Sonnenuntergang anschauen, in einem See schwimmen gehen oder gemächlich über ein Feld streifen. Genießen Sie regelmäßig die Natur – es dient Ihrer Erdung, und Ihre Seele wird jauchzen.

– **Danken Sie Ihrem Körper.** Danken Sie jeder Zelle, jedem Organ, jedem Muskel und jedem Knochen in Ihrem Körper, dass Sie sich jederzeit auf sie verlassen können.

Stellen Sie sich vor, wie Ihr physisches Selbst sich jedes Mal fühlt, wenn Sie eine negative Bemerkung über sich machen oder sich abwerten. Danken Sie Ihrem Körper dafür, wie sehr er jeden Tag Ihres Lebens bereichert.

• • •

# SCHUTZSCHICHTEN ABSTREIFEN

## BÄUME, DIE IHRE RINDE ERNEUERN

Bäume wachsen mit ihren Ästen in die Höhe und mit ihren Wurzeln in die Tiefe. Gleichzeitig wird ihr Stamm jedes Jahr ein wenig dicker. Dabei erneuern sie die Rinde, die ihnen als Schutz gedient hat, in die sie jetzt aber nicht mehr hineinpassen. Genauso ziehen auch wir zu unserem Schutz Grenzen und errichten Verteidigungsmechanismen, doch an einem bestimmten Punkt wachsen wir aus ihnen heraus. Wenn wir es nicht wagen, unsere Schutzschicht abzustreifen, können wir nicht unser volles Potenzial entfalten.

Bäume brauchen ihre schützende Rinde, damit die empfindlichen Wachstums- und Erneuerungsprozesse gefahrlos ablaufen können. Ebenso brauchen auch wir unsere Grenzen und Verteidigungsmechanismen, damit unsere besonders verletzlichen Teile ungestört heilen und sich entfalten können. Doch unser Wachstum hängt auch von unserer Fähigkeit ab, Grenzen und Verteidigungsmechanismen, die wir nicht mehr brauchen, aufzuweichen, zu lockern und fallenzulassen. Im Laufe unseres Lebens geschieht es oft, dass wir Mechanismen, die wir irgendwann errichtet haben, um unser Wachstum zu erleichtern, plötzlich als einengend empfinden.

Im Gegensatz zu den Bäumen müssen wir *bewusst* ent-

scheiden, wann es an der Zeit ist, unsere Rinde abzustreifen und unsere Grenzen zu erweitern, damit wir in unsere
nächste Wachstumsphase eintreten können. Viele spirituelle Lehrer haben darauf hingewiesen, dass unser Ego sich
nicht auflöst, sondern vielmehr so lange wächst, bis es
mehr aufnehmen kann als unser kümmerliches Selbstbewusstsein. Die Grenze unseres Selbst weitet sich, bis es
einen »größeren« Menschen beheimaten kann als unser
kleines »Ich«. Jedes Mal, wenn wir eine Schutzschicht ab-
streifen oder eine Grenze lockern, die wir nicht mehr brauchen, werden wir im übertragenen Sinn ein Stück größer.

Daher sollten wir uns immer wieder die Zeit nehmen,
unsere Grenzen und Verteidigungsmechanismen in Frage
zu stellen. Zwar ist es unerlässlich, die von uns errichteten
Schutzwälle aufrechtzuerhalten und zu respektieren. Aber
ebenso wichtig ist es, sie zu lockern und loszulassen, wenn
es an der Zeit ist. Dadurch schaffen wir Raum für unsere
nächste Wachstumsphase.

• • •

# BEWUSSTE INSPIRATION

## JEDEN TAG KREATIV SEIN

Viele Menschen glauben, dass es auf der Welt zwei Arten von Menschen gibt: kreative und unkreative. Bestimmte Leute hört man häufig sagen: »Ich wünschte, ich wäre kreativ.«

Dabei sind wir alle von Natur aus kreativ. Kreativität ist ein Geburtsrecht eines jeden Menschen. Wir nutzen sie tagtäglich, bei so einfachen Dingen wie dem Aussuchen, was wir anziehen sollen, oder der Entscheidung, wie wir etwas ausdrücken. Es ist nicht nur natürlich, kreativ zu sein, sondern obendrein gesund. Experten zufolge ist bewusste Kreativität für unser allgemeines Wohlbefinden ebenso wichtig wie Bewegung, gesunde Ernährung und ausreichend viel Schlaf.

Wenn wir ganz in unserer Kreativität aufgehen, dann haben wir ein ganz anderes Gefühl für Zeit und Raum. Stunden vergehen wie Minuten, und manchmal vergessen wir buchstäblich, wo wir sind. Unser Verstand, der normalerweise das Ruder in der Hand hat, überlässt die Führung unserer Vorstellungskraft und Intuition, so dass wir ein befreiendes Gefühl von Weite und Ruhe verspüren. Wenn wir zur Routine des Alltags zurückkehren, sehen wir die Dinge mit anderen Augen.

Es gibt viele Möglichkeiten, wie Sie im Laufe eines

Tages mit einfachen Übungen Ihre Kreativität freisetzen können. Nehmen Sie sich in der Arbeit einen Augenblick Zeit, die Dinge auf Ihrem Schreibtisch oder an der Wand anders anzuordnen, zum Beispiel indem Sie alte Fotos durch neue Bilder ersetzen, die Sie zu anderen Gedanken inspirieren. Wenn Sie sich nur fünf Minuten diesem schlichten kreativen Akt widmen, kann das Ihren Geist spürbar erfrischen. Falls Sie einen besonders kreativen Tag einlegen wollen, nehmen Sie eine Kamera mit und filmen damit einen ganzen Tag Ihres Lebens.

Der Nutzen von Kreativität liegt im Kreativsein selbst. Das fertige Produkt ist etwas ganz Wunderbares, aber es ist nicht das Entscheidende. Worauf es ankommt, ist die Erfahrung, wach und entspannt dem Fluss unseres Lebens zu folgen.

• • •

# PLÖTZLICHE ANGST

## PANIKATTACKEN

Die Symptome einer Panikattacke sind von Mensch zu Mensch unterschiedlich. Wahrscheinlich kennen auch Sie jemanden, der darunter leidet – vielleicht sogar *Sie selbst*. Die Symptome reichen von dem Gefühl, dass gleich etwas Schreckliches passiert, über panische Angst und Kontrollverlust bis hin zu Empfindungen wie bei einem Herzinfarkt.

Viele dieser Symptome sind Teil der »Fight-or-flight«-Reaktion, die ausgelöst wird, wenn unser Verstand eine Situation als gefährlich einstuft. Derartige Attacken können unvermittelt auftreten – oder unter bestimmten Bedingungen wie Autofahren, Eintauchen in große Menschenmengen oder Aufzug fahren. Viele verheimlichen die Tatsache, dass sie an Panikattacken leiden, aber man sollte sich klarmachen, dass sie keine Seltenheit sind, dass man sie in der Regel überlebt und dass sie behandelt werden können.

Wenn Sie spüren, dass Sie gleich eine Panikattacke haben werden, dann akzeptieren Sie das Unausweichliche, aber machen Sie sich bewusst, dass sie vorbeigehen wird, und bleiben Sie währenddessen so ruhig und entspannt wie möglich. Wenn nötig, dann versuchen Sie sich darauf zu konzentrieren, dass Ihnen kein Leid geschehen wird, dass Sie nicht verrückt sind und auch nicht kurz vor dem Sterben. Hier einige Tipps für alle, die an Panikattacken leiden – als Beispiel nehme ich eine Situation, in der es ums Autofahren geht:

– Bevor Sie einsteigen, nehmen Sie sich Zeit aufzuschreiben, wovor Sie Angst haben. Versuchen Sie zur Wurzel der Panikattacken vorzudringen.

– Wenn Sie ein Handy besitzen, dann schließen Sie Ihr Headset an und rufen Sie eine Freundin an. Sagen Sie ihr, dass sie nicht unbedingt mit Ihnen sprechen muss, sondern dass Sie nur das Gefühl haben wollen, während der Fahrt nicht allein zu sein.

– Wenn Sie panisch werden, halten Sie inne und machen Sie sich bewusst, was passiert: *Sie werden nicht sterben.* Atmen Sie tief ein und aus, und trinken Sie einen Schluck Wasser. Erden Sie sich, indem Sie sich vorstellen, Sie sind durch ein Band mit Mutter Erde verbunden, das durch Ihr Steißbein hindurch in die Erde verläuft. Bitten Sie Ihre Freundin, ruhig auf Sie einzureden. Tragen Sie einen Gegenstand bei sich, der Sie erdet, wie zum Beispiel einen Stein, einen Kristall oder etwas anderes aus der Natur, das Sie in der Hand halten oder in den Schoß legen können.

– Belohnen Sie sich, wenn Sie am Ziel angekommen sind. Sie haben hart gearbeitet und verdienen eine kleine Anerkennung dafür, dass Sie sich Ihrer Angst ausgesetzt haben.

• • •

# ABBILDER UNSERES SELBST

## WIR SIND ALLE SPIEGEL FÜREINANDER

Wenn wir uns unsere Mitmenschen anschauen, sehen wir viele Eigenschaften in unzähligen und scheinbar zufälligen Kombinationen. Was uns an Menschen in unserem Umfeld auffällt, ist jedoch unmittelbar mit den Wesenszügen verbunden, die wir in uns tragen. »Gleich und Gleich gesellt sich gern« ist ein universelles spirituelles Gesetz: Wir ziehen Menschen an, die spiegeln, wer wir sind.

Menschen, zu denen Sie sich hingezogen fühlen, spiegeln Ihr inneres Selbst wider, und umgekehrt sind auch Sie ein Spiegel für andere. Einfach ausgedrückt: Wenn Sie andere anschauen, sehen Sie höchstwahrscheinlich das, was Sie selbst in sich tragen. Wenn Sie das Schöne, Göttliche, Liebenswürdige oder das Licht in der Seele eines Ihrer Mitmenschen wahrnehmen, dann sehen Sie das Gute in *Ihrer* Seele. Wenn Ihnen an anderen Charaktereigenschaften auffallen, die in Ihnen Wut, Ärger oder Hass auslösen, dann ist das oft eine Spiegelung jener Teile Ihres Selbst, die Sie nicht wahrhaben wollen oder an sich nicht leiden können.

Da wir alle Spiegel füreinander sind, können Sie eine Menge über sich selbst lernen, indem Sie sich die Menschen in Ihrem Leben anschauen. Was Sie in anderen sehen, kann Ihnen vor Augen führen, wer Sie sind. Wesenszüge an anderen zu bemerken, die Sie nicht leiden können, ist nicht schwer. Zu erkennen, dass *Sie* die gleichen Eigenschaften haben, ist sehr viel schwieriger. Die Angewohnheiten, Einstellungen und Verhaltensweisen anderer sind oft unmittelbar mit *Ihren* unbewussten und ungelösten Problemen verbunden.

Wenn Sie jemanden kennenlernen, den Sie bewundern, dann fragen Sie sich, ob Sie vielleicht ähnlich bewundernswerte Eigenschaften haben. Genauso wenn Sie jemanden treffen, der Charakterzüge hat, die Sie nicht leiden können: Akzeptieren Sie, dass es ein Spiegel Ihres Selbst ist, was Sie sehen. Wenn Sie sich selbst im Spiegel der Wahrnehmung anderer betrachten, kann das eine Erfahrung sein, die Ihnen die Augen öffnet und Sie Bescheidenheit lehrt. Gleichzeitig können Sie Wesenszüge und Verhaltensweisen in sich kultivieren, die Sie *mögen*. Gehen Sie mit anderen Menschen liebevoll und respektvoll um, dann ziehen Sie Menschen an, die Sie im Gegenzug liebevoll und respektvoll behandeln. Entwickeln Sie Mitgefühl und Empathie, und sehen Sie Ihre Güte in anderen gespiegelt.

• • •

# DAS LEBEN

## DER PERFEKTE LEHRER

Viele von uns sehnen sich nach einem spirituellen Lehrer oder Guru, sei es, weil wir unsicher sind, wie wir unsere Spiritualität praktizieren sollen, oder weil wir uns jemanden wünschen, der eine höhere Erkenntnisebene erreicht hat und uns den Weg weisen kann. Manche sind frustriert oder wissen keinen Rat mehr, weil sie schon seit Jahren vergeblich suchen. Die gute Nachricht ist: Der beste Lehrer, den wir uns nur wünschen können, ist immer da – das Leben.

Wenn wir offen dafür sind, Weisheit anzunehmen, können wir von den Menschen und Situationen, denen wir täglich begegnen, viel lernen. Oft erkennen wir unsere Lehrer nicht, weil sie nicht so aussehen oder handeln, wie wir uns einen Guru vorstellen – und doch können sie einen großen Reichtum an Weisheit verkörpern. Daneben gibt es Menschen, die uns dadurch den Weg weisen, dass sie uns vor Augen führen, wie wir *nicht* handeln wollen. Alle Erfahrungen unseres Lebens zusammengenommen, von den unbedeutenden bis zu den wichtigen, lehren uns genau das, was wir in der jeweiligen Lebensphase lernen müssen.

Geduld, Mitgefühl, Beharrlichkeit, Aufrichtigkeit, Loslassen – all das steht in jener Schule, die Ihr Leben darstellt, auf dem Lehrplan. Sie können sich jeden Tag mit ein paar schlichten Worten diesen perfekten Lehrer in Erinnerung rufen. Zum Beispiel können Sie sich jeden Morgen einen Augenblick Zeit nehmen und sagen: »Ich akzeptiere und respektiere das Leben als meinen Lehrmeister. Möge ich die Klugheit besitzen, die Lehrer und Lektionen zu erkennen, die mir heute begegnen, und möge ich offen dafür sein, ihre Weisheit anzunehmen.«

Außerdem sollten Sie sich jeden Tag kurz fragen, was Ihnen das Leben an diesem Punkt sagen möchte. Eine schwierige Phase in der Beziehung zu Ihrer Tochter könnte Sie lehren loszulassen. Der Obdachlose, den Sie täglich treffen, könnte Ihnen die Grenzen Ihres Mitgefühls und Ihrer Großzügigkeit aufzeigen. Eine Reihe verlorener Gegenstände könnte eine Aufforderung sein, in der physischen Realität präsenter zu sein. Vertrauen Sie darauf, was Ihnen Ihre Intuition darüber verrät, um welche Lektion es sich handelt, arbeiten Sie in Ihrem eigenen Tempo, und stellen Sie so viele Fragen, wie Sie wollen. Ihr Leben weiß auf alles die Antwort.

• • •

# DER WEG ZUM NEUANFANG

## MIT ETWAS ABSCHLIESSEN

Das Leben ist ein unvollendetes Kunstwerk, bei dem Anfänge und Abschlüsse ineinanderfließen wie Wasserfarben. Doch bevor wir einen neuen Lebensabschnitt beginnen können, müssen wir manchmal erst die Lebensphase abschließen, in der wir uns gerade befinden.

Viele Erfahrungen, die wir im Leben machen, erfordern einen Abschluss. Oft können wir die Bedeutung eines Ereignisses oder einer Lektion erst erkennen, wenn sie abgeschlossen sind. Vielleicht haben wir auch eine bestimmte Lebensphase oder eine bestimmte Lektion hinter uns gebracht und wollen dieses Ende bewusst begehen. Durch dieses Gefühl, dass etwas abgeschlossen ist, können wir die Tür zu neuen Anfängen öffnen. Das Abschließen dient dazu, Liegengebliebenes einzuordnen oder wegzuwerfen; es lässt den Geist zur Ruhe kommen, auch wenn Fragen unbeantwortet geblieben sind; es markiert das Ende einer Erfahrung und fördert die Erkenntnis, dass eine Veränderung stattgefunden hat.

Die Phase des Abschließens besteht nicht nur aus einem endgültigen Akt, sie ist auch eine Phase des Übergangs. Wenn wir uns nach einem Abschluss sehnen, dann ist das im Grunde genommen ein Ausdruck unseres Wunsches zu verstehen, was passiert ist, und aus dem Erlebten zu ler-

nen. Ohne einen solchen Abschluss gibt es keine Auf-
lösung, und uns bleibt nur, zu trauern, alte Erinnerungen
zu unserer Frustration immer wieder zu durchleben oder
auf ewig mit Menschen verbunden zu bleiben, die unserer
Vergangenheit angehören. Das Gefühl, dass eine Phase abgeschlossen ist, können wir auch erreichen, indem wir
akzeptieren, dass wir unser Bestes gegeben haben.

Wenn Sie nicht offiziell mit jemandem abschließen mögen, dann können Sie in Form eines Abschlussrituals für
sich selbst einen Schlusspunkt setzen. Schreiben Sie dem-
oder derjenigen einen Abschiedsbrief, und verbrennen Sie
ihn im Rahmen einer Zeremonie. Durch dieses Ritual können Sie das, was zwischen Ihnen geschehen ist, bewusst
annehmen und akzeptieren sowie die Erfahrung loslassen,
damit Sie wieder nach vorne schauen können.

Abschließen kann Ihnen helfen, Gefühle wie Ärger oder
Unsicherheit bezüglich Ihrer Vergangenheit loszulassen
und gleichzeitig eine Erfahrung – ob gut oder schlecht –
als notwendigen Schritt auf Ihrem Lebensweg anzuerkennen. Dadurch können Sie Probleme und Gefühle, die Ihr
Gemüt belasten, innerlich loslassen. Wenn Sie etwas bewusst abschließen, dann bekräftigen Sie, dass Sie das Notwendige getan haben, dass diese Erfahrung Sie weiser gemacht hat und dass Sie bereit für alles sind, womit das
Leben Sie als Nächstes auch immer konfrontieren mag.

• • •

# EINE FLAMME, DIE ERLEUCHTET

## MEDITIEREN BEI KERZENSCHEIN

Viele Menschen halten es für eine gute Idee zu meditieren, aber es macht ihnen Angst. Vielleicht gehören Sie auch zu denen, die denken: »Ich kann mein Gehirn nicht abschalten ... Ich kann nicht stillsitzen ... Wie sehe ich denn da aus? ... Was werden meine Freunde von mir denken? ...«

Alles ganz normale Reaktionen, die viele davon abhalten, es mit dem Meditieren zu versuchen. Dabei ist Meditation nicht nur etwas für mystische Menschen in fernen Ländern. In ihrer einfachsten Form ist sie eine Methode zur Förderung der Konzentration, zum Abbau von Spannungen, Ängsten und Stress, zur Entfaltung der Kreativität und zur Leistungssteigerung in der Arbeit oder beim Sport. Sie erfordert keine besondere Kleidung oder Ausstattung (im folgenden Fall benötigen wir lediglich eine Kerze).

Hier eine ganz einfache Methode, sich das tägliche Meditieren zur Angewohnheit zu machen – vor allem für all jene, die glauben, dass sie das nicht können:

– Suchen Sie sich einen Platz in Ihrer Wohnung, an dem Sie ungestört sind.

— Schaffen Sie eine möglichst ruhige Atmosphäre, indem Sie alle Telefone, Radios oder Fernseher ausschalten.

— Suchen Sie sich einen bequemen Sitzplatz, an dem Sie im Abstand von mindestens dreißig Zentimetern eine Kerze in Augenhöhe vor sich hinstellen können. Dazu müssen Sie sich möglicherweise auf ein Kissen am Boden setzen und die Kerze zum Beispiel auf Ihren Couchtisch stellen – oder auf den Altar, wenn Sie so etwas besitzen.

— Zünden Sie die Kerze an, und atmen Sie dreimal tief ein und aus.

— Entscheiden Sie bewusst, dass Sie jetzt Ihre Meditation beginnen wollen.

— Konzentrieren Sie Ihren Blick auf die Kerzenflamme. Beobachten Sie, wie sie flackert, tanzt und ihre Farbe verändert.

— Versuchen Sie sich jetzt ganz auf die Flamme zu konzentrieren und Ihren Kopf leer zu machen. Gedanken werden Ihnen durch den Kopf schießen – Rechnungen, die unbezahlt, Dinge, die unerledigt sind –, lassen Sie sie einfach durch Ihren Kopf treiben, und stellen Sie sich vor, dass Sie auf einer vorbeiziehenden Wolke schweben.

— Vielleicht haben Sie nach einer Weile das Bedürfnis, die Augen zu schließen. Geben Sie dem Bedürfnis nach. Atmen Sie einfach weiter, und lassen Sie die Gedanken vorbeiziehen.

Sie werden spüren, wann es genug ist. Vielleicht haben Sie nach zehn Minuten das Gefühl, dass Sie fertig sind, vielleicht nach zwanzig, aber Sie werden es spüren. Am Ende sollten Sie immer Ihrer Dankbarkeit Ausdruck verleihen, indem Sie ein paar Worte des Dankes sprechen, bevor Sie die Kerze ausblasen.

• • •

# IMMER WIEDER

## DIE IMMER GLEICHEN ERFAHRUNGEN

Es gibt Zeiten in unserem Leben, da kommt es uns vor, als würden wir immer wieder die gleichen Erfahrungen machen. Die Situationen und die beteiligten Menschen mögen jedes Mal andere sein, und trotzdem fühlen wir uns genau wie beim letzten Mal und wie beim Mal davor. Vielleicht haben wir einen Job gekündigt, in dem wir uns nicht wohlgefühlt haben, und stehen an der neuen Stelle vor ähnlichen Problemen. Oder unsere neue Beziehung erinnert uns immer häufiger an die alte, und die Probleme ähneln denen, von denen wir dachten, wir hätten sie längst hinter uns gelassen.

Da kann es sein, dass wir uns enttäuscht und frustriert fragen, warum wir in unserem Leben immer wieder auf die gleichen Situationen und Erfahrungen treffen. In Wahrheit ist es aber nicht so, dass uns immer die gleichen Erfahrungen *zustoßen* würden – schließlich sind die Umstände und Beteiligten jedes Mal andere. *Wir* machen einfach ständig die gleichen Erfahrungen.

Unbewusst liegt eine große Chance darin, immer wieder das Gleiche zu erleben, bis wir für andere Erfahrungen bereit sind. Vielleicht glauben wir, wir hätten es nicht verdient, glücklich zu sein, oder können aus den eingefahrenen Verhaltensweisen nicht ausbrechen. Unser Leben ist ein Spiegel unserer Überzeugungen. Schließlich hat keiner von uns gerne Unrecht. Es kann sogar sein, dass es uns eine gewisse Befriedigung verschafft, Recht zu behalten: Es gibt uns ein Gefühl der Sicherheit, wenn wir uns immer wieder selbst beweisen, dass wir wissen, wie es im Leben läuft.

Wir können uns für einen Partner entscheiden, der sich stark von unserem letzten unterscheidet, und hoffen, dass es diesmal klappt in der Liebe. Und doch: Solange wir an unseren Überzeugungen festhalten, die uns daran hindern, positive Erfahrungen in unseren Beziehungen zu machen, werden wir mit *jedem* Partner die gleiche Dynamik erzeugen, die nur ein begrenztes Ausmaß von Glück zulässt.

Unser Selbst und unsere Überzeugungen sind unsere ständigen Begleiter. Wenn es uns gelingt herauszufinden, welche dieser Überzeugungen uns nicht mehr weiterbringen, können wir sie bewusst verändern. Sobald wir andere Entscheidungen treffen, werden wir auch andere Erfahrungen machen, die im Einklang mit dem stehen, was wir uns vom Leben wünschen.

• • •

# MEHR SPIRITUALITÄT FÜR DIE ERDE

## ERLEUCHTUNG

Wir sind eins mit dem Kosmos, ob uns das bewusst ist oder nicht. Wenn wir uns diese Tatsache jedoch bewusst machen, steigert das unsere spirituelle Energie und eröffnet uns den Zugang zu einer höheren Bewusstseinsebene. Von dieser Warte aus erkennen wir, dass wir mehr sind als sterbliche physische Wesen, die zu einer bestimmten Zeit an einem bestimmten Ort leben. Wenn uns das bewusst wird, entzünden wir in uns das Licht der Wahrheit und machen auf der Reise unserer Seele einen großen Schritt nach vorne.

Dieser Prozess heißt *Erleuchtung*, denn je mehr wir uns daran erinnern, wer wir sind, und je mehr wir diese Wahrheit verkörpern, desto mehr bringen wir unsere Energie zum Leuchten, und wir treten aus dem Dämmerlicht der physischen in die Helligkeit der spirituellen Welt. Dabei werden uns die subtileren Aspekte unseres Daseins immer bewusster, bis wir uns ganz mit diesem Licht identifizieren – und so eins werden mit dem Kosmos.

Wenn Sie sich umsehen, werden Sie feststellen, dass viele Menschen sich für solche Vorstellungen nicht einmal interessieren, andere offen dafür sind und Ihnen zuhören, während wieder andere ihr ganzes Leben dem Bemühen gewidmet haben, tiefer in diese Wahrheit einzutauchen.

Alle diese Menschen sind auf dem Pfad der Erleuchtung, aber sie nähern sich dem Licht mit unterschiedlicher Geschwindigkeit. Die zuletzt genannte Gruppe steht an der Spitze eines wichtigen Prozesses: die Lichtenergie auf dem gesamten Planeten zu erhöhen.

Jeder Mensch muss sich seinen eigenen Weg bahnen. Je stärker sich jemand darauf konzentriert, sich bewusst vom Geist leiten zu lassen, desto schneller wird seine oder ihre Seele vom Licht durchdrungen. Und mit uns wird zugleich die ganze Erde erleuchtet, die aus der gleichen Energie besteht wie wir. Auch wenn dieser Evolutionsprozess bisweilen chaotisch erscheint: Er ist so natürlich wie der Prozess, der aus einem Samen eine Blume werden lässt, und wir alle haben daran teil.

Wir dürfen nicht vergessen, dass sich die Erde selbst auf dem Pfad der Erleuchtung befindet, denn auch sie ist ein lebendiges Wesen. Am besten können Sie diesen Prozess in Ihnen und der Welt unterstützen, indem Sie sich einfach entspannen und ihn zur Entfaltung kommen lassen. Hören Sie auf Ihre innere Stimme, und lassen Sie sich auf den Weg führen, der Ihrem Herzen am meisten Freude macht.

• • •

# SICH AUS DER MITTE HERAUS VORARBEITEN

## MITTENDRIN

Wenn wir mittendrinstecken, überwältigt von zu vielen Dingen, die unsere Aufmerksamkeit erfordern, dann sollten wir nicht vergessen, dass uns nie mehr aufgegeben wird, als wir bewältigen können. Wenn uns die Herausforderungen des Lebens an diesem Grundsatz zweifeln lassen, dann besteht die beste Bewältigungsstrategie darin, den verlässlichen, vertrauten Weg in unsere Mitte einzuschlagen und uns dort zu erden. Für solche Zeiten haben wir regelmäßig unsere Übungen gemacht, so dass Verstand, Körper und Geist wissen, wo sie den inneren Frieden suchen müssen. Selbst wenn wir um uns nur noch Chaos sehen, genügt es, tief durchzuatmen, um den Ort zu finden, von dem aus wir uns vorarbeiten können: das ruhige Auge des Sturms.

Jetzt können wir unsere inneren Ressourcen nutzen und noch einmal von vorne beginnen, indem wir uns darauf konzentrieren, worauf es in diesem Augenblick ankommt. Die Frage nach dem »Warum?« lenkt uns nur davon ab, unsere Energie auf die Aufgabe zu konzentrieren, die vor uns liegt. Solche Fragen können wir uns stellen, wenn wir die aktuelle Aufgabe gelöst haben. Im Moment müssen wir die Dinge akzeptieren, wie sie sind. Haben wir unsere verstreute Energie gesammelt und uns Raum geschaffen, werden wir eine Eingebung haben, Hilfe wird kommen. Und was zuvor unmöglich schien, wird möglich werden – oder wir werden erkennen, dass es nicht mehr nötig ist. Sobald wir uns frei gemacht und unsere überflüssigen Gedanken beiseitegeschoben haben, können sich der Fluss des Universums und seine vollkommene Ordnung in unserem Leben entfalten.

Wenn wir uns wieder etwas Luft verschafft haben, dann haben wir Gelegenheit, mit einer genaueren Vorstellung von unseren wahren Fähigkeiten aus der Erfahrung zu lernen. Jetzt können wir uns die »Warum«-Fragen stellen – mit dem Ziel, die Feinabstimmung unseres Lebens zu verbessern. Vielleicht haben wir uns mehr aufgebürdet als nötig, oder wir haben Aufgaben nicht aufgrund unserer Fähigkeiten übernommen, sondern aus Verpflichtung. Vielleicht ist es einfach das Auf und Ab des Lebens, oder das Leben erteilt uns Lektionen im Schnelldurchlauf, um uns auf etwas ganz Wundervolles vorzubereiten, das vor uns liegt. Wenn wir jedoch vor neuen Entscheidungen stehen, dann wissen wir, dass es das Beste ist, uns aus der Mitte heraus vorzuarbeiten.

• • •

# BITTEN

## IM EINKLANG MIT DEM UNIVERSUM GESTALTEN

Die meisten Menschen sind sich nicht in vollem Umfang dessen bewusst, dass wir alle die Fähigkeit in uns tragen, unser Leben im Einklang mit dem Universum zu gestalten. So vielen von uns wird beigebracht, das zu akzeptieren, was wir bekommen, und uns weitergehende Träume zu versagen. Doch unsere Hoffnungen und Ziele werden uns vom Universum eingeflüstert, das uns eine Vorstellung davon geben will, was möglich ist, und uns gleichzeitig zum bestmöglichen Einsatz unserer Talente anleiten möchte. Das Universum will ja unsere Herzenswünsche erfüllen, aber wir müssen uns darüber klar werden, wie sie aussehen, und darum bitten.

Bitten heißt nicht betteln, aus einer Position des Mangels oder der Unwürdigkeit heraus. Es ähnelt vielmehr einer Bestellung: Die Verkäufer müssen wir nicht anbetteln oder ihnen beweisen, dass wir etwas verdienen – es ist ihre Aufgabe, uns zu geben, was wir verlangen. Wir müssen es ihnen nur *sagen*. Sobald wir eine klare Vorstellung davon haben, was wir uns wünschen, begeben wir uns einfach in jenes stille Reich, in dem alles möglich ist, und teilen unsere Sehnsüchte mit. Welche Technik wir dabei auch anwenden – entscheidend ist, dass wir inmitten unserer Gedanken einen ruhigen Ort finden.

Von diesem stillen und ruhigen Ort aus können wir der reinen Schöpfungsenergie unsere Intentionen kundtun. Indem wir uns jedes Detail aus allen erdenklichen Blickwinkeln ausmalen – einschließlich Geruch, Farbe und wie es sich anfühlen würde, wenn unsere Wünsche wahr würden –, schneidern wir unsere Träume nach Maß. Wie bei einem Kieselstein, den man ins Wasser wirft, breiten sich die Wellen, die unsere Gedanken schlagen, von diesem Ort der Stille rasch aus hinaus in die Welt. Und sie arrangieren alle nötigen Details, damit unsere Sehnsüchte sich manifestieren können. Bevor wir diesen wundervollen Ort verlassen und in die Welt zurückkehren, müssen wir das Ergebnis loslassen und unserer Dankbarkeit Ausdruck verleihen. Indem wir diese Übung täglich wiederholen, konzentrieren wir unsere Gedanken und unsere Energie. Und wir nehmen regelmäßig Kontakt mit jener Essenz auf, die es uns ermöglicht, das Leben unserer Träume wahr werden zu lassen.

• • •

# IN EINE NEUE PHASE EINTRETEN

## AUS FREUNDSCHAFTEN HERAUSWACHSEN

Wir alle führen ein Leben, das geprägt ist von ständig wechselnden individuellen Erfahrungen, Eindrücken, Bedürfnissen und Sehnsüchten. Der häufigste Grund, weshalb wir mit anderen in Beziehung treten und Freunde oder Vertraute werden, ist ein gemeinsames Interesse oder Bedürfnis. Im Laufe der Zeit kommt es jedoch zu Veränderungen, und es kann sein, dass die Bande, die uns eine lieb gewordene Freundin nahegebracht haben, nicht stark genug sind, um die Beziehung aufrechtzuerhalten. Vielleicht haben wir uns in völlig unterschiedliche Richtungen weiterentwickelt und haben nicht mehr die gleichen Ziele, oder wir bewegen uns mittlerweile auf einem anderen Energieniveau.

In solchen Fällen ist es nichts Ungewöhnliches, wenn Sie feststellen, dass der Trost, den Sie aneinander gefunden haben, verflogen ist und Sie Schwierigkeiten haben, eine gemeinsame Ebene zu finden. Es kann verwirrend und schmerzlich sein, aus einer Freundschaft herauszuwachsen, aber es ist ein natürlicher Teil Ihres persönlichen Wachstums.

Es ist Ihr gutes Recht, sich mit Menschen zu umgeben, die Sie verstehen und weiterbringen, die einfühlsam sind und bei denen Sie sich wohlfühlen. Nach Monaten oder

Jahren der Freundschaft kann es sein, dass Ihre Freundin oder Ihr Freund nicht mehr die- oder derselbe zu sein scheint wie früher. Die Veränderung kann im Anderen liegen, sie kann aber auch in *Ihnen* selbst stattgefunden haben. Wenn Sie sich voneinander abwenden, dann heißt das nicht, dass die Erfahrungen, die Sie miteinander geteilt haben, nicht bedeutsam und wichtig für Sie beide gewesen sind. Vielmehr ist es eine Reaktion auf Ihre Bedürfnisse in der Gegenwart.

Eine Freundschaft zu beenden ist nicht immer leicht. Vielleicht fühlen Sie sich nicht wohl bei dem Gedanken, Ihre Gründe zu erklären. Trotzdem sollten Sie so ehrlich und respektvoll sein, offen zu sagen, dass Sie keine Zeit mehr in die Freundschaft investieren können. Wenn Sie sich bewusst entschieden haben, die Beziehung zu beenden, dann wird das höchstwahrscheinlich ganz automatisch passieren.

Von jedem Menschen, der Teil Ihres Lebens gewesen ist, haben Sie etwas gelernt. Manche Freundschaften sind dauerhaft, andere währen nur kurz. Doch in jeder Beziehung kommt es darauf an, Veränderungen anzunehmen und ohne Bedauern loszulassen. Auch wenn Sie kein Bedürfnis mehr verspüren, den Kontakt zu jemandem aufrechtzuerhalten, der Ihnen einmal sehr wichtig gewesen ist, wird der- oder diejenige immer einen besonderen Platz in Ihrem Herzen haben.

• • •

# FLIESSEN WIE EIN FLUSS

## LEBEN WIE WASSER

Die Wege des Wassers, das über die Erde fließt, sind wie ein Spiegel für unsere eigene Reise durch das Leben. Das Wasser beginnt seine Reise auf Erden, indem es als Regen vom Himmel fällt oder als Schmelzwasser einen Berg hinab in einen Bach oder Fluss rinnt. Genauso kommen auch wir auf die Welt und beginnen unser Leben. So wie ein Fluss auf beiden Seiten durch das Ufer begrenzt wird, werden wir mit bestimmten Eigenschaften geboren, die unsere Identität beeinflussen. Wir werden zu einer bestimmten Zeit an einem bestimmten Ort geboren, in eine bestimmte Familie hinein und mit bestimmten Talenten und Handicaps. Innerhalb dieses Rahmens verläuft unsere Lebensreise. Unterwegs treffen wir auf viele Biegungen, Windungen und Hindernisse – genauso wie ein Fluss.

Das Wasser ist ein hervorragender Lehrmeister, denn es zeigt uns, wie man mit Anmut, Leichtigkeit, Entschlossenheit und Demut durchs Leben geht. Wenn ein Fluss an einem Wasserfall herunterbricht, so gewinnt er an Schwung und fließt einfach weiter. Wenn wir auf unsere eigenen Wasserfälle treffen, kann es sein, dass der Aufprall unsanft ist, aber danach es geht immer weiter. Das Wasser kann uns lehren, nicht starr zu werden vor Furcht und uns nicht an Vertrautes zu klammern. Das Wasser ist mutig, es verliert keine Zeit mit dem Nachsinnen über die Vergangenheit. Es fließt immer weiter, ohne einen Blick zurück. Und wenn es auf ein Loch trifft, dann ergreift das Wasser nicht aus Angst vor der Dunkelheit die Flucht. Vielmehr füllt es demütig und tapfer den leeren Raum aus. Genauso können auch wir den dunklen Augenblicken des Lebens ins Auge sehen, statt vor ihnen wegzulaufen.

An seiner Mündung fließt der große Fluss ins Meer. Wasser zögert niemals, sich mit etwas Größerem zu vereinigen, es hat keine Angst, seine Identität oder die Kontrolle zu verlieren. Es ergießt sich anmutig und demütig in die Weite des Meeres, indem es seine Energie weitergibt und sich widerstandlos einfügt. Jedes Mal, wenn wir über die Grenzen unseres Ichs hinausgehen und Teil von etwas Größerem werden, sollten wir unser Bestes tun, dem Beispiel des Flusses zu folgen.

• • •

# FRÖHLICHKEIT VERBREITEN

## LÄCHELN

Das Gesicht kann eine komplexe Bandbreite von Gefühlen ausdrücken. Leicht nach oben gezogene Mundwinkel und ein paar Fältchen um die Augen können Freude, Zufriedenheit oder Fröhlichkeit ausdrücken. In jedem Fall ist ein Lächeln mehr, als es scheint. Lächelnde Menschen werden oft als attraktiver, offener, ehrlicher, umgänglicher und einladender empfunden, sie gelten als selbstsicher und erfolgreich. Lächeln ist kein erlerntes Verhalten. Selbst blind geborene Menschen zeigen diesen Gesichtsausdruck, wenn sie glücklich sind. Mit einem unbekümmerten Lächeln können Sie der Welt schnell und einfach signalisieren, dass Sie offen für neue Erfahrungen sind und neue Leute kennenlernen möchten.

Ein strahlendes Lächeln gilt als Anzeichen für Fröhlichkeit, doch die Forschung hat auch gezeigt, dass es echte Freude *auslösen* kann. Ein Lächeln, das Sie aufsetzen, obwohl Ihnen gerade ganz und gar nicht zum Lachen zumute ist, kann die Ausschüttung von Endorphinen auslösen, so dass der Tag gleich viel freundlicher aussieht. Es ist eine schlichte Handlung, die Ihnen hilft, Stress abzubauen, weil sie Ihre Gesichtsmuskulatur entspannt und Erinnerungen an glückliche Momente wachruft. Und aus einem gezwungenen Lächeln, das nur von den Lippen ausgeht, wird allzu leicht ein echtes, das Ihr ganzes Gesicht erstrahlen lässt. Ein Lächeln, das von echter Freude motiviert ist, bringt nicht selten andere zum Lächeln, vielleicht deshalb, weil die Ursprünge des Lächelns in den Grimassen von Primaten liegen. Manche Wissenschaftler glauben, dass sich das Lächeln im Laufe der Evolution aus Grimassen entwickelt hat, die signalisierten, dass jemand nicht Feind, sondern Freund war.

Die Taoisten im alten China betonten die segensreiche Wirkung des inneren Lächelns. Sie waren überzeugt, dass man sich damit Glück, Gesundheit und ein langes Leben sichern konnte. Ein einziges Lächeln kann einer negativen Stimmung den Stachel ziehen und uns aufheitern. Aber achten Sie darauf, dass Sie es nicht nur für sich behalten – Lächeln ist ein universeller Gesichtsausdruck, der jedem gut zu Gesicht steht. Ein Lächeln, ob es nach innen gerichtet ist, nach außen oder beides, ist etwas Erhebendes – und ein Geschenk für jeden, der es sieht.

• • •

# VERWIRKLICHEN SIE IHR POTENZIAL

## TALENTE MIT ANDEREN TEILEN

Die Talente, mit denen wir zur Welt kommen, und die Begabungen, an deren Entfaltung wir unser Leben lang arbeiten, haben die unterschiedlichsten Formen und Funktionen. Manche nutzen sie jeden Tag, andere nur unter ganz bestimmten Umständen. Oftmals übersehen wir die Gelegenheiten, unsere einzigartigen Talente mit anderen zu teilen, sei es, weil wir Angst vor Kritik haben oder gelähmt sind vor Unsicherheit. Im Grunde bezweifeln wir, dass unsere angeborenen Talente und erworbenen Fähigkeiten das Leben anderer wirklich bereichern können. Dabei ist es für die Welt als Ganzes ein Gewinn, wenn wir unsere Talente bereitwillig teilen.

Ob Sie mit der Fähigkeit gesegnet sind, durch Ihre Kunstfertigkeit und Ihren Fleiß positive Gefühle in anderen zu wecken, oder ob Ihre Fähigkeiten eher auf dem praktischen Gebiet liegen – Ihre Talente sind ein Teil von dem, was Sie ausmacht. Wenn Sie sie nach bestem Wissen und Gewissen einsetzen, dann können Sie gewiss sein, dass Ihr Beitrag zum Wohlergehen der Welt nicht unbemerkt bleiben wird.

Ihre persönliche Macht wird teilweise von Ihren Talenten bestimmt. Wenn Sie Ihre Begabungen einsetzen, dann zeigen Sie nach außen, dass Sie sich gefunden haben und sich Ihrer Fähigkeiten wahrhaft bewusst sind. Ihre irdische Existenz bietet Ihnen reichlich Gelegenheit, den Sinn Ihres Daseins zu erforschen, von Ihren Fähigkeiten auf lebensbejahende Weise Gebrauch zu machen und dabei das Leben anderer positiv zu beeinflussen. Vielleicht verstecken Sie Ihre Talente, weil Sie glauben, dass sie weniger wertvoll sind und weniger Aufmerksamkeit verdienen als die Begabungen anderer. Doch jede Gabe, die in Ihrer Seele schlummert, hat das Potenzial, eine Lücke im Leben eines anderen Menschen zu füllen. So wie Ihr Dasein von der Liebe, Unterstützung, Freundschaft, Hilfe und dem Mitgefühl anderer bereichert wird, so können auch Sie das Leben *anderer* bereichern. Ihre angeborenen Fähigkeiten, Schmerzen zu lindern, Mitgefühl zu wecken, zu backen, zu tanzen, zu stricken, zu organisieren oder über Ihren Tellerrand hinauszuschauen, können für jemanden, der Hilfe braucht, ein Geschenk des Himmels sein.

Wenn Sie Ihre Talente annehmen und Ihr Licht leuchten lassen, dann werden Sie immer mehr Gelegenheiten entdecken, sie auch einzusetzen. Denn Ihre Begabungen sind ein Hilfsmittel, dessen sich das Universum bedient. Sie müssen lediglich tun, worin Sie gut sind und was Sie gerne machen, dann leisten Sie einen positiven Beitrag. Die Anerkennung, die Sie für Ihre Anstrengungen erhalten, wird verblassen angesichts der Befriedigung, die Ihnen die Verwirklichung Ihres angeborenen Potenzials verschafft.

• • •

# DER VERGANGENHEIT EIN ANDERES GESICHT GEBEN

## HEILEN SIE IHR INNERES KIND

Auf unserem individuellen Weg durch das Leben sammeln wir gerne etwas an, was manche als »emotionalen Ballast« bezeichnen. Das meiste davon ist leicht zu erkennen, doch der Teil, der aus unserer frühen Kindheit stammt, ist oft tief in unserem Unbewussten verborgen. Das »innere Kind« oder »Kind in uns« kann Jahrzehnte alte Verletzungen in sich tragen, die dazu führen, dass unsere Reaktionen auf bestimmte Menschen und Situationen Mustern folgen, die durch Verletzungen in unserer Kindheit entstanden sind.

Wie Sie reagieren, hat also manchmal weniger mit der aktuellen Situation zu tun als mit Dingen, die Sie vor langer Zeit erlebt und längst vergessen haben. Das innere Kind ist ein wichtiger Bestandteil Ihres Gefühlslebens. Manchmal ist es verspielt, spontan, intuitiv und spirituell – manchmal aber auch ängstlich, misstrauisch und kritisch. Schmerzliche Kindheitserfahrungen können einen negativen Einfluss auf unser Erwachsenenleben haben. Wenn Sie Ihr inneres Kind heilen, dann heilen Sie die Wunden Ihres kindlichen Selbst und ermöglichen es Ihrem erwachsenen Selbst, Entscheidungen auf der Grundlage der Gegenwart zu treffen.

Die Heilung Ihres inneren Kindes sollten Sie behutsam

und in mehreren Schritten angehen. Mit diesem verborgenen Teil Ihres Selbst zu arbeiten gleicht der Lösung eines Rätsels, und der erste Schritt zur Lüftung des Geheimnisses ist die Analyse Ihres Verhaltens:

— Fragen Sie sich, warum Sie sich zu bestimmten Menschen hingezogen fühlen, warum Sie in bestimmten Situationen so und nicht anders reagieren und wann Sie sich hilflos, ängstlich, wütend oder einsam fühlen. Machen Sie sich dabei bewusst, dass Ihre Gefühle ihre Berechtigung haben und dass es keine Schande ist, von seinem inneren Kind beeinflusst zu werden.

— Fragen Sie sich, welche Erfahrungen in der Vergangenheit diese Gefühle ausgelöst haben. Versetzen Sie sich zurück in Ihre Kindheit. Stellen Sie sich vor, Sie seien noch einmal das Kind von damals. Erforschen Sie die Gefühle Ihres kindlichen Selbst.

— Gehen Sie schließlich auf sie oder ihn zu, und trösten Sie sie oder ihn mit einer Umarmung voller positiver, liebevoller Energie. Dadurch können Sie den Schmerz des verletzten Kindes gleichzeitig heilen und loslassen.

Wenn man den Einfluss des inneren Kindes auf den Erwachsenen leugnet, dann bestreitet man die Auswirkungen alter Wunden und Erfahrungen. Indem Sie diesen Teil Ihres Selbst annehmen, nehmen Sie Ihr früheres Selbst an. So können Sie schmerzliche verdrängte Erfahrungen wiederentdecken. Entscheidend für den Heilungsprozess ist jedoch nicht, ganz konkrete Erlebnisse aufzudecken. Es genügt, wenn Sie sich bewusst sind, dass Sie in Ihrer Kindheit erlernte unbewusste Verhaltensmuster ändern können, indem Sie behutsam mit Ihrem inneren Kind umgehen und dadurch die Entwicklung eines liebevollen, klugen erwachsenen Selbst fördern.

• • •

# HABEN UND NICHT HABEN

## MANGEL

Wir kennen alle das Gefühl, etwas haben zu wollen, was uns fehlt. Das kann eine teure Jeans sein, ein Partner oder das Geld für die Miete. Das kann eine bestimmte Haltung sein, ein Auto oder ein Sparkonto. Solche Wünsche sind ganz natürlich, und im Idealfall sehen wir unser Leben als beständigen Zustrom und Abfluss von Geld, Gefährten und Erfahrungen. Doch viele von uns verharren in einem Zustand des Wollens und Nicht-Habens, einem endlos scheinenden Zustand des Mangels. In unserer Wahrnehmung gibt es ständig etwas, was wir brauchen oder wollen, aber nicht haben. Doch dieser Zustand raubt uns eine Menge Energie. Außerdem verstärkt er sich selbst, denn wie wir uns fühlen, entscheidet darüber, was wir uns aufbauen können.

Wie wir uns fühlen, hat einen enormen Einfluss darauf, wie wir die Wirklichkeit wahrnehmen. Wenn wir überzeugt sind, dass es uns an etwas mangelt, dann sehen wir immer nur das, was fehlt, wo wir auch hinschauen. Fühlen wir uns dagegen reich, dann schauen wir uns die gleiche Situation an und sehen ein ganz anderes Bild, voller Segnungen und Vorteile. Je mehr wir die Segnungen sehen, desto reicher fühlen wir uns und desto mehr Segnungen ziehen wir an. Wenn wir aber umgekehrt nur den Mangel sehen, dann erzeugen wir die entsprechende negative Energie.

Wenn Sie feststellen, dass Sie ständig das Gefühl haben, »nicht genug« zu haben, dann kann das an einer Grundüberzeugung liegen, die Sie in der Kindheit oder sogar in einem früheren Leben erworben haben. Vielleicht liegt es auch daran, dass Sie keinen Kontakt zu Ihrer inneren Göttlichkeit haben, der Quelle allen Überflusses. In jedem Fall sollten Sie sich darüber klar werden, dass die Wahrnehmung von Mangel eine *Fehl*wahrnehmung ist, die man bewusst korrigieren kann.

Möglicherweise genügt es bereits, wenn Sie sich jeden Tag 10 bis 15 Minuten Zeit nehmen, um Ihren Verstand zur Ruhe kommen zu lassen. Malen Sie sich in dieser Zeit einen Zustand grenzenlosen Überflusses aus, in dem Ihnen der Umgang mit Ihren Finanzen und den anderen Menschen in Ihrem Leben spielerisch leichtfällt und Sie auf einen endlosen Vorrat an Ressourcen zurückgreifen können. Machen Sie sich bewusst, dass es Ihr Geburtsrecht ist, bei der Erfüllung Ihrer Bedürfnisse und Wünsche rückhaltlose Unterstützung zu erfahren.

• • •

# BAUCHGEFÜHLE

## LASSEN SIE IHRE WAHREN GEFÜHLE HOCHKOMMEN

Allzu oft schlucken wir Gefühle, die wir gerne zum Ausdruck bringen würden, hinunter und verlagern sie in unseren Körper, meist in unseren Bauch. Anstatt anderen oder sogar uns selbst gegenüber einzugestehen, was wir wirklich fühlen, verbergen wir unsere wahren Gefühle tief in uns. Sie blockieren uns dort so lange, bis wir bereit sind, ihnen freien Lauf zu lassen. Unsere Gefühle in unserem Bauch festzuhalten mag uns sicherer erscheinen, weil wir uns dann nicht mit ihnen auseinandersetzen müssen, aber in Wirklichkeit kann dies unserem emotionalen Wohlergehen ebenso schaden wie unserer körperlichen Gesundheit.

Eine Möglichkeit, Zugang zu Ihren Gefühlen zu bekommen und Blockaden zu lösen, ist eine gezielte Übung mit Ihrer Bauchgegend. Nehmen Sie sich Zeit, indem Sie sich durch tiefes Ein- und Ausatmen und stille Meditation auf Ihr Zentrum konzentrieren. Entspannen Sie dabei Ihren Körper, und schalten Sie das Stimmengewirr in Ihrem Kopf ab. Legen Sie die rechte Hand auf Ihren Bauch, und sagen Sie sich dreimal: »Bitte zeig mir meine wahren Gefühle.«

Lauschen Sie auf Antworten. Wiederholen Sie die Übung, sooft Sie wollen, und sinken Sie jedes Mal tiefer in Ihren Körper ein. Achten Sie auf alle physischen Reaktionen in der Bauchgegend: Haben Sie ein warmes, entspanntes Gefühl in der Mitte Ihres Körpers? Lösen die Gefühle, die in Ihnen hochkommen, irgendwelche Knoten aus? Vielleicht möchten Sie die Antworten, die Sie bekommen, auch aufschreiben. Vergessen Sie nicht: Der Körper lügt nicht.

Wenn Sie die aufgestauten Gefühle aus Ihrem Bauch entlassen, dann kann das Krankheiten vorbeugen und Ihnen ein authentischeres, intensiveres Leben ermöglichen. Manchmal, wenn sich zu viel emotionale Energie aufgestaut hat, kann es zu einem Ausbruch kommen, der Unbehagen auslöst. Sie können dazu beitragen, dass der Druck abgebaut wird, indem Sie die gleiche Übung durchführen, aber die Freisetzung der Gefühle mit Ihrer Stimme begleiten. Je kehliger die Laute, die aus Ihrem Mund kommen, desto mehr Gefühle lassen Sie vermutlich aus sich heraus. Es muss nicht schmerzhaft oder schwierig sein, die Gefühle in Ihrem Bauch loszulassen. Dieser Prozess kann ganz natürlich und organisch ablaufen. Wichtig ist, dass Sie alles urteilsfrei annehmen, was in Ihnen hochkommt.

Wenn wir Gefühle hinunterschlucken, dann meist deshalb, weil wir uns für sie schämen oder noch nicht bereit sind, sie auszudrücken. Doch Gefühle haben ihre Berechtigung, egal wie sie aussehen. Sie können sie auf Dauer nicht unterdrücken. Alles was Sie tun können, ist, sich Ihre *wahren* Gefühle einzugestehen und dadurch einen Beitrag zu Ihrer eigenen Befreiung zu leisten.

• • •

# SICH SELBST IM WEGE STEHEN

## HÖREN SIE AUF, SICH SELBST ZU SABOTIEREN

Wir alle sind mit der Fähigkeit gesegnet, etwas zu wollen. Manche wollen viel Geld verdienen, andere die Welt verändern, wieder andere wollen sich einfach selbst weiterentwickeln. Und wir alle haben auch die Macht, unsere Wünsche wahr werden zu lassen. Doch allzu oft unterminieren wir indirekt unsere eigenen Anstrengungen, indem wir uns selbst die Unterstützung versagen, eine ambivalente Haltung einnehmen, uns zu viel aufbürden, unentschlossen sind oder uns von unseren Zweifeln ausbremsen lassen. Damit sabotieren wir uns selbst.

Manchmal ist es nicht ein Mangel an Willenskraft, Intelligenz, Fähigkeiten oder Engagement, der Sie am Weiterkommen hindert, sondern ein inneres Tauziehen aus Angst. Sie wissen, was Sie vom Leben wollen, aber bewusst oder unbewusst stehen Sie sich bei Ihren Bemühungen selbst im Wege. Es gibt einen Konflikt zwischen Ihren Wünschen und dem, was Ihnen Ihrem Gefühl nach zusteht.

Wenn Sie sich mit Ihrem Verhalten selbst sabotieren, dann kann sich das auch auf Ihre Motivation und Ihren Elan auswirken. Vielleicht schlucken Sie Ihre größten Wünsche hinunter, indem Sie zu viel essen oder fernsehen; Sie gehen Situationen aus dem Weg, die schwierig sein könnten, oder ziehen sich einfach in sich selbst zurück. Die Aussicht, Herausforderungen anzunehmen, zu wachsen, klare Entscheidungen zu treffen und sich ordentlich anzustrengen, das kann einem große Angst machen. Es ist leichter, wenn Sie weitermachen wie bisher. Doch je mehr Sie sich von den Chancen abwenden, Ihre Lebensträume wahr werden zu lassen, desto mehr Schaden nehmen Ihr Selbstwertgefühl und Ihr Selbstvertrauen. Damit schließt sich der Kreis: Sie schrecken so lange davor zurück, dem nachzujagen, was Sie wollen, bis Sie glauben, dass Ihnen die *Fähigkeiten* dazu fehlen, es zu erreichen.

Sich selbst zu sabotieren kann Depressivität, Frustration, Mutlosigkeit und sogar Wut auslösen, weil Sie gegen sich selbst arbeiten. Wenn Sie das Gefühl haben, dass Sie sich selbst ein Bein gestellt haben, dann rufen Sie sich Situationen in Erinnerung, in denen das der Fall war, und schreiben Sie sie auf. Nutzen Sie diese Informationen nicht dazu, sich selbst zu verurteilen. Bemühen Sie sich stattdessen, sich in Zukunft nicht mehr selbst im Wege zu stehen.

Machen Sie sich bewusst, dass jedes erstrebenswerte Ziel Geduld, Planung, Einsatz und ein gewisses Maß an Selbstvertrauen erfordert. Wenn man sich selbst sabotiert, dann liegt das fast immer daran, dass man sich unzulänglich fühlt oder glaubt, etwas nicht verdient zu haben. Doch solche Gefühle können Sie überwinden, indem Sie sich eine Extraportion Zuwendung und Liebe gönnen, während Sie ein Problem lösen oder einen langfristigen Plan formulieren. Jeder Wunsch ist etwas Besonderes und hat seine Berechtigung. Um zu erreichen, was Sie wollen, müssen Sie lernen, sich nicht mehr selbst zu sabotieren.

• • •

# MENSCHEN, DIE NICHTS VERSTANDEN HABEN

## MITGEFÜHL FÜR ALLE

Vermutlich gehören Sie zu denen, die um die wahre Beschaffenheit der Wirklichkeit wissen, die zutiefst empfinden, dass wir alle denselben Ursprung haben, dass wir im Grunde alle eins sind und dass wir hier auf Erden sind, um einander zu lieben. Wenn man das weiß, dann ist man sich der wahren Natur des Selbst bewusst, und das ist ein großer Segen. Doch wo man auch hinkommt, trifft man auf Menschen, die nichts von alledem verstanden haben, und nicht selten besetzen diese Leute einflussreiche Positionen. Mitunter ist es frustrierend und schmerzlich, diesen Mangel an Bewusstheit mit ansehen zu müssen.

Wir alle begegnen in unserer Familie, am Arbeitsplatz und in allen Bereichen des öffentlichen Lebens solchen Menschen. Allzu oft sind wir ihnen gegenüber intolerant und wünschten, wir wären sie los – dabei wissen wir sehr genau, dass das illusorisch ist.

Manchmal ist es hilfreich, sich vorzustellen, dass wir alle Teil der Weltseele sind. So wie es in unseren Herzen und Seelen dunkle Stellen gibt, die der Heilung bedürfen, so gibt es auch dunkle Stellen im Herzen und der Seele der Welt. Die Gesundheit des ganzen Organismus ist abhängig von der Gesundheit der Individuen, die zu ihm gehören. Wir fördern die Harmonie, wenn wir das Licht festhalten und es nicht zulassen, dass es durch unsere Verurteilung, unsere Wut und unsere Angst vor denen verdunkelt wird, denen es an Bewusstsein mangelt. Das fällt uns leichter, wenn wir uns nicht auf die negativen Eigenschaften anderer konzentrieren, sondern darauf, wie wir unser eigenes Licht heller leuchten lassen und so insgesamt für mehr Helligkeit sorgen können.

Wenn wir es mit Menschen zu tun haben, die einen deutlichen Mangel an Bewusstsein an den Tag legen, dann sollten wir daran denken, dass jeder seinen eigenen Weg zur Erleuchtung finden muss und dass das, was diese Menschen erleben, ein wichtiger Teil ihres Entwicklungsprozesses ist. Vielleicht besteht die beste Methode, ihre Energie zum Strahlen zu bringen, darin, *unsere* Energie über ihnen leuchten zu lassen. Zugleich sollten wir dem Impuls widerstehen, sie zu verurteilen, und uns stattdessen ganz bescheiden selbst erforschen. Dann können wir uns von ihrem Beispiel dazu inspirieren lassen, jene dunklen Stellen in Licht zu tauchen, an denen es uns selbst an Bewusstheit mangelt.

•••

# SORGENVOLLE GEDANKEN

## WENN AUS SORGE EIN GEBET WIRD

Wenn ein Gebet eine Intention ist, die wir dem Universum verkünden, um ein bestimmtes Ziel zu erreichen, dann ist *jeder* unserer Gedanken ein Gebet. Ob es sich um sorgenvolle oder hoffnungsfrohe Gedanken handelt – sie sind *alle* subtile kreative Energie. Manche Gedanken sind zielgerichteter oder werden öfter wiederholt und gewinnen dadurch an Kraft. Manche werden aufgeschrieben oder gesprochen, was ihnen noch größere Macht verleiht. Jeder unserer Gedanken ist Teil eines Prozesses, durch den wir gemeinsam mit dem Universum unsere Erfahrungswelt und unsere Realität erschaffen. Wenn wir unsere kreative Energie unbewusst einsetzen, dann beschwören wir etwas herauf, was oft als sich selbst erfüllende Prophezeiung bezeichnet wird. Auf den Punkt gebracht: Wenn wir uns Sorgen machen, dann verwenden wir unsere Energie wie in einem ständig wiederholten Gebet darauf, dass etwas zustande kommt, was wir gerade nicht wollen.

Die gute Nachricht ist, dass wir unseren Verstand und unsere Gedanken gezielt trainieren können, unsere Energie auf das zu konzentrieren, was wir uns für unser Leben *wünschen*. Da wir uns die meisten Sorgen immer und immer wieder machen, wird ein einziger positiver Gedanke nicht genügen, um der Macht entgegenzuwirken, die wir erschaffen haben. Das einfachste Gegengift gegen Sorgen sind bejahende Sätze. Wenn wir uns an solche erbaulichen Gedanken halten, sie oft wiederholen, aussprechen, aufschreiben und tagein, tagaus immer wieder auf sie zurückkommen, dann setzen wir konzentrierte Energie ein, die sich auch in positiven Ergebnissen manifestieren wird.

Lassen Sie uns gleich gemeinsam beginnen:

*Ich bin ein kreatives Wesen und nutze meine Energie, um an der Erschaffung einer wunderbaren Welt mitzuwirken. Ich weiß, dass ich die Art, wie ich das Leben erlebe, in mir selbst erzeuge und dass ich dabei Energiewellen in die Welt hinaussende. Meine positiven Gedanken vereinen sich mit den positiven Gedanken und Gebeten anderer, und gemeinsam erzeugen wir genügend positive Energie, um nicht nur unser eigenes Leben zu heilen, sondern auch unsere gemeinsame Heimat, die Erde. Ich bin dankbar dafür, dass ich mithelfen kann, in meinem Leben und auf dem ganzen Planeten Gutes zu bewirken.*

Viele von uns kennen liebe Menschen, die sich ständig Sorgen um uns machen. Wenn sie das tun, dann senden sie ein Gebet der Sorge hinaus in die Welt. Die einfachste Lösung ist ein Gespräch, in dem wir sie freundlich darüber aufklären, was vor sich geht. Bitten Sie sie außerdem, Ihnen lieber positive Gedanken zu schicken, anstatt sich Sorgen zu machen. Schließlich ist es auch für sie nicht gut, ständig beunruhigt zu sein. Erklären Sie ihnen, dass diese negative Energie Ihnen sogar schaden kann und dass sie Ihnen lieber Gutes wünschen sollen – das ist sehr viel zuträglicher und macht außerdem mehr Spaß.

• • •

# DURCH DAS NADELÖHR GEHEN

## DIE ENGSTELLE VOR DER ÖFFNUNG

Manchmal verengt sich unser Leben, bevor sich neue Möglichkeiten auftun. Es kann sein, dass wir spirituell intensiv an uns arbeiten, Gutes tun, uns von unseren Träumen leiten lassen und trotzdem in jeder Hinsicht an Grenzen stoßen – finanziell, emotional, körperlich und so weiter. Vielleicht kommt es uns sogar so vor, als hätten wir unsere Spiritualität ganz verloren und wären in einem dunklen, fensterlosen Raum eingesperrt. Dieses scheinbare Fehlen irgendwelcher Fortschritte kann sehr verwirrend und entmutigend sein. Aber so ist das eben manchmal. Wir erleben die Dunkelheit vor der Morgenröte, genau wie eine Raupe sich in ihren Kokon zurückzieht, bevor sie Flügel bekommt und fliegen kann.

Wenn wir uns beengt fühlen, kann es leicht passieren, dass wir in Panik geraten oder irgendetwas gegen die Beklemmung tun wollen. Oder wir zerbrechen uns den Kopf darüber, warum die Dinge so sind, wie sie sind. Aber alles, was wir in dieser Phase tun müssen, ist, geduldig auszuharren. Wir können uns an das Bewusstsein halten, dass wir den Übergang von einem Stadium zum nächsten verarbeiten, und je mehr wir loslassen und uns dieser Erfahrung hingeben, desto schneller werden wir durch die Engstelle hindurch zur Öffnung auf der anderen Seite gelangen. Mag sein, dass wir uns eingequetscht und unwohl fühlen wie ein Baby im Geburtskanal. Doch wenn wir uns vor Augen führen, dass wir dabei sind, in eine neue Realität hineingeboren zu werden, dann werden wir auch die Kraft haben durchzuhalten.

Wenn wir Vertrauen haben in das Universum, dann können wir selbst inmitten aller Geburtswehen Frieden finden in uns selbst. Dann können wir Inspiration in der Natur finden und erkennen, dass alle Lebewesen den Prozess des Geborenwerdens erdulden müssen. In diesem Erdulden – und im Zentrum unseres Herzens – liegt die Bereitschaft, auf das Unbekannte zu vertrauen.

• • •

# GEGEN DEN STRICH

## IGNORIEREN, WAS POPULÄR IST

Nur weil eine Idee oder Vorgehensweise populär ist, heißt das nicht, dass sie für jeden das Richtige ist. Einer der Gründe, warum etwas populär *wird,* ist jedoch, dass viele von uns sich gar nicht die Zeit nehmen *herauszufinden,* was das Richtige für uns ist. Wir halten uns einfach an das, was die meisten unserer Bekannten tun. Somit werden unsere Lebensentscheidungen meist automatisch getroffen – und nicht »bewusst«.

Auch wenn es zahlreiche Alternativen gibt, nehmen wir uns nicht immer die Zeit, sie zu prüfen. Die Ursache liegt wohl darin, dass wir uns von unserer Familie, unseren Freunden und der Menschheit insgesamt gedrängt fühlen, die Dinge auf »ihre« Art anzupacken – auf die Art, die seit jeher üblich ist. Was auch immer der Grund sein mag, wichtig ist, dass wir möglichst oft selbst entscheiden, was wir mit unserem Leben anfangen wollen, anstatt einfach nur mit dem Strom zu schwimmen.

Gegen den Strom zu schwimmen ist nicht immer einfach. Viele Menschen empfinden es als bedrohlich, wenn die Entscheidungen derer, die ihnen nahestehen, anders ausfallen als die Ihren. Eltern und Großeltern sind möglicherweise verlegen oder fühlen sich angegriffen, wenn wir unsere Kinder anders erziehen wollen, als sie uns erzogen haben. Freunde fühlen sich unter Umständen im Stich gelassen, wenn wir uns entscheiden, unsere Gewohnheiten oder unser Verhalten zu ändern. Umgekehrt kann es auch *uns* leicht passieren, dass wir unsererseits frustriert sind oder uns angegriffen fühlen, wenn wir keine Unterstützung erfahren oder missverstanden werden, nur weil wir selbstständig denken. Es kann sehr ermüdend sein, unsere Sichtweise und unsere Gründe immer und immer wieder erklären zu müssen.

Hier sind Einfühlungsvermögen, Offenheit und Toleranz gefragt. Es ist sehr hilfreich, wenn wir den Menschen in unserem Umfeld ruhig und deutlich, beharrlich und konsequent erklären, warum wir uns so entschieden haben und nicht anders. Andererseits ist es unser gutes Recht zu sagen, dass wir keine Lust mehr haben, darüber zu reden, und dass wir einfach nur erwarten, dass unsere Entscheidungen respektiert werden. Es ist unser Leben – und es sind unsere Entscheidungen. Die, die uns wirklich lieben, werden zu uns halten und uns unterstützen – egal, was gerade populär ist.

• • •

## AUS LEERE WIRD OFFENHEIT

### MANCHMAL IST EIN VERLUST EIN GEWINN

Wenn wir etwas verlieren, was uns viel bedeutet hat, kann das Gefühl der Leere, das zurückbleibt, uns den Atem rauben. Ein Platz, der besetzt war, sei es in unserem Leben oder in unserem Herzen, ist plötzlich leer, und manchmal sind der Schmerz, der Verlust und die Trennung schwer zu ertragen. Zwar ist es wichtig, in Ehren zu halten, was wir verloren haben, aber manchmal kann ein Verlust auch die Chance zu einem Neuanfang sein. Wenn wir innerlich bereit sind, werden wir die Leere, die eine Beziehung, ein Job oder ein Traum hinterlassen haben, als Freiraum sehen, den wir mit Neuem füllen können: mit Erfahrungen und Wissen, mit beruflichen Chancen, Träumen, Menschen und manch einer Gelegenheit zu wachsen.

Es gibt viele Methoden, aus den Fäden eines Verlustes etwas Segensreiches zu spinnen. Wenn Sie Ihren Arbeitsplatz verloren haben oder Ihre Beziehung in die Brüche gegangen ist, mag Ihr erster Impuls darin bestehen, die Leere mit einem ähnlichen Arbeitsplatz oder der gleichen Art von Beziehung auszufüllen. Aber Sie sollten nichts Überstürztes tun, nur um die Leere zu füllen. Durch den Verlust Ihres Jobs sind Sie frei, neue Chancen auszuloten, vor allem wenn Sie aus dem alten herausgewachsen sind. Genauso kann das Ende einer Beziehung eine Chance sein,

Ihre eigenen Interessen wiederzuentdecken, neue Leidenschaften auszuprobieren und andere Leute kennenzulernen.

Wenn Sie ein ungutes Gefühl dabei haben, das Positive
aus einer scheinbar misslichen Situation heraus zu suchen,
dann vergessen Sie nicht, dass Sie das, was Sie verloren
haben, ja nicht schlechtmachen oder kaltherzig ersetzen.
Sie öffnen sich vielmehr der Einsicht, dass wir manchmal
einfach loslassen müssen, damit etwas Neues den Freiraum besetzen kann, den ein Verlust hinterlassen hat. Dadurch ehren Sie das, was Sie verlassen hat, und heißen das
Neue in Ihrem Leben willkommen − mit offenen Armen,
offener Seele und offenem Herzen.

• • •

# WACHSTUMSPOTENZIAL

## SAMEN DES LEBENS

Wenn man so einen riesigen Mammutbaum betrachtet, dann kann man sich kaum vorstellen, dass er sich aus einem Samen entwickelt hat, der nicht größer ist als eine Haferflocke. Umgekehrt ist es geradezu schwindelerregend, einen solchen Samen in der Hand zu halten und sich bewusst zu machen, dass er den Bauplan für einen ganzen Wald voller Bäume enthält, die viele hundert Jahre länger leben als ein Mensch. So winzig dieser Samen auch ist, *wir* sind im Grunde noch viel kleiner.

Doch auch wir haben uns aus einer Keimzelle entwickelt, einer Keimzelle, die im Schoß unserer Mutter so klein war, dass man sie mit bloßem Auge gar nicht erkennen konnte, und die doch von derselben wunderbaren Lebenskraft durchdrungen war wie ein Mammutbaum. Auch wir säen unsere Saat in Form von Kindern oder kreativen Projekten, die bleiben, wenn wir von der Erde Abschied nehmen müssen, und in denen ein Teil von uns weiterlebt.

Die aufgehende Saat wird auch von der Umgebung beeinflusst. Wenn ein Baum auf einem Berg steht, über den der Wind fegt, dann wachsen seine Äste in der Richtung länger, in die der Wind weht. Eine Zimmerpflanze wächst immer in die Richtung, aus der das Licht kommt. Der Samen legt fest, welche Art von Pflanze sich aus ihm entwickelt, aber ihre Form ergibt sich aus der Umgebung. Genauso sind auch wir einerseits Produkte unserer Gene und andererseits der Erziehung, die wir als Kinder genossen haben. Aber unser Wachstumsprozess ist niemals abgeschlossen. Deshalb liegt es jetzt an uns, das richtige Umfeld für uns zu finden.

Es ist ein wunderbares Ritual, das wir als Zeichen der Liebe zu uns selbst vollziehen können, wenn wir als Symbol für unseren Vorsatz, gut für uns selbst zu sorgen, einen Samen oder eine Blumenzwiebel in einen Topf einpflanzen. Denken Sie daran, dass Sie selbst einmal kleiner waren als dieser winzige Samen. Machen Sie sich bewusst, was für eine Leistung das ist, wie weit Sie es gebracht haben. Stecken Sie einen Zettel mit in die Erde, auf den Sie Ihren Vorsatz schreiben, sich mit allem zu versorgen, was Sie brauchen, damit Sie weiter wachsen und immer stärker und schöner werden. Jedes Mal, wenn Sie die Pflanze gießen, mit ihr sprechen oder sie an einen besseren Platz stellen, fördern Sie Ihr eigenes Wachstum.

• • •

# DORT, WO SIE HINGEHÖREN

## MANCHMAL IST ALLES EINE FRAGE DES TIMINGS

Da die Zeitpläne der Menschen oft nicht im Einklang mit dem des Universums stehen, kommt es häufig vor, dass wir das Gefühl haben, es gehe in unserem Leben alles zu langsam oder zu schnell. Wir arbeiten detaillierte Pläne aus, nur um festzustellen, dass sie genau dann Wirklichkeit werden, wenn wir es am wenigsten erwarten. Oder wir werden umgekehrt in eine Rolle gedrängt, für die wir uns nicht gerüstet fühlen, und fragen uns dann, wie wir mit den Anforderungen zurechtkommen sollen, die ungewohnte Umstände an uns stellen. Wenn Verzögerungen unserer Entwicklung Enttäuschungen in uns aufblitzen lassen oder uns das Tempo des Lebens atemberaubend erscheint, dann können wir Frieden finden in der schlichten Tatsache, dass wir genau dort sind, wo wir in diesem Augenblick hingehören.

Jeder Mensch erfüllt seine Bestimmung dann, wenn die Zeit dafür reif ist. Wenn Sie bisher auf der Überholspur von Erfolg zu Erfolg geeilt sind, dann kann es höchst frustrierend sein zu erkennen, dass Sie Ihre Wunschvorstellungen nicht mehr so schnell in die Tat umsetzen können, wie Sie möchten. Aber die Verzögerungen, über die Sie so enttäuscht sind, legen vielleicht die Grundlagen für zukünftige Erfolge, die Sie sich jetzt noch gar nicht ausmalen können. Oder das Universum hat Pläne mit Ihnen, die von den materiellen Zielen abweichen, die Sie bisher verfolgt haben. Was Ihnen nur wie ein Ausbleiben von Fortschritten vorkommt, könnte in Wirklichkeit eine günstige Gelegenheit sein, sich auf das vorzubereiten, was noch vor Ihnen liegt.

Wenn Sie dagegen das Gefühl haben, dass das Universum Sie zu einem zu hohen Tempo antreibt, dann sträuben Sie sich vielleicht unbewusst gegen Ihre Bestimmung. Ihr Unbehagen angesichts des Tempos Ihrer Fortschritte könnte ein Zeichen dafür sein, dass Sie mehr Bewusstheit entwickeln und lernen sollten, *mit* dem Strom des Schicksals zu schwimmen und nicht gegen ihn. Das Universum legt Ihnen nichts in den Weg, womit Sie nicht fertig werden könnten. Sie können sich also getrost darauf verlassen, dass Sie in die neue Rolle hineinwachsen werden.

Vielleicht haben Sie das Gefühl, Sie müssten Ihren Erfolg an Ihrem Alter, Ihrer beruflichen Position, Ihrem Bildungsniveau oder den Erfolgen Ihrer Freunde und Freundinnen messen. Jeder von uns passiert wichtige Meilensteine in seinem oder ihrem Leben zur rechten Zeit. Manche verwirklichen ihre Träume in jungen Jahren, während andere erst im Alter erfolgreich sind. Wenn Sie voller Stolz auf das zurückblicken, was Sie erreicht haben, und aus jeder Lage das Beste machen, dann seien Sie gewiss: Ihre Zeit wird kommen.

•••

# SICH GEFÜHLEN ÖFFNEN

## WIE WIR UNS SELBST BETÄUBEN

Wir alle sind mit der Fähigkeit geboren, eine komplexe Bandbreite von Gefühlen zu erleben. Doch vielen von uns ist unwohl bei dem Gedanken, sich mit ihren stärksten Gefühlen auseinanderzusetzen. Es steht uns natürlich frei, vor Freude und Verzweiflung zurückzuschrecken und unser Leben seiner Farbenpracht zu berauben, indem wir uns in eine Welt aus farblosem Grau zurückziehen. Es steht uns frei, uns blind und taub zu stellen gegenüber dem, was wir wirklich empfinden. Gefühle zu unterdrücken ist leichter, als sich ihnen zu stellen, und so wenden wir uns gerne flüchtigen Freuden zu, wie Alkohol, Essen, Süßigkeiten, Einkaufen oder zu viel Fernsehen. Auf diese Weise kann es allerdings geschehen, dass wir unser Herz betäuben.

Es ist ganz normal, wenn wir kurzzeitig nach Ablenkungsmöglichkeiten suchen, um mit heftigen Gefühlen zurechtzukommen. Aber wenn Sie sich selbst betäuben, dann hindert Sie das daran, Ihre wirklichen Themen zu bearbeiten. Und das hält Sie davon ab, klare Entscheidungen zu treffen oder Frieden zu finden. In diesem Zustand spüren Sie zwar weder Schmerz noch Gefühle der Machtlosigkeit, aber Sie können auch keine Freude oder Heilung erfahren.

Die Dinge, die Sie gefühllos machen, mögen Ihnen harmlos oder angenehm erscheinen, aber wenn Sie sie einsetzen, um Ihre Sinne zu betäuben, dann verlieren Sie Lebensqualität. Wenn Sie sich selbst betäuben, so dass Sie keine intensiven Gefühle erleben müssen, dann befriedigt das zwar nicht selten ein oberflächliches Bedürfnis, blockiert aber zugleich Ihre Wahrnehmung eines tieferen Gefühls. Man kann sich zum Beispiel mit Essen oder Einkaufen trösten, obwohl man eigentlich spirituelle Nahrung braucht. Je weniger Sie fühlen, desto weniger *lebendig* sind Sie. Ihre Gefühle machen das, was Sie erleben, erst lebendig. Sie sind Ihre Verbindung zur Außenwelt.

Mit ein wenig Anstrengung können Sie sich selbst nach und nach von Gewohnheiten befreien, mit denen Sie sich selbst betäuben, und wieder den ganzen Reichtum des Lebens kosten. Wenn Sie merken, dass Sie etwas nur tun, um Ihren Gefühlen auszuweichen, dann sollten Sie innehalten und sich fragen, warum das so ist. Ein Blick auf die Gefühle, die dieses Vermeidungsverhalten auslösen, kann Ihnen helfen zu verstehen, woher Ihr Bedürfnis kommt, Ihre Gefühle immer mehr auszublenden.

Sie werden feststellen, dass Sie mit jeder betäubenden Verhaltensweise, die Sie aus Ihrem Leben streichen, bewusster leben und Ihre Gefühle besser wahrnehmen. Sinne, die vormals wie betäubt und benebelt waren, werden geschärft. Traumata und lange verborgener Schmerz kommen an die Oberfläche und werden Ihnen bewusst, so dass Sie sie heilen können. Sie werden Ihr tieferes Selbst erkennen, ein Selbst, das in der Lage ist, mutig und anstandslos intensive Gefühle zu erleben und aufzuarbeiten.

• • •

# AUF ANDERE ZUGEHEN

## UM HILFE BITTEN

Helfen tun wir alle gern. Wir arbeiten ehrenamtlich in Schulen, Obdachlosenheimen und Einrichtungen zur Armenspeisung. Wir spenden jedes Jahr Millionen für wohltätige Zwecke. In unserem engeren Umfeld bringen wir kranken Freunden Hühnerbrühe, passen auf den Hund unseres Nachbarn auf und halten sogar an, wenn Fremde eine Autopanne haben.

Doch viele von uns zögern, etwas zu sagen, wenn wir selbst Hilfe brauchen. Gründe, warum es uns schwerfällt, auf andere zuzugehen und um Hilfe zu bitten, gibt es viele. Stolz, Verlegenheit, niemanden belästigen wollen oder die Angst vor Zurückweisung können uns selbst dann davon abhalten, um Hilfe zu bitten, wenn wir sie dringend nötig haben.

Hilfsbedürftig zu sein ist keine Schwäche. Manchmal kann es eine Herausforderung und ein Risiko sein, um Hilfe zu bitten, aber damit stellt es eine weitere Gelegenheit dar zu wachsen und dazuzulernen. Indem wir auf andere zugehen, können wir viel über uns selbst erfahren. Um Hilfe zu bitten setzt voraus, dass wir unsere Bedürfnisse auf den Prüfstand stellen und akzeptieren, dass es einiges gibt, was in unserem Leben besser laufen könnte. Wir sind gefordert, unser Ego hintanzustellen und zuzugeben, dass wir nicht alles allein bewältigen können.

Es ist ganz gewiss keine Schande, wenn man Hilfe braucht, um einen neuen Computer einzurichten oder eine Hose umzunähen. Manchmal müssen wir jemanden um einen noch größeren Gefallen bitten – uns zum Beispiel zum Arzt zu bringen, uns Geld zu leihen, weil wir in finanziellen Nöten sind, oder mit uns zu reden, wenn es uns schlecht geht. Wenn wir um Hilfe bitten, dann wird uns bewusst, dass wir alle aufeinander angewiesen sind. Und wenn wir uns helfen lassen, geben wir Verwandten und Freunden – oder sogar Fremden – Gelegenheit, sich nützlich zu machen und Wertschätzung zu erfahren. Nicht nur wir helfen gerne, sondern auch andere.

Andere um Hilfe zu bitten lehrt uns, Vertrauen zu haben. Ob wir uns an unsere Mitmenschen, Tiere, Engel und/oder das Universum wenden – wir dürfen darauf vertrauen, dass unsere Bedürfnisse gestillt werden. So rufen wir uns immer wieder in Erinnerung, dass es jemanden gibt, der uns liebt und sich um uns kümmert.

Überlegen Sie, in welcher Hinsicht Sie in Ihrem Leben ein wenig Hilfe brauchen könnten. Gehen Sie auf andere zu. Geben Sie heute noch jemandem Gelegenheit, Ihnen zu helfen. Geben Sie, dann gibt die Welt Ihnen etwas zurück. Lassen Sie diesen Austausch zu.

• • •

# WEGBEREITER

## ORIENTIERUNG SUCHEN BEI UNSEREN VORFAHREN

Es gibt viele Wesen, die uns als Geistführer dienen können. Wir sind in jeder Lebenslage imstande, Engel, Tier- und Naturgeister, himmlische Beschützer und spirituelle Führer um Hilfe und Schutz zu bitten. Eine weitere Quelle, aus der wir in Notzeiten schöpfen können, sind unsere Vorfahren, denn auch sie können uns Geistführer sein. Da unsere Ahnen mindestens ein Leben lang die Sorgen, die Teil der menschlichen Existenz sind, am eigenen Leib erfahren haben, verstehen sie unsere Ängste und Schwächen, unsere Unsicherheiten, Sorgen und Versuchungen wie kaum jemand sonst.

Wenn Sie die Geister Ihrer Vorfahren um Hilfe bitten, dann sorgen sie dafür, dass Sie Ihre Konflikte unbeschadet überstehen und Ihr Potenzial voll ausschöpfen können. Falls die Beziehung zu Ihren Verwandten zu deren Lebzeiten angespannt war oder wenn Sie keinen Bezug zu Ihrem Erbe haben, irritiert Sie die Vorstellung vielleicht, Ihre Vorfahren um Hilfe zu bitten. Doch wenn die Seele ihre körperlose Form annimmt, wird sie reines Licht. Egal, wer oder was sie in ihrem Leben waren: Ihre Ahnen wachen über Ihrem Lebensweg, weil Sie von ihnen abstammen und sie daran interessiert sind, dass Sie Ihr Bestes tun.

Sie können direkt mit ihnen kommunizieren oder in der Meditation, durch Ihre Träume oder durch Briefe. Ein Altar oder Schrein mit Bildern Ihrer Vorfahren oder Gegenständen, die sie besessen haben, kann Ihnen dabei helfen, eine Verbindung zu einzelnen Vorfahren herzustellen. Die Art und Weise, wie sie Ihnen Rat und Orientierung geben, kann viele Formen annehmen, denn jeder Ahnengeist behält seine individuelle Identität und hat daher seine eigene Art zu kommunizieren. Wenn Ihre Vorfahren nicht direkt zu Ihnen sprechen oder Sie in Ihren Träumen besuchen, dann suchen Sie in Ihrem Leben nach Hinweisen auf indirekte Antworten auf Ihre Fragen.

Wenn Sie mit Ihren Ahnen in Kontakt treten, dann danken Sie ihnen dafür, dass sie Teil des Absichtsgeflechts waren, das Sie ins Leben rief. Wenn Sie die Weisheit und Erfahrung Ihrer Vorfahren ehren, dann wird Ihr Leben Ihnen größer und reicher erscheinen. Ihre Vorfahren nehmen weder Einfluss auf Ihre Entscheidungen, noch versuchen sie Ihnen den freien Willen zu nehmen − ebenso wenig wie andere Geistführer. Sie werden lediglich Ihre Fragen beantworten, so gut sie können, und Ihnen alles an Liebe, Rat und Unterstützung geben, worum Sie bitten. Auf diese Weise unterstützen sie Sie in Ihrer persönlichen Entwicklung.

• • •

# JA SAGEN ZU JEDEM TAG

## SCHICKEN SIE IHREM TAG EINE BOTSCHAFT DER LIEBE

Viele Menschen denken beim Aufwachen mit Beklommenheit an den Tag, der vor ihnen liegt. Da wir generell dazu neigen, uns auf das zu konzentrieren, wovor wir Angst haben oder was wir nicht gerne tun, kann es leicht passieren, dass wir unbewusst eine Botschaft der Unzufriedenheit in die Zukunft aussenden, die den Verlauf unseres Tages negativ beeinflusst. Doch auch wenn wir noch so viel zu tun haben und uns mit noch so vielen Problemen herumschlagen, ist unser Leben voller Freuden und Erfahrungen, die wir genießen sollten. Dieses natürliche Glück können wir anziehen, indem wir jeden Tag mit einer Botschaft voller Liebe beginnen.

Wenn Sie Liebe aussenden an den Tag, der vor Ihnen liegt, dann wird sich dieses Gefühl in Ihren zwischenmenschlichen Begegnungen, beruflichen Anstrengungen und häuslichen Pflichten manifestieren. Aufgaben und Situationen, die Ihnen aufgrund Ihrer Ängste einst schwerfielen, erscheinen durch Ihre Warmherzigkeit wie verwandelt, und plötzlich können Sie sich voller Liebe den kleinen Dingen des Lebens zuwenden.

Erden Sie sich jeden Morgen, wenn die Nebel des Schlafes sich gelichtet haben, indem Sie einige Male tief ein-

und ausatmen, und versichern Sie sich Ihrer Liebe zu sich selbst. Segnen Sie sich mit einigen laut gesprochenen liebevollen Worten, dann erhalten Sie Zugang zu jenem Reservoir an Güte, das in Ihrer Seele schlummert. Bevor Sie die behagliche Wärme Ihres Bettes verlassen, vergessen Sie nicht, dem Universum mitzuteilen, dass Sie freudig und gespannt die Segnungen erwarten, die es für Sie bereithält. Bereiten Sie sich auf Ihren Tag vor, indem Sie sich vorstellen, dass ein warmes, weiches, liebevolles Licht Sie zuerst durchdringt und dann umgibt. Dehnen Sie den Kreis des Lichtes allmählich aus, bis Sie ihn vorausschicken können in Ihre Zukunft.

Wenn Sie pendeln, dann schicken Sie Liebe an die Straßen und Schienen, auf denen Sie zur Arbeit fahren, an die anderen Pendler und Ihren Parkplatz. Senden Sie gute Wünsche an Kollegen, die vor Ihnen in der Arbeitsstelle ankommen. Auch ein Tag, an dem Sie Ihre Aufgaben als Vater oder Mutter erfüllen oder Hausarbeit erledigen, kann von den Gedanken profitieren, die Ihnen vorauseilen. Schicken Sie Liebe an jeden, den Sie heute treffen werden, und an alles, was Sie tun werden – dann wird Ihr Tag voller Gnade sein.

Falls es Ihnen schwerfällt, Liebe an jene Situationen und Menschen zu schicken, die Sie besonders frustrieren, dann machen Sie sich bewusst, dass die Wärme und Güte, die Sie aussenden, positive Auswirkungen auch auf Ihr Leben haben kann. Wenn Sie jeden Morgen diese Liebe aussenden, dann können Sie die Atmosphäre in Ihrem Leben bewusst gestalten und jedem Tag einen positiven Anstrich geben.

• • •

# WEISHEIT DER INNEREN HEILUNG

## AUF KRANKHEITEN HÖREN

Unser Körper arbeitet wie ein biologischer Computer. Er besteht aus zahllosen Einzelteilen und speichert auf seiner riesigen Festplatte unendlich viele Dinge. Auch Krankheiten, Schmerzen, Viren und Wehwehchen, die wir gerne loswerden möchten, sind Teil dieses menschlichen Computers. Das Körper-Geist-System ist ein wahres Wunderwerk und nutzt alle ihm zur Verfügung stehenden Mittel, um uns Zeichen zu geben. Wenn es uns chronisch schlecht geht, dann kann das ein Zeichen von Unstimmigkeiten sein, eine Infektion kann auf Erschöpfung oder unterdrückte Gefühle hindeuten, und Magenschmerzen können durch Wut oder Stress ausgelöst worden sein. Viele Krankheiten manifestieren sich aufgrund unseres Handelns oder unserer Untätigkeit, aufgrund aufgestauter Gefühle oder unserer Unfähigkeit, uns etwas zu gönnen.

Der Körper lügt nicht, und deshalb können Sie oft nicht nur gesund werden, sondern Krankheiten an ihrer eigentlichen Wurzel packen, indem Sie auf sie hören. Im Grunde sind auch Krankheiten ein Teil Ihres Körpers, das heißt, Sie können mit ihnen kommunizieren.

Würden alle Menschen liebevoll, positiv und im Einklang mit der Natur leben, dann gäbe es zweifellos weniger Krankheiten auf der Welt. Doch da wir in einem Zeit-

alter von Überstunden, komplizierten zwischenmenschlichen Beziehungen, Umweltverschmutzung und zu wenig
Bewegung an der frischen Luft leben, sollten wir umso
mehr auf unseren Körper hören, wenn wir uns krank fühlen. Wenn Sie spüren, dass Sie krank werden, oder schon
seit längerem Beschwerden haben, dann nehmen Sie sich
die Zeit, sich einfach still hinzusetzen und zu entspannen.
Sobald Sie einen Zustand völliger Ruhe erreicht haben, fragen Sie das, was Sie nach Ihrer Einschätzung plagt (seien
es nun Viren, Bakterien oder Schmerzen), nach seiner Absicht. Sprechen Sie mit der Krankheit, als wäre es ein lebendiges Wesen in Ihrem Inneren, und unterhalten Sie
sich mit ihr. Wichtig ist, dass Sie tief in sich hineinhören,
nachdem Sie Ihre Fragen gestellt haben. Ihr Körper hat auf
alles eine Antwort.

Wenn sich nicht sofort etwas regt, dann denken Sie über
Ihr Leben in der letzten Zeit nach. Vermeiden Sie Stress-
situationen oder sehnen Sie sich unbewusst nach Zuwendung? Die Antwort, die Sie bekommen, wird möglicherweise nicht sehr schlüssig sein. Sie kann konkret sein, aber
auch sehr vage. Was Ihre Krankheit Ihnen sagt, wird Sie
vielleicht überraschen. Doch wenn Sie die Antwort annehmen, werden Sie schnell genesen.

Indem Sie auf Ihre Krankheiten hören, können Sie neue
wirksamere und flexible Strategien erlernen, mit Krankheiten umzugehen. Auf die Fähigkeit des Geistes zu vertrauen, den Körper bei seiner Regeneration zu unterstützen, und umgekehrt die geistige Stärkung sind wichtige
Schritte auf dem Weg zu einer nachhaltigen Selbstheilung.

• • •

# LASSEN SIE SICH TRAGEN

## DER FLUSS DES UNIVERSUMS

Alles ist durchdrungen vom Strom des Universums. Er ist im Fels, der entsteht, zu Staub zerfällt und vom Wind verweht wird. Er ist in der Blüte der Blume, die aus einer im Frühjahr eingepflanzten Zwiebel entspringt. Der Wachstumszyklus, den jeder Mensch durchläuft, ist Teil dieses natürlichen Fließens, was zugleich der Strom ist, der uns auf unserem Lebensweg voranbringt. Wenn wir ihm nachgeben, anstatt uns ihm entgegenzustemmen, dann lassen wir uns von jener alles umfassenden Strömung tragen, die das Leben ist.

Viele Menschen kämpfen ständig gegen diesen Strom an. Sie versuchen ihrem Leben mit Gewalt oder durch Widerstand ihren Willen aufzuzwingen. Andere segeln mit dem Wind wie ein Seemann, im Vertrauen darauf, dass das Universum sie immer genau dort hinbringt, wo sie hingehören. Jeder von uns kann diese Strömung nutzen, denn sie umgibt uns und fließt durch uns hindurch. Wir werden permanent von ihr getragen – die Frage ist lediglich, ob wir uns bereitwillig tragen *lassen* oder uns dagegen wehren. Wenn wir aufhören wollen, gegen den Strom zu schwimmen, dann müssen wir uns von der Vorstellung verabschieden, ständig alles kontrollieren zu müssen.

Der Strom sorgt stets dafür, dass Sie dort ankommen,

wo Sie hingehören. Sie müssen sich nur entscheiden, ob Sie sich freudig mitnehmen oder sich widerwillig mitschleppen lassen wollen. Indem Sie lernen, sich dem Fluss zu ergeben, spüren Sie immer deutlicher die Verbindung zu einer Macht, die stärker ist als Sie und auf die Sie sich uneingeschränkt verlassen können. Sich vom Fluss tragen zu lassen ist eine mutige Entscheidung, weil Sie dem Glauben abschwören müssen, Sie müssten alles selbst regeln. Vom Strom des Universums getragen zu werden kann absolut mühelos und berauschend sein – ganz anders, als Sie vermutlich erwartet haben. Wenn Sie ein Gefühl dafür entwickeln, dass Sie Teil dieses Stromes sind, dann tun sich Möglichkeiten vor Ihnen auf, die Sie nicht kontrollieren können.

Als Kind haben Sie sich ganz zwanglos von diesem Fluss mitreißen lassen. Aus Tränen der Traurigkeit, die Ihnen über das Gesicht liefen, wurden plötzlich Freudentränen. Eine klitzekleine Welle draußen auf dem Meer genügte als Anstoß zu einem Freudentaumel.

Wenn wir mit dem Strom des Universums mitgehen, tut das unserer Seele gut. Wir müssen uns nur entscheiden, uns von dieser Strömung tragen zu lassen.

• • •

# TROST BEI MUTTER ERDE

## KONTAKT AUFNEHMEN ZUR NATUR

Ein Wald voller Mammutbäume, der Sternenhimmel über uns, die endlose Weite einer Wüste – all diese Naturschauspiele und viele andere lassen uns in Ehrfurcht verstummen. Wir nehmen auf einer spirituellen Ebene Kontakt auf zur Natur. Die unberührte Natur hat etwas Heiliges, und die Begegnung mit ihr kann uns zu anderen Menschen machen.

Als Menschen sind wir ein Teil der Natur. Wir haben den gleichen Ursprung wie Tiere, Pflanzen … ja sogar Felsen. Die Erde ruft uns. Indem wir Kontakt zu ihr aufnehmen, können wir unser Gleichgewicht finden und uns als Teil des Universums fühlen. Es ist schön, einen Baum zu umarmen (das meine ich ganz wörtlich). Die Kraft des Holzes hat etwas Beruhigendes. Wenn wir uns an einen Baum lehnen, fühlen wir uns gestützt. Es fühlt sich ganz natürlich an, die Arme um den Stamm zu legen, als würde der Baum auch *uns* umarmen. Das leise Rauschen der Blätter im Wind erinnert uns daran, dass wir geliebt werden.

Wenn wir draußen in der Natur sind, erwachen all unsere Sinne. Unsere Atemzüge werden tiefer, und wir nehmen den Geruch von salziger Luft, Kiefernadeln und duftenden Blumen wahr, aber auch den Gestank von Dreck. Ein eiskalter Gebirgsbach kühlt unsere Füße, manchmal so sehr, dass jedes Gefühl aus ihnen weicht; unser Körper sinkt in den warmen Sand an einem Strand; und ein warmer Regen fühlt sich an wie tausend feuchte Küsse. Manchmal hören wir in der Natur eine wahre Symphonie von Naturklängen, vom Summen der Bienen bis zum Heulen des Windes, und ein andermal können wir die unglaublich friedliche Stille genießen.

Der Kontakt zur Natur erweckt in uns das Staunen und die Ehrfurcht vor dem Universum. Der Anblick einer gewaltigen Bergkette zeigt uns, wie klein wir sind, und die Farben eines Regenbogens erfreuen unser Herz. Dabei erfahren wir ein Gefühl der Einheit mit der Natur, das uns alles Lebendige wertschätzen und respektieren lehrt. Die Natur ruft uns auf, ganz im Hier und Jetzt zu sein, damit wir an der faszinierenden Konstruktion eines Spinnennetzes oder an dem bezaubernden Rotkehlchen, das an uns vorbeihuscht, nicht achtlos vorübergehen.

Je mehr wir eins werden mit der Natur, desto mehr können wir von ihr lernen. In der unberührten Natur sind wir jenseits von Zeit und Raum und tanken frische Energie. Eine Wanderung im Wald, das Surfen auf dem Meer, selbst ein Spaziergang um den Häuserblock wird zu einer bewegenden Meditation, die unsere Intuition schärft.

Suchen Sie in der Natur nach Zeichen und Botschaften, nach der Symbolik von Vogelformationen oder von Blättern, die vor Ihnen zur Erde fallen. Oder genießen Sie einfach, wie herrlich es ist, in Kontakt zu sein mit Mutter Natur.

• • •

# DIE MACHT DER EHRLICHKEIT

## HALTEN SIE WORT

Ein Versprechen ist schnell gegeben. Es zu halten ist meist etwas schwieriger. Denn da wir unter dem Druck stehen, immer alles richtig zu machen, fällt es uns leichter, Aufgaben zu übernehmen, die wir unmöglich erfüllen können, als Nein zu sagen. Ähnlich verhält es sich mit der Wahrheit: Es gibt eine nahezu unbegrenzte Anzahl von Umständen, die uns zum Lügen verleiten, selbst wenn wir großen Respekt für die Wahrheit haben.

Doch wenn Sie konsequent darauf achten, Wort zu halten, dann tun Sie mehr für Ihren guten Ruf als jemand, auf dessen Ehrlichkeit man sich nicht verlassen kann. Mag sein, dass Sie sich mit Ihrer Ehrlichkeit nicht immer Freunde machen (schließlich gibt es immer Menschen, die sich vor der Wahrheit fürchten). Aber Sie können sich dann jedenfalls sicher sein, dass Ihre Integrität niemals mit dem Ruch der Täuschung behaftet sein wird. Da Offenheit und Aufrichtigkeit auch die Grundlage jeder bereichernden Beziehung darstellen, gehört Ihr Wort zum Wertvollsten und Einflussreichsten, was Sie haben.

Wann immer wir mehr versprechen, als wir halten können, uns mit Unwahrheiten den Konsequenzen unseres Handelns entziehen oder unser wahres Selbst vor anderen verleugnen, enttäuschen wir das Vertrauen derer, die auf uns gezählt haben. Außerdem schaden wir uns selbst, wenn wir lügen oder unsere Versprechen nicht halten. Integrität ist die Grundlage jeglicher Zivilisation, denn nur auf dieser Basis können Menschen ohne Angst oder Besorgnis zusammenleben und miteinander arbeiten oder spielen.

Je mehr Sie Ihre Aufrichtigkeit kultivieren, desto häufiger werden Sie feststellen, dass Ihre Ehrenhaftigkeit und Verlässlichkeit auch anderen guttut. Andere werden Ihre Freundschaft gewinnen und wichtige Projekte mit Ihnen gemeinsam angehen wollen, weil sie sicher sein können, dass ihre Erwartungen erfüllt werden. Wenn Sie sich doch einmal bei einer Lüge ertappen, dann fragen Sie sich, was Sie verbergen wollten und warum Sie das Gefühl hatten, nicht die Wahrheit sagen zu können. Und wenn etwas Unerwartetes Sie daran hindert, Wort zu halten, dann entschuldigen Sie sich für Ihren Fehler und machen Sie ihn baldmöglichst wieder gut.

Da der Weg der Wahrhaftigkeit oft der steinigere ist, bildet es Ihren Charakter, wenn Sie sich für ihn entscheiden. Wenn Sie Ihr Bestes tun, um ein aufrichtiges Leben zu führen und zu verstehen, was die Gründe für *Un*aufrichtigkeit sind, dann können Sie sich darauf verlassen, dass Ihr Wort Gewicht haben wird. Indem Sie sich an Vereinbarungen halten und für Ehrlichkeit stehen, stellen Sie unter Beweis, dass man Ihnen vertrauen kann und dass Werte für Sie etwas sind, was man in seinen Alltag integrieren sollte.

...

# EIN ORT FÜR UNSERE SORGEN

## DER KUMMERKASTEN

Es gibt Zeiten, da haben wir das Gefühl, uns platzt der Kopf. Unser Gehirn ist so voll mit Sorgen, Plänen, Träumen und Listen unerledigter Dinge, dass uns gar kein Platz zum Denken bleibt. Vielleicht wiegen wir uns im Glauben, dass wir uns immerhin um unsere Sehnsüchte und Sorgen kümmern, indem wir ständig darüber nachgrübeln. Es kann allerdings auch vorkommen, dass wir die Verwirklichung unserer Träume und die Lösung unserer Probleme sogar hinauszögern, indem wir uns in Gedanken an jedes Detail klammern, anstatt einfach loszulassen. In solchen Zeiten kann es nützlich sein, einen Kummerkasten einzurichten.

Ein Kummerkasten hilft uns dabei, unsere Sorgen und Wünsche loszulassen, so dass sich das Universum an unserer Stelle darum kümmern kann. Wir schreiben auf, was wir uns wünschen oder was erledigt werden muss, und stecken den Zettel in eine Schachtel. Dadurch kommen wir dem Bedürfnis nach, etwas zu tun, und teilen dem Universum mit, dass wir Hilfe brauchen und bereit sind loszulassen. Wir erlauben uns selbst, uns wegen eines bestimmten Problems keine Sorgen mehr zu machen und darauf zu vertrauen, dass das Universum sich darum kümmert.

Sie können Ihren Kummerkasten auch schön gestalten und an einem besonderen Ort aufbewahren. Er ist ein heiliges Gefäß für Ihre Sorgen und Wünsche. Indem Sie sie loslassen und Belastendes in Ihren Kummerkasten stecken, überantworten Sie die Last einer höheren Macht. Sobald Sie das tun, machen Sie Ihren Kopf frei, so dass Sie ganz im Jetzt leben können.

Wenn wir unsere Ängste und Sorgen loslassen und dem Universum übergeben, dann heißt das nicht, dass wir aufgegeben haben oder uns in unser Scheitern fügen. Vielmehr lassen wir die Verwirklichung unserer Sehnsüchte und die Lösung unserer Probleme einfach los und machen uns keine Sorgen mehr, was aus ihnen wird. Es ist immer wieder angenehm, Zettel wieder aus dem Kummerkasten hervorzuholen, nachdem unsere Wünsche in Erfüllung gegangen sind. Und es ist erstaunlich, wie schnell Träume wahr werden und Probleme sich in Luft auflösen, wenn wir endlich loslassen und uns von einer höheren Macht helfen lassen.

• • •

# NAHRUNG FÜR DIE SEELE

## DAS BROT MITEINANDER TEILEN

Zu den ersten Dingen, die unter den Tisch fallen, wenn wir unserem Leben wieder einmal atemlos hinterherhetzen, gehören Mahlzeiten, die wir mit anderen teilen. Wie oft essen wir allein an der Küchentheke oder trinken unterwegs im Auto hastig eine Tasse Suppe.

Dabei ist es nicht nur Nahrung für den Körper, sondern auch für die Seele, wenn wir uns die Zeit nehmen, mit der ganzen Familie oder mit einer guten Freundin zu essen. So wie eine warme Mahlzeit unseren Hunger stillt, so wärmt Gesellschaft unser Herz. Ein gemeinsames Essen gibt Ihnen Gelegenheit, der Hektik des Alltags zu entfliehen und zugleich Ihre Beziehungen zu pflegen.

Das Brot mit anderen zu teilen ist wie ein Ritual, bei dem das Teilen und das Zusammensein genauso wichtig sind wie die Nahrungsmittel, die wir essen. Nicht nur die Mahlzeit selbst, auch die Planung und Vorbereitung können Anlass sein, gute Gespräche zu führen, etwas über den Anderen zu lernen und die Beziehung zu vertiefen.

Wenn wir jemanden zum Essen einladen, kann das der Beginn einer wunderbaren Freundschaft sein. Ein gemeinsames Frühstück kann eine Gelegenheit zum Brainstorming unter Arbeitskollegen oder für die ganze Familie der Start in einen positiven Tag sein. Ein Mittagessen mit einem

Freund kann eine willkommene Pause sein, eine Oase der Entspannung an einem stressigen Tag. Beim Abendessen im Kreis Ihrer Lieben haben Sie die Chance, Menschen, denen Sie wirklich wichtig sind, von Ihrem Tag zu erzählen. Manchmal haben Sie vielleicht gar kein Bedürfnis zu reden, Sie wollen einfach nur mit jemandem zusammen essen und schweigen.

Es kann etwas sehr Erfüllendes sein, das Brot miteinander zu teilen, vor allem unter Menschen, die einander lieben und vertrauen. Wenn Sie also wieder einmal vorhaben, eine hektische Mahlzeit vor Ihrem Computer einzunehmen, dann halten Sie kurz inne und denken Sie noch einmal darüber nach. Vielleicht sind es die Wärme, das Gefühl des Aufgehobenseins und der Genuss, den eine gemeinsame Mahlzeit Ihnen bieten kann – nach was Sie sich eigentlich sehnen.

• • •

# TAPETENWECHSEL

## AUS EINER WOHNUNG HERAUSWACHSEN

Es mag Menschen geben, die ihr ganzes Leben lang in ihrem Geburtshaus wohnen, doch die meisten von uns ziehen im Laufe des Lebens viele Male um und bewohnen unterschiedliche Wohnungen. Jedes Zimmer, jedes Haus und jede Stadt haben ein charakteristisches Energiefeld. Die Energie einer Wohnung, die uns in einer bestimmten Phase gutgetan hat, kann uns in einer anderen Phase schaden oder gibt uns vielleicht einfach keine neuen Impulse mehr.

In verschiedenen Lebensabschnitten brauchen wir unterschiedliche Arten von Energie. So kann es sein, dass wir an einem bestimmten Punkt ein großes Bedürfnis nach Ruhe und Abgeschiedenheit haben und in eine Wohnung ziehen, in der wir uns behütet und beschützt fühlen. Aber wenn wir unsere Batterien wieder aufgeladen haben, dann fühlen wir uns in derselben Wohnung vielleicht beengt und eingeschränkt. Ein Zuhause voller Erinnerungen mag eine Zeitlang anheimelnd und gemütlich sein, doch wenn wir uns von der Vergangenheit frei machen wollen, engt uns diese Energie möglicherweise ein.

Wir sollten auf Signale achten, die darauf hindeuten, dass wir aus unserer derzeitigen Wohnung herausgewachsen sind. Manchmal bleiben wir nicht deshalb in einer

Wohnung, weil sie uns inspiriert, sondern weil es bequem ist. Aber wenn wir im Leben wirklich weiterkommen wollen, müssen wir über unsere Bequemlichkeit hinausdenken. Unser Anliegen muss sein, uns mit jener Energie zu umgeben, die unser Wachstum und unser Wohlbefinden am besten fördert.

Wenn Sie das Gefühl haben, dass Sie aus Ihrer Wohnung herausgewachsen sind, dann denken Sie kurz darüber nach, was Sie ursprünglich attraktiv an ihr fanden und was sie Ihnen zu bieten hatte. Gibt es gute Gründe umzuziehen, oder wollen Sie nur vor etwas weglaufen? Überlegen Sie, in welcher Hinsicht diese Wohnung Sie weitergebracht hat und in welcher Hinsicht sie Ihnen möglicherweise im Wege steht. Das hilft Ihnen dabei herauszufinden, was Sie in Ihrem nächsten Zuhause brauchen. Wenn Ihnen klar ist, welche Art von Energie Sie suchen, können Sie sich daranmachen, sich Ihr nächstes Zuhause bildhaft vorzustellen, und das Universum bitten, Sie bei der Suche zu unterstützen.

• • •

# DIE SUCHE DES HERZENS

## FINDEN SIE IHRE BESTIMMUNG

Das größte Rätsel im Leben eines jeden Menschen ist die Frage nach unserer Bestimmung. Viele fragen sich: »Wozu bin ich überhaupt da?« Sie wünschen sich mehr Dynamik und Kreativität in ihrem Leben, während sie nach wie vor tun, was man von ihnen erwartet, und sich mit dem Status quo abfinden.

Dabei ist jede(r) Einzelne von uns mit Talenten und Stärken gesegnet, die den Tiefen der Seele entspringen und mit denen wir unseren ganz individuellen Beitrag leisten können. Hier liegt die Wurzel der Berufung unserer Seele, die so viel mehr ist als ein Beruf. Sie ist die Sehnsucht unseres Herzens, die Gabe, die sich danach sehnt, Ausdruck zu finden und das Ziel unseres Lebens. Vielen Menschen bleibt die einzigartige Berufung ihrer Seele ein Leben lang verborgen, weil sie glauben, dass ihnen die nötigen Fähigkeiten oder Voraussetzungen fehlen. Doch die Suche nach unserer Bestimmung ist kein Staffellauf von Versuch und Irrtum, sondern eine spannende Entdeckungsreise.

Die Welt wartet auf die Früchte der Berufung Ihrer Seele. Und doch erfordert es Geduld und Mut, dem Ruf des Herzens zu folgen. Solange wir unsere Bestimmung nicht kennen, empfinden wir auch materiellen Erfolg oft als sinnlos und unbefriedigend. Die Bestimmung Ihrer Seele zu finden ist eine individuelle Entdeckungsreise in die Tiefen Ihres Selbst, die voraussetzt, dass Sie innerlich stark genug sind, um Unkenrufer zu ignorieren.

Fragen Sie sich zunächst, welche Tätigkeiten Ihnen am meisten Freude bereiten beziehungsweise bereitet haben. Welche Aufgaben fordern Ihre angeborenen Talente und geben Ihnen das Gefühl, tief im Universum verwurzelt zu sein? Wenn Ihnen dazu nichts einfällt, dann sollten Sie etwas Neues ausprobieren, zum Beispiel als Hobby oder Ehrenamt. Sind Sie durch Nachdenken oder Ausprobieren fündig geworden, so müssen Sie sich darauf einstellen, dass größere Veränderungen nötig sein werden, um den Weg einzuschlagen, der der Bestimmung Ihrer Seele entspricht. Auch wenn Ihnen Zweifel kommen: Die Erfüllung Ihrer Berufung wird Ihnen Kraft geben.

Allerdings gibt es in dieser Hinsicht keine einfachen Lösungen. Um die Bestimmung der Seele zu verwirklichen, ist nicht nur Bewusstheit erforderlich, sondern aktives Engagement. Die Seele strebt nach ständiger Entwicklung. Sobald Sie Ihre Sehnsüchte erkannt haben, liegt es an Ihnen, den ersten Schritt zu tun, so schwierig das auch sein mag. Wenn Sie eine Bestimmung erfüllt haben, taucht möglicherweise eine andere auf, die Sie in eine Richtung führt, die Sie nicht vorhergesehen hatten. Aber haben Sie die Bestimmung Ihrer Seele erst einmal erkannt und sich auf den Weg gemacht, dann haben Sie den wichtigsten Schritt hin zu einem wahrhaft erfüllten Leben schon getan.

• • •

# DIE BALANCE HALTEN

## WELCHE NEGATIVEN AUSWIRKUNGEN ES HAT, WENN WIR KINDER ZU SEHR VERWÖHNEN

Wenn Eltern für ihre Nachkommen sorgen, sie lieben und fördern, dann geschieht das ganz instinktiv. Unsere Kinder sind so sehr Teil von uns, dass wir alles tun, damit sie glücklich sind. Doch unser eigenes Bedürfnis, geliebt zu werden, Konsumsüchte und der innige Wunsch, dass unsere Kinder alles haben sollen, was uns selbst in Kindertagen gefehlt hat, können auch dazu führen, dass wir sie zu sehr verwöhnen.

Vielleicht glauben Sie, dass Ihre Kinder sich gern an ihre Kindheit zurückerinnern werden, wenn Sie ihnen teure Geschenke machen, oder dass Sie ihre seelischen Wunden heilen können, indem Sie sie verwöhnen. Sie übersehen aber dabei, dass Sie so die Persönlichkeitsentwicklung Ihrer Kinder beeinträchtigen. Eines der wertvollsten Geschenke, das Sie Ihren Söhnen und Töchtern machen können, ist die wahre Selbstständigkeit, die sie dadurch erlernen, dass sie sich verdienen müssen, was sie haben wollen, und so ihres eigenen Glückes Schmied werden.

Nehmen Sie sich vor, dafür zu sorgen, dass Ihre Kinder das Leben in seiner ganzen Fülle kennenlernen. Wenn sie etwas haben wollen, dann lassen Sie sie dafür arbeiten und es sich verdienen. Wenn sie alt genug sind auszuziehen und ins Arbeitsleben einzutreten, dann werden Sie die Gewissheit haben, dass Sie Ihr Kind zu einem selbstbewussten Mitglied der Gesellschaft erzogen haben, das seinen Beitrag zum Gemeinwohl leistet.

Wenn man Kindern keine Gelegenheit gibt, selbstständig zu werden, zu lernen, dass alles seinen Preis hat, und ihre Bedürfnisse selbst zu befriedigen, dann entwickeln sie ein Anspruchsdenken, das ihnen den Blick für die Bedürfnisse anderer ebenso verstellt wie für die Notwendigkeit, sich anzustrengen. Vielleicht verwöhnen wir unsere Kinder, weil es uns Freude macht, sie zu beschenken. Vielleicht wollen wir aber auch Konflikten aus dem Weg gehen – aus der Angst heraus, nicht geliebt zu werden.

Andererseits sollen Kinder reichlich Liebe, Zuneigung und Anerkennung bekommen. Sie sind oft freundlicher, liebenswürdiger und verantwortungsbewusster als diejenigen, deren Eltern ihnen jeden Wunsch erfüllen. Sie entwickeln ein starkes Selbstbewusstsein, das unabhängig vom Wohlstand im Elternhaus und dem Beifall ihrer Altersgenossen ist. Und als Erwachsene ist ihnen bewusst, dass jeder selbst dafür verantwortlich ist, sich ein Leben nach seinen Bedürfnissen aufzubauen. Wenn Sie merken, dass Sie jeder Laune Ihres Kindes nachgeben, dann sollten Sie sich fragen, woran das liegt. Sie werden möglicherweise feststellen, dass Sie etwas zu kompensieren versuchen, was Ihnen in Ihrem eigenen Leben fehlt.

Ihre Kinder so aufzuziehen, dass sie den Wert des Geldes ebenso zu schätzen wissen wie den ihrer persönlichen Unabhängigkeit, wenn sie das Erwachsenenalter erreichen, ist eine schwierige, aber lohnende Aufgabe. Manchmal ist es nicht leicht zuzusehen, wie sie an einem selbst gesteckten Ziel zu knabbern haben, aber wie wunderbar ist es mitzuerleben, wenn sie es schließlich erreichen. Für Ihren Entschluss, Ihre Kinder nicht zu sehr zu verwöhnen, werden Sie mit einer Vielzahl von Gelegenheiten belohnt, bei denen Sie ihnen Verständnis und Mitgefühl erweisen können. So werden Sie die Entwicklung Ihrer Kinder zu Erwachsenen in positiver Weise begleiten.

• • •

# SEIEN SIE EIN LEUCHTFEUER

## SENDEN SIE IHR LICHT HINAUS IN DIE WELT

Jeder Mensch ist ein Geschöpf voller Energie, mit individuellen, einzigartigen Schwingungen. Und deshalb können wir alle die Welt positiv beeinflussen, indem wir uns einfach in der Meditation darauf konzentrieren, Kontakt zu unserem Umfeld, zu unseren Mitmenschen und zur ganzen Welt aufzunehmen. Da dieser Kontakt nur zustande kommt, wenn man ihn bewusst herstellt, können wir alle Leuchtfeuer sein – Zentren positiver, heilbringender Energie, die Licht in die Welt hinaussenden, alles Negative vertreiben und Freude und Wohlergehen verbreiten. Dazu gehört mehr als eine bewusst positive Grundhaltung. Um Leuchtfeuer sein zu können, muss man nicht nur selbst ein Zentrum positiver Veränderungen sein, sondern jene Art von Energie verkörpern, die das Potenzial anderer freisetzt.

Der erste Schritt besteht darin, um sich herum ein Energiefeld zu schaffen, das unterstützend und energiespendend ist – einen Zufluchtsort, an dem alle, die zu Ihnen kommen, neue Kraft schöpfen können. Das ist das Saatkorn. Um dieses Saatkorn aufgehen und aufblühen zu lassen, setzen Sie sich an einen stillen Platz und atmen Sie tief ein und aus. Konzentrieren Sie sich darauf, dass Ihr Geist klar und ruhig ist. Seien Sie ganz in Ihrer Mitte, und stellen Sie sich eine Decke aus warmer, positiver Energie vor, die über Ihre Hände fließt. Wenn Sie spüren, dass die Luft um sie herum sie in Bewegung versetzt, dann lenken Sie die Energie in Ihren Körper. Lassen Sie sie los, und senden Sie sie in spiralenförmigen Wellen aus, zunächst in Ihr Haus oder Ihre Wohnung, dann in Ihren Garten oder die umliegenden Häuser, in Ihr ganzes Viertel, die ganze Stadt, das ganze Land, bis der sanfte Strudel aus vollkommenem Licht und makelloser Liebe die ganze Erde umfängt. Machen Sie sich bewusst, dass Sie das Zentrum und der Ursprung dieses Leuchtfeuers sind, das Sie in Form von Gedanken der Liebe in die Welt hinausschicken.

Wenn Sie Ihr Geschenk aus positiver Energie so weit wie möglich ausgesandt haben, dann kehren Sie mit Ihrer Aufmerksamkeit zum Ausgangspunkt zurück und spüren Sie Ihren Gefühlen nach. Atmen Sie ein letztes Mal tief ein und aus, und denken Sie daran, dass Sie einen positiven Beitrag zur spirituellen Weiterentwicklung der Menschheit geleistet haben, indem Sie Ihre Seele haben aufleuchten lassen.

• • •

# MIT ALLEN SINNEN IM HIER UND JETZT

## WARUM UNS DER BLICK AUF DAS GROSSE GANZE VORENTHALTEN BLEIBT

Manchmal wünschen wir uns, wir hätten vor einigen Monaten oder Jahren bereits gewusst, wie unser Leben sich entwickeln sollte und welche Geschenke auf der einen und Schwierigkeiten auf der anderen Seite vor uns liegen würden. Wir fragen uns, wie lange unsere derzeitige Partnerschaft halten mag und ob unsere Hoffnungen sich erfüllen werden. Oder wir stehen vor einer schwierigen Entscheidung und möchten wissen, welche Alternative sich wohl als die beste erweisen wird.

Um herauszufinden, was die Zukunft für uns bereithält, können wir ein Medium, Tarotkarten, unsere Träume und viele andere Quellen befragen. Aber in der Regel erhaschen wir dadurch bestenfalls einen flüchtigen Blick in die Zukunft. Und auch wenn wir glauben, wir würden unsere ganze Geschichte mit allen Details gerne schon im Voraus wissen – in Wahrheit wären wir vermutlich völlig erschöpft und überfordert, wenn wir wüssten, was da noch alles vor uns liegt.

Schauen Sie sich einmal Ihr bisheriges Leben genauer an. Wenn Sie nicht die große Ausnahme sind, dann haben Sie sicher mehr erlebt und gesehen, als Sie sich je hätten vorstellen können. Hätte Ihnen als Kind jemand von all

Ihren zukünftigen Jobs und Beziehungen erzählt, mit allen Höhen und Tiefen, dann wären Sie damit total überfordert gewesen. Mit so vielen Informationen über die Zukunft in Ihrem Kopf wäre es Ihnen äußerst schwergefallen, sich auf das zu konzentrieren, was Sie in jedem einzelnen Augenblick erleben – und Sie wären am Leben vorbeigegangen.

In mancherlei Hinsicht bringt die Ungewissheit über die Zukunft genau die Eigenschaften zum Vorschein, die für Ihr Wachstum nötig sind. Zum Beispiel wäre es schwierig gewesen, sich auf bestimmte Beziehungen oder Projekte einzulassen, wenn Sie gewusst hätten, dass sie sich als Sackgassen erweisen. Dabei haben Sie durch Ihren Einsatz für sie Lektionen gelernt, die für Ihre Entwicklung notwendig waren. Wenn Sie auf Ihr Leben zurückblicken, haben Sie höchstwahrscheinlich große Schwierigkeiten, etwas zu finden, was besser nicht passiert wäre. Schließlich haben Sie aus den größten Schwierigkeiten auch eine Menge gelernt und die größte Genugtuung gezogen.

Dass wir die Zukunft nicht kennen, sorgt dafür, dass wir dort sind, wo wir hingehören: mit allen Sinnen im Hier und Jetzt.

• • •

# ERWACHEN

## BEWUSST LEBEN

Unsere Lebensreise besteht aus vielen einzelnen Schritten auf einer kurvenreichen Straße, die uns auf unserem individuellen Weg der ständigen Weiterentwicklung voranbringen. Tagtäglich begegnen uns unzählige Gelegenheiten, in unser nächstes, besseres Selbst zu schlüpfen. Mal bekommen wir die Chance, anders zu reagieren, wenn jemand bei uns aneckt, mal wollen wir einer bestimmten Situation entfliehen und trauen uns nicht.

Allzu leicht verfallen wir in einen Trott, aus dem es kein Entrinnen zu geben scheint. Vielleicht treffen wir sogar immer wieder die gleichen Entscheidungen, weil wir uns der Alternativen gar nicht bewusst sind. Manchmal scheint es, dass unser Weg uns immer nur im Kreise führt, anstatt uns voranzubringen, so dass wir mit unseren Handlungen und Entscheidungen immer wieder am selben Punkt landen. In solchen Zeiten kann mehr Bewusstheit der erste Schritt hin zu Veränderungen sein.

Bewusstheit bedeutet, uns darüber klar zu werden, was wir tun. Dazu müssen wir uns selbst, unser Handeln, unsere Reaktionen und Entscheidungen sozusagen von außen beobachten, als wären wir ein unbeteiligter Beobachter. Es stimmt schon: »Erkenntnis ist der erste Schritt zur Besserung« – wir können uns nicht ändern, wenn uns nicht bewusst ist, dass wir etwas ändern müssen. Erst dann können wir überlegen, warum wir so handeln und nicht anders. Sind wir erst einmal aufgewacht, wird es schwierig, uns *nicht* zu ändern. Denn jetzt können wir die Augen nicht mehr vor der Wahrheit verschließen. Wir erkennen, dass wir nicht nur für unser Tun selbst verantwortlich sind, sondern dass nur wir selbst etwas daran ändern können.

Dieses Bewusstsein ist befreiend. Anstatt in einem endlosen Kreislauf festzusitzen, aus dem es keinen Ausweg gibt, wird uns klar, dass es im Wesentlichen an uns liegt, wie unser Leben verläuft. Ob es uns bewusst ist oder nicht, die Entscheidung liegt immer bei uns. Wenn wir uns für mehr Bewusstheit entscheiden, dann wird unsere Zukunft nicht mehr von unserer Vergangenheit und unserer Gegenwart bestimmt. Dann sind wir frei, alte Beschränkungen zu überwinden, uns anders zu entscheiden und anders zu handeln. Dann kann unser Weg uns immer nur weiterbringen im Leben und uns die Chance zu neuen Erfahrungen und Lebensweisen eröffnen. Indem wir bewusst leben, können wir uns bewusst weiterentwickeln.

• • •

# SICH SELBST VERGEBEN

## MACHEN SIE SICH FREI VON SCHULDGEFÜHLEN

Jeder von uns weiß, wie es ist, sich aus irgendeinem Grund schuldig zu fühlen, und viele von uns kämpfen sogar ständig mit Schuldgefühlen. Manchmal kommt es uns vor, als sei unser Fehler völlig unverzeihlich. So weit verbreitet solche Gefühlslagen auch sind, so schädlich sind sie für unsere geistige Gesundheit. Schuldgefühle rauben uns die Kraft, weil wir uns den Kopf zermartern wegen Dingen, die in der Vergangenheit liegen und die wir nicht mehr ändern können. Das Problem ist, dass wir uns so selbst daran hindern, uns zu vergeben, alles wiedergutzumachen und Gefühle hinter uns zu lassen, die uns nur hemmen.

Ursprünglich bezog sich der Begriff »Schuld« auf die Verpflichtung zu einer Geldzahlung, die sich aus einem Darlehen ergab. Sobald man die Zahlung geleistet hatte, war die Schuld getilgt. Das Problem an der Art und Weise, in der Schuld heute oft erfahren wird, ist, dass sie bei manchen Menschen zu einem Dauerzustand geworden ist. In solchen Fällen tritt die neurotische Beschäftigung mit der Vergangenheit an die Stelle einer nüchternen Analyse des eigenen Fehlverhaltens, an deren Ende geeignete Maßnahmen zur Wiedergutmachung stehen.

Es gehört zum Leben dazu, dass wir mit unseren Entscheidungen manchmal andere verletzen. Das lässt sich niemals gänzlich vermeiden; aber wenn Sie sich in Schuldgefühlen wälzen, dann helfen Sie weder sich noch anderen. Vor allem werden Sie damit zukünftiges Leid nicht verhindern. Diese Einsicht ist der erste Schritt, um sich von diesem negativen Gefühl frei zu machen.

Wenn Sie sich wegen etwas schuldig fühlen, dann sollten Sie sich zuallererst in Mitgefühl für sich selbst üben – als Mensch müssen Sie nun einmal Entscheidungen treffen. Bei Ihren Überlegungen, wie Sie am besten vorgehen sollten, kommen Sie mit Mitgefühl und Nachsicht gegenüber sich selbst sehr viel weiter als mit Schuldgefühlen. Vielleicht sollten Sie sich entschuldigen. Oder es ist an der Zeit, dass Sie sich ändern. Machen Sie sich bewusst, dass Sie mit Ihrem Tun sich selbst heilen – und alle, die Sie verletzt haben. Und schließlich: Lernen Sie aus falschen Entscheidungen, aber gehen Sie niemals auf sich selbst los. Versichern Sie sich, dass Sie von Natur aus gut sind, lieben Sie sich selbst und tun Sie stets Ihr Bestes – dann wird in Ihrem Leben kein Platz für Schuldgefühle sein.

• • •

# UNTERSCHIEDLICHE METHODEN VORANZUKOMMEN

## UNSER LEBEN GLEICHT EINER BOOTSFAHRT

Jeder ist auf seiner Lebensreise unterwegs wie in einem Boot. Jeder von uns bewohnt einen menschlichen Körper. Er ist das Vehikel, mit dem wir uns durchs Leben manövrieren. Wir bestehen alle aus Muskeln, Blut und Knochen und haben ein Gehirn, ein Herz und zwei Lungen, die uns am Leben erhalten. Unsere Paddel (also die Mittel, die wir einsetzen, um voranzukommen) unterscheiden sich ebenso wie die Wasserwege, auf denen wir uns fortbewegen.

Manche Menschen bedienen sich ihrer Intelligenz, um dort hinzukommen, wo sie hin wollen. Manche verlassen sich auf ihr Lächeln. Andere setzen ihre Freundlichkeit, ihr Sprachtalent oder ihre sportlichen Fähigkeiten ein. Viele dieser Eigenschaften sind angeboren, andere sind erlernte Fähigkeiten.

Es kann sehr erhellend sein, diese Metapher auf Ihr eigenes Leben anzuwenden. Welche Mittel setzen Sie ein, um auf Ihrer Lebensreise von A nach B zu gelangen? Wahrscheinlich haben Sie und die Menschen in Ihrem Umfeld im Laufe des Lebens viele unterschiedliche Mittel eingesetzt, um ein Ziel zu erreichen. Genau wie beim Rudern oder Paddeln ist das Entscheidende, die Balance zu halten. Wenn Sie sich zu sehr auf eine bestimmte Methode verlassen, um Türen zu öffnen, wie etwa Ihr angenehmes Äußeres, dann kann diese Einseitigkeit Sie irgendwann aus dem Gleichgewicht bringen. Und wenn Sie diese eine Eigenschaft verlieren, dann stehen Sie ganz ohne Paddel da. Sie sollten also möglichst unterschiedliche Fähigkeiten entwickeln, um im Leben voranzukommen.

Der Lebensweg mancher Menschen ist wie ein reißender Fluss. Andere scheinen über einen großen, stillen See zu rudern. Jede(r) von uns kennt Zeiten, in denen wir uns fühlen wie in einem Sturm auf hoher See. Doch bei alledem sind wir niemals allein, auch wenn es manchmal so scheinen mag. Wo wir auch hinschauen, finden wir Inspiration – bei anderen Menschen, die unterwegs sind und in einem Boot sitzen wie wir.

Schauen Sie sich regelmäßig um nach Vorbildern, Gemeinschaft und Unterstützung.

• • •

# WIE DIE TEILE EINER BLUME

## TEIL DES GROSSEN GANZEN SEIN

Wie alle Lebewesen strebt eine Blume danach, sich fort-
zupflanzen. Ihre einzelnen Bestandteile arbeiten gemeinsam auf dieses Ziel hin, und jeder Teil spielt dabei eine
wichtige Rolle. Die zarten, leuchtenden Blüten ziehen Be-
stäuber an (Vögel und Bienen), die für die Verbreitung der
Pollen sorgen. Ihr Zentrum ist Quell und Inspiration für
die bezaubernden Blütenblätter, die ihrerseits das anziehen, was die Blume braucht, um einen Samenstand zu bil-
den und sich zu vermehren.

Wenn Sie die Möglichkeit haben, einer Sache zu dienen,
die größer ist als Sie selbst, dann sind Sie wie ein Blütenblatt an einer Blume. Sie stellen Ihre ganz persönliche
Schönheit und Ihr Charisma in den Dienst einer zentra-
lisierenden Kraft: eines Menschen mit einer Vision, einer
Gruppe von Menschen mit einem gemeinsamen Ziel oder
eines spirituellen Weges. Denken Sie darüber nach, inwieweit Sie ein Blütenblatt an der Blume Ihres Lebens sind.
Wer oder was ist das Zentrum? Welche grundlegenden
Werte sind Ihnen heilig?

Überlegen Sie auch, in welchen Situationen Sie das
Zentrum der Blume sind und eine Idee oder Eigenschaft
hervorbringen, um die andere sich gerne scharen, um sie
weiterzutragen. Um das Zentrum zu sein, brauchen Sie

Selbstvertrauen und Weitblick. Darüber hinaus müssen Sie demütig genug sein, es den »Blütenblättern« um Sie herum zu überlassen, Ihre Vision weiterzuentwickeln und sie weiter wachsen zu lassen.

Wie die Bestandteile einer Blume, so ist es unser aller Daseinszweck zusammenzuarbeiten, um Neues hervorzubringen und kreativ zu sein. Ob wir das Zentrum sind oder ein Blütenblatt, wir sollten uns bewusst machen, welche Saat wir aussäen, denn auf diese Weise gestalten wir die Zukunft mit.

Im Grunde sind wir alle Blütenblätter einer gemeinsamen Energiequelle – des Lebens. Unsere Zeit in diesem irdischen Tal ist begrenzt, doch so zerbrechlich wir auch sein mögen, von unserem unsichtbaren Quell aus greifen wir dynamisch und machtvoll aus, ziehen Energie an und stellen fruchtbare Verbindungen her, die einen Beitrag leisten zum Fortbestand des Lebens selbst.

• • •

# NICHT KLOTZEN, SONDERN KLECKERN

## DIE KLEINEN SIEGE IM LEBEN

Viele von uns lernen von Kindesbeinen an, sich hohe Ziele zu setzen und auf die Jagd nach großen Erfolgen zu gehen. Wir nehmen uns Menschen zum Vorbild, die enorme Schwierigkeiten überwunden oder riesige Imperien aufgebaut haben. Allzu selten suchen wir in unserem eigenen Leben nach Beispielen für Erfolge und vergessen, dass jede Leistung einen Augenblick des Triumphes verdient. Zu den kleinen Siegen im Leben gehören nicht nur Momente, in denen Sie innerlich einen Freudenschrei ausstoßen, sondern auch ganz einfache Dinge: etwas, das Ihnen besonders gut gelungen ist, eine beängstigende Aufgabe, die Sie zu Ende gebracht, oder eine ganz und gar nicht angenehme Situation, die Sie erfolgreich überstanden haben.

Mit kleinen Siegen können Sie sich Ihren Optimismus bezüglich der großen Erfolge erhalten. Sie können dazu beitragen, dass Sie auch dann eine positive Einstellung bewahren, wenn etwas danebengeht, denn wenn Sie sich Zeit nehmen, sie anzuerkennen, werden Ihre kleinen Siege eine bleibende Wirkung entfalten. Achten Sie darauf, dann werden Sie ständig welche sehen. Sind Sie in einer angespannten Situation ruhig geblieben? Haben Sie dem Impuls widerstanden, unnötig Geld auszugeben? Haben Sie sich Zeit für die Familie genommen? Klopfen Sie sich bei jedem kleinen Sieg auf die Schulter, und vergessen Sie ihn nicht gleich wieder. Oder schreiben Sie jeden Tag ein paar Dinge auf, die man als kleine Siege betrachten kann. Halten Sie auch Details fest, und beschreiben Sie, was Ihr Triumphgefühl ausgelöst hat.

Wenn Sie sich weigern, die kleinen Siege im Leben anzuerkennen, weil sie Ihnen unbedeutend erscheinen, dann werden Sie leicht frustriert sein. Machen Sie Ihr Glück nicht von einer Beförderung, einem neuen Auto oder dem großen Durchbruch abhängig, sondern von Ihrer Fähigkeit, die kleinen Verpflichtungen und die Höhen und Tiefen des Lebens zu meistern. So können Sie vermeiden, sich in negative Gefühle zu verstricken, und stattdessen bereits Ihren nächsten Triumph ins Visier nehmen.

• • •

# DAS LEBEN ALS ENTDECKUNGSREISE

## EINE GEBRAUCHSANWEISUNG FÜR DAS LEBEN

In manchen Phasen unseres Lebens haben wir das Gefühl, dass wir mehr darüber wissen sollten, wer wir sind oder wie wir leben sollten. Manchmal schelten wir uns auch selbst dafür, ständig die gleichen Fehler zu machen und »es einfach nicht zu kapieren« – was »es« auch sein mag. Wir fragen uns, wie unser Leben heute aussehen würde, wenn wir es doch nur »besser gewusst« hätten. In solchen Phasen sollten wir nicht vergessen, dass niemand mit einer Gebrauchsanweisung zur Welt kommt und dass Lektionen ein natürlicher Teil unserer Lebensreise sind.

Wir werden geboren, um zu beobachten, zu lernen und zu wachsen. Mit dem Erwerb der »Eintrittskarte ins Leben« ist die Garantie verbunden, dass Missgeschicke nicht ausbleiben werden. Und so ist es ganz unvermeidlich, dass wir manchmal überfordert sind, vor allem wenn eine Lektion die andere jagt. Dabei sollten wir stets im Auge behalten, dass das Bemühen, uns selbst und die Welt zu verstehen, ein Prozess ist, der nie abgeschlossen ist, der unsere ständige Mitarbeit erfordert und bei dem der Weg wichtiger ist als das Ziel.

Der Zweck jeder Lektion besteht darin, dass Sie immer mehr zu sich selbst finden. Mit dieser allmählichen Selbst-Erkenntnis wachsen Sie und erarbeiten nach und nach

Ihre *eigene* »Gebrauchsanweisung«. Es liegt bei Ihnen, das Wie und Warum zu entdecken, und es gehört zu den schönen Seiten des Lebens, dass diese Regeln sich ständig ändern.

Wenn Sie erkunden möchten, was Ihre ganz persönliche Gebrauchsanweisung bereits alles enthält, dann schreiben Sie einige wichtige Ereignisse Ihres Lebens auf, und zwar in der Reihenfolge, in der Sie sie erlebt haben. Halten Sie dabei unbedingt auch fest, was Sie jeweils daraus gelernt haben. Sie werden überrascht entdecken, wie sehr Sie jedes Mal gewachsen sind und wie sehr jede Lektion die nächste vorbereitet hat.

Vor allem jedoch sollten Sie nicht zu streng mit sich sein oder glauben, dass Sie es mittlerweile doch begriffen haben müssten. Sie verstehen immer so viel, wie Ihnen zu diesem Zeitpunkt zu verstehen bestimmt ist. Die Entfaltung Ihres Potenzials ist ein Prozess, der nach einem göttlichen Zeitplan abläuft. Sie und Ihr Leben sind wunderschöne Kunstwerke, die im Entstehen begriffen sind. Entdecken Sie sich selbst und nehmen Sie die Lektionen des Lebens an, dann wird sich Ihre Gebrauchsanweisung ganz von alleine schreiben.

• • •

# WARTEN, DASS DAS BLATT SICH WENDET

## DUNKLE VORAHNUNGEN

Viele Menschen, die in einer glücklichen Lage sind, suchen misstrauisch nach dem Haken an der Sache. Oder sie machen sich unbewusst bereits auf das Pech gefasst, das ihrer Meinung nach zwangsläufig auf Glück folgen wird. Allzu leicht verfallen wir dem Glauben, dass das Schicksal uns nur vorübergehend wohlgesonnen, unser Glück daher stets nur von kurzer Dauer ist. Aber es ist nicht gesund, nur darauf zu warten, bis das Blatt sich wendet oder uns der Boden unter den Füßen weggezogen wird. Wenn wir uns ständig auf dunkle Vorahnungen konzentrieren, macht uns das nur nervös, und das Eintreffen unserer Befürchtungen wird dadurch sogar *wahrscheinlicher*.

Solange Sie ständig auf der Hut sind und immer mit dem Schlimmsten rechnen, befinden Sie sich in einer permanenten Warteschleife. Wenn Sie sich ständig ängstlich fragen, was wohl als Nächstes kommen mag, werden Sie Schwierigkeiten haben, Glück und Erfolg zu genießen. Doch Sie können etwas gegen diese Neigung unternehmen, indem Sie sich Ihren Gefühlen stellen und herausfinden, was Sie daran hindert, optimistisch in die Zukunft zu blicken.

Die Angst, dass Glück flüchtig ist, hat ihre Wurzeln meist im Unbewussten und in negativen Erfahrungen, die zu einer pessimistischen Grundhaltung geführt haben. Oft schrecken wir davor zurück, uns auf unser Potenzial zu verlassen, oder wir haben Schuldgefühle, wenn es uns zu gut geht, weil wir glauben, wir hätten es nicht verdient, erfolgreich zu sein. Die Wahrheit ist: Wir *haben* es verdient, und es gibt überhaupt keinen Grund, warum auf eine Glückssträhne eine Pechsträhne folgen sollte.

Wenn Sie spüren, dass Sie innerlich nur darauf warten, dass das Blatt sich wendet, dann fragen Sie sich, ob tatsächlich eine hohe Wahrscheinlichkeit besteht, dass etwas Negatives geschieht, oder ob Ihr Verstand nur die Angst heraufbeschworen hat, dass Ihre glückliche Lage nicht von Dauer sein kann. Wenn Ihr Unbewusstes sagt, dass Sie so viel Glück gar nicht verdient haben, dann halten Sie dagegen – und sagen Sie sich, dass Sie ein wertvoller Mensch sind. Hängen Sie zu Hause oder im Büro einen motivierenden Text auf, oder lassen Sie sich ein positives Mantra einfallen – und konzentrieren Sie sich auf die Gegenwart. Niemand kennt die Zukunft, also geben Sie sich selbst die Erlaubnis, es zu genießen, wenn es Ihnen hier und jetzt gut geht.

Vielleicht dauert es etwas, bis Sie restlos davon überzeugt sind, dass Ihr Glück ganz in Ihren Händen liegt und dass Sie daran festhalten können, ohne sich Sorgen um die Zukunft zu machen. Sie sollten sich von Zeit zu Zeit daran erinnern, dass Sie sehr viel mehr Macht über Ihr Leben haben, als Ihnen bewusst ist. Das Blatt kann sich wenden oder nicht. Die entscheidende Voraussetzung dafür, das Gute festzuhalten und das Schlechte loszulassen, ist Ihre innere Einstellung.

• • •

# WESEN DES LICHTES

## MENSCHLICHE ENGEL

Irgendwann auf unserer Lebensreise kommt es unweigerlich zu Sternstunden, in denen jemand genau im richtigen
Augenblick in unser Leben tritt oder genau das Richtige
sagt oder tut. Seine beziehungsweise ihre Worte und Taten
können uns helfen, uns in einem klareren Licht zu sehen,
uns helfen, mit einer schwierigen Situation zurechtzukommen, und uns daran erinnern, dass alles gut werden
wird. So jemand ist ein menschlicher Engel – ein Mensch,
den das Universum dazu ausersehen hat, zu einem ganz
bestimmten Zeitpunkt jemandem zu helfen, der in Not ist.
Manche menschlichen Engel verpflichten sich vor ihrer
Geburt, in einem bestimmten Augenblick etwas Gutes zu
tun. Andere wurden vom Universum auserwählt. Allen
gemeinsam ist, dass sie dann in unser Leben treten, wenn
wir es am wenigsten erwarten und am meisten davon profitieren können.

Einige menschliche Engel, die uns begegnen, haben
einen Beruf, in dem sie tagtäglich anderen helfen, doch die
meisten sind ganz normale Menschen, die ihren täglichen
Verpflichtungen nachgehen, bis der Ruf sie erreicht, zur
rechten Zeit am rechten Ort zu sein und Frieden, Hilfe
oder Glück zu bringen oder jemanden zu heilen, wenn er
es am dringendsten nötig hat. Vielleicht haben Sie einen

menschlichen Engel in Gestalt einer Lehrerin getroffen, die Ihnen einen Rat gegeben hat, der Ihnen zu Herzen gegangen ist und Sie auf Ihrem Weg beeinflusst hat. Auch derjenige, der Sie auf der Straße gegrüßt hat, so dass Sie kurz stehen geblieben und nicht in ein heranfahrendes Auto gelaufen sind, war ein menschlicher Engel. Vielleicht war es nur ein freundliches Wort oder ein Lächeln, aber es hat Sie genau in dem Moment erreicht, als Sie aus dieser schlichten Geste am meisten Kraft und Unterstützung ziehen konnten.

Vielleicht sind Sie selbst ein menschlicher Engel, ohne dass es Ihnen bewusst ist. Vielleicht sorgt das Schicksal oder Ihre Intuition dafür, dass Sie ständig mit Menschen zusammenkommen, die in einer schwierigen oder bemitleidenswerten Lage sind, so dass Sie schon glauben, Sie hätten immer nur Pech. Doch wenn Ihnen klar wird, dass Sie ein menschlicher Engel sind, dann kommen Sie besser mit dem Leid zurecht, das Ihnen begegnet, und Sie erkennen, dass Ihre Aufgabe darin besteht, anderen in Notzeiten Trost und Hilfe zu spenden.

Menschliche Engel bringen ihr inneres Licht allen, die es brauchen. Sie treten in unser Leben und machen uns oft zu ganz anderen Menschen. Ihre Aufgabe ist nicht leicht, aber sie haben die Macht, uns etwas zu lehren, uns aufzuheitern und uns zu trösten, wenn wir der Verzweiflung nahe sind.

• • •

# GESCHÄRFTE WAHRNEHMUNG

## HOCHSENSIBLE MENSCHEN

Die Augen und Ohren mancher Menschen sind von Geburt an weit geöffnet für die Energiewellen, die überall um sie herum pulsieren. Die Reize, die sie aufgrund ihrer geschärften sinnlichen Wahrnehmung Tag für Tag verarbeiten müssen, können lustvoll, aber auch schmerzhaft sein. Überschwemmt von Chemikalien, Geräuschen, Licht, Gerüchen und positiver wie negativer gedanklicher Energie, sind diese hochsensiblen Menschen mit der Aufgabe überfordert, all die Informationen, Gefühle und Wahrnehmungen zu filtern. In großen Menschenmengen sind sie schnell erschöpft und brauchen gelegentlich Zeit für sich, um ihre Gefühle zu sortieren. Doch hochsensible Menschen sind alles andere als schwach. Sie sind starke Persönlichkeiten mit Einfühlungsvermögen, Intuition und künstlerischen Begabungen, die uns erstaunliche Erkenntnisse vermitteln können.

Hochsensible Menschen haben starke Emotionen, und da sie meist sehr empathisch sind, fühlen sie auch mit anderen in besonderer Weise mit, sogar mit Film- oder Romanfiguren. Daher haben sie ein waches Auge für die Bedürfnisse, für Freud und Leid anderer, denn sie können ihre Gefühle nicht einfach ignorieren. Wenn jemand anders beleidigt wird, dann trifft sie das genauso, als wären sie selbst beleidigt worden. Deshalb gehen sie Konflikten gerne aus dem Weg. Wenn sie sich mit negativen Gefühlen oder schwierigen Situationen auseinandersetzen müssen, reagieren hochsensible Menschen leicht ängstlich oder depressiv. Durch ihre besondere Art der Wahrnehmung haben sie häufig eine besondere Wertschätzung für die Natur, Musik, Kunst und Literatur. Viele talentierte Künstler sind sehr sensibel, demzufolge sind die meisten sehr feinfühligen Menschen in irgendeiner Weise künstlerisch begabt.

Diese Sensibilität betrifft auch die sinnliche Wahrnehmung, so dass das Nervensystem schnell überlastet ist, wenn es mit grellem Licht, großem Lärm, heftig gewürzten Speisen oder ständig wechselnden Umgebungen zurechtkommen muss. Oft reagieren solche Menschen auf verschiedene Lebensmittel, Stoffe oder Chemikalien allergisch. Am wohlsten fühlen sie sich daher in einem friedlichen, harmonischen Umfeld, in dem sie Unterstützung erfahren. Ihre stärksten Bindungen entwickeln sie nicht selten zu anderen hochsensiblen Menschen, die Verständnis haben für ihre Bedürfnisse. Um Stress zu minimieren, ist es hilfreich, einen festen Tagesrhythmus zu entwickeln, Ruhephasen einzuplanen, großen Lärm und grelles Licht zu vermeiden, zu meditieren und entspannende ätherische Öle zu benutzen. Manche hochsensible Menschen entwickeln eine Abneigung gegen ihre eigene Art der Wahrnehmung. Aber Sie sollten sich bewusst machen, dass Feinfühligkeit kein Fluch ist, sondern ein Pfad zur Weisheit. Wenn Sie Ihre Sensibilität verleugnen, dann kann Sie das sehr unglücklich machen. Wenn Sie dagegen die Vorteile nutzen, dann können Sie in sich und anderen Positives bewirken, vor allem dann, wenn Sie der unglaublichen Schönheit der Welt nachspüren und sie anderen nahebringen.

• • •

# HINDERNISSE HINTER SICH LASSEN

## NICHTS IST UNÜBERWINDLICH

Wenn wir nicht wissen, wie es weitergehen soll, dann können die Probleme, die sich vor uns auftürmen, unüberwindlich erscheinen. Doch es gibt nichts, was wir mit Hilfe von Hartnäckigkeit, konzentriertem Nachdenken, genug Zeit, Unterstützung durch andere und festem Glauben nicht überwinden könnten. Wie schwierig das Problem auch sein mag – es gibt immer eine Lösung.

Vergessen Sie auf Ihrer angestrengten Suche nach dem richtigen Vorgehen nicht, in sich hineinzuhören. Dann können Sie sich in Ihrem Zentrum erden, Ihren Kopf frei machen und erkennen, dass nichts unmöglich ist. Der erste Schritt, ein Hindernis zu überwinden, ist der *Glaube*, dass Sie es überwinden können. Wenn Sie das berücksichtigen, werden Sie die Kraft und den Mut haben, jede Krise durchzustehen. Der zweite Schritt besteht darin, den Entschluss zu fassen, dass Sie dem Chaos unter allen Umständen die Stirn bieten werden.

Greifen Sie nötigenfalls auf Ihr Netzwerk von Verwandten und Freunden zurück. Je mehr Köpfe sich über ein bestimmtes Problem Gedanken machen, desto mehr Lösungsansätze werden Sie finden. Verwerfen Sie Ideen nicht, nur weil sie Ihnen nicht praktikabel oder unrealistisch erscheinen, und suchen Sie nicht nach der Ideallösung.

Oftmals gibt es keine »perfekte« Lösung, sondern nur eine Lösung, die uns als Ausgangspunkt dienen kann, um zu überwinden, was uns am Vorankommen hindert. Manchmal ist es schon beruhigend, überhaupt eine Entscheidung zu treffen, auch wenn es gewiss nicht die Ideallösung ist. Von dieser Position aus können Sie sich dann aber den nächsten Schritt überlegen.

Wenn Sie sich vom Ausmaß der Probleme überfordert fühlen, dann denken Sie an andere Menschen, die aus der Not eine Tugend gemacht haben. Oft können wir eine ganz andere Perspektive einnehmen, wenn wir an andere denken, die noch größere Schwierigkeiten hinter sich gelassen haben. Es kann inspirierend sein, uns deren Triumphe vor Augen zu führen und daran zu denken, dass es immer ein Licht am Ende des Tunnels gibt. Manchmal müssen wir uns in unseren dunkelsten Stunden immer wieder daran erinnern, dass wir nicht hilflos sind.

In sich selbst und in Ihrem Umfeld finden sich alle Ressourcen, die Sie zur Lösung Ihrer Probleme benötigen. Und vergessen Sie nicht: Wenn sich Ihre Entscheidung als falsch herausstellt, können Sie immer noch etwas anderes ausprobieren. Glauben Sie fest daran, dass Sie mit allem fertig werden können – dann wird nichts und niemand Sie erschüttern.

• • •

# EIN BEFREIENDER ABSCHIED

## DAS BAND DURCHTRENNEN

Die Energie, die zwei Menschen in einer Beziehung ständig austauschen, kann zu einem Band werden, das beide verbindet. Diese energetische Verbindung entsteht knapp unterhalb des Brustbeins und kann noch lange intakt sein, wenn die Beziehung bereits beendet ist. Ein solches nicht durchtrenntes Band kann dazu führen, dass zwischen Ihnen und der anderen Person eine Verbindung bestehen bleibt, durch die immer noch Gefühle und Energie fließen.

Wenn Ihnen gar nicht bewusst ist, dass das Band noch existiert, kann es passieren, dass Sie die Gefühle des Anderen empfinden, sie aber irrtümlich für Ihre eigenen halten. Lassen Sie das Band intakt, kann Sie das hindern, sich tiefer auf eine andere Beziehung einzulassen. Außerdem kann es Sie mit anhaltender Traurigkeit erfüllen und ein Gefühl der Lethargie in Ihnen aufkommen lassen, weil Ihnen ständig Energie entzogen wird. Indem Sie das Band durchtrennen, können Sie seelischen Ballast abwerfen und sich von einer Beziehung frei machen, die Ihnen nicht mehr nützt.

Ungewollte Bande zu finden und abzuschneiden ist ein einfacher, sanfter Vorgang, den Sie am besten vollziehen, wenn Sie allein und entspannt sind. Wichtig ist, dass Sie fest vorhaben, das Band zwischen sich und jemand anderem zu lösen.

Atmen Sie zunächst tief ein und aus, und konzentrieren Sie sich in einer einfachen Meditation auf Ihre Mitte. Wenn Sie bereit sind, dann visualisieren oder spüren Sie die Bande, die Sie mit anderen verbinden. Entwirren Sie sie mit Hilfe Ihrer Hände, und suchen Sie dasjenige, das Sie durchtrennen möchten. Keine Angst, Sie werden es sofort spüren, wenn Sie das richtige gefunden haben. Legen Sie dann fest, an welcher Stelle Sie es durchtrennen wollen, und stellen Sie sich vor, wie das Band glatt abgeschnitten wird. Wenn Sie es alleine nicht schaffen, dann rufen Sie den Erzengel Michael mit seinem Schwert zu Hilfe. Wenn Sie das Gefühl haben, dass das durchtrennte Band Lücken in Ihrem Energiefeld hinterlassen hat, dann stellen Sie sich vor, dass diese mit heilbringenden Sonnenstrahlen wieder geschlossen werden. Manchmal können Sie mit dem Durchtrennen eines Bandes einem Mitglied Ihrer Familie oder jemandem, den Sie gern haben, die Chance bieten, in seinem oder ihrem Wachstum eine Stufe weiterzukommen. Sie beenden also nicht die Beziehung, sondern kappen ein Band, das keinem von Ihnen beiden mehr nützt. Gelegentlich lässt sich ein Band nicht durchtrennen, weil es noch einem höheren Zweck dient.

Darüber hinaus sollte Ihnen bewusst sein, dass das Durchtrennen eines Bandes kein Ersatz für die Gefühlsarbeit ist, die Sie mit ihm beziehungsweise ihr leisten müssen. Aber es kann ein Sinnbild für diese Arbeit sein, wenn sie abgeschlossen ist. Jedenfalls sollten Sie das Durchtrennen eines Beziehungsbandes immer als positiven und Kraft spendenden Akt betrachten. Indem Sie Bande durchtrennen, die Sie nicht mehr brauchen, befreien Sie sich und andere von Fesseln, die Sie nur einschränken.

• • •

# EIN MACHTVOLLER ZYKLUS

## DIE MENSTRUATION EHREN

Als die Menschheit sich vor Urzeiten zu einer patriarchalischen Gesellschaft zu entwickeln begann, ging Frauen nach und nach das Bewusstsein für ein wunderbares Geschenk verloren. Ursprünglich galt die Menstruation als übernatürliches kosmisches Ereignis, durch das die Frauen einen engen Kontakt zur spirituellen Welt bekommen. Die Menschen waren überzeugt, dass Frauen während der Menstruation im Zenit ihrer Kräfte stehen, und deshalb wurden sie ermutigt, besonders in dieser Zeit in sich hineinzuhorchen, der femininen Weisheit zu lauschen, die ihnen vermittelt wird. In ihren Menses (Monatsblutungen), hieß es, liege *Mana*, der »Lebensatem«, der für den fruchtbaren Boden eine Quelle von Nährstoffen ist.

So wie die Götter, so gerieten auch die geheimnisvollen Verbindungen zwischen dem Zyklus der Frau, des Mondes und dem der Gezeiten in Vergessenheit. Während ihrer Menstruation wurden die Frauen gedrängt, sich von anderen Personen fernzuhalten, damit sie diese nicht etwa mit ihrer Unreinlichkeit ansteckten – und die in der Menstruation steckende Weisheit wurde unterdrückt. Gegen die heute vorherrschenden Schamgefühle wendet sich eine starke Bewegung, die der Menstruation wieder zu ihrem Recht verhelfen will, so dass sie nicht mehr als Fluch betrachtet wird, sondern als ein großer Segen.

Für viele Frauen ist die Menstruation eine Zeit gesteigerter Bewusstheit, Kreativität, Spiritualität und Intuition. Das Bedürfnis, allein zu sein und sich auszuruhen, wird zu Unrecht als Zeichen von Schwäche betrachtet. In Wirklichkeit deutet es auf ein starkes Bedürfnis hin, während dieser Tage in sich zu gehen. Sinnliche Wahrnehmung und Sensibilität sind geschärft, was die Frauen ermutigt, sich und anderes in Frage zu stellen. Der Tradition der amerikanischen Ureinwohner zufolge hat eine Frau während der Menstruation mehr spirituelle Kraft in sich als Männer oder Frauen zu anderen Zeiten.

Die Frauen erfahren diese Veränderungen in den einzelnen Phasen des Zyklus sehr unterschiedlich. Häufig erleben sie in der Anfangsphase der Menses eine innere Ruhe und die Sehnsucht nach Stille, während zum Ende hin eine extreme Klarheit vorherrscht. Wenn sie diese Gefühle ignorieren oder leugnen, gehen Männern wie Frauen der Kontakt zur weiblichen Kraft und das Bewusstsein für die Bedeutung der Menstruation verloren.

Vielleicht ist es ganz hilfreich zu wissen, dass es im Rahmen des Mondzyklus eine natürliche Phase des Rückzugs von den irdischen Sorgen und eine Konzentration hin auf den Wandel gibt. Frauen fühlen sich am Ende des Zyklus oft wie erneuert. Wenn Sie die Kraft für sich nutzen wollen, die in der Menstruation liegt, dann müssen Sie auf Ihre Intuition hören, auf einzigartige zeitliche Übereinstimmungen achten und im Einklang mit Ihrem Zentrum sein. Die Menstruation ist ein Geschenk des Körpers an die Erde wie auch an den Geist.

• • •

# SCHÖNHEIT IM WANDEL DER LEBENSPHASEN

## IN WÜRDE ALT WERDEN

Schönheit assoziieren wir meist mit Jugend, doch die Wahrheit ist, dass Schönheit vom Alter völlig unabhängig ist. So wie ein Laubbaum uns zu jeder Jahreszeit in seinen Bann schlägt – von seiner saftig-grünen Pracht im Sommer bis zum nackten Skelett im Winter und allen Phasen dazwischen –, sind auch Menschen in allen Lebensphasen schön.

In jungen Jahren geht es darum, so viel zu lernen und zu erfahren wie nur irgend möglich. Wir ziehen durch die Welt und saugen begierig Eindrücke und die Gedanken anderer Menschen auf wie Schwämme. Wir erwachen zum Universum wie ein Baum in jedem Frühjahr. In dieser frühen Lebensphase helfen uns unsere Körperkraft, Unbekümmertheit und Schönheit, Türen zu öffnen und Aufmerksamkeit zu erregen.

Nach und nach formen wir aus den Informationen, die wir gesammelt haben, eigene Ideen und Ansichten. Wir entwickeln unsere persönliche Lebensphilosophie, und unsere Schönheit liegt zusehends nicht nur in unserem Äußeren, sondern in dem, was wir sagen, tun und erschaffen. Wir blühen auf und sind ausdrucksstark, stattlich und produktiv wie ein Baum im Sommer.

Wenn die Zeit gekommen ist, das Werk unserer Lebens-
mitte loszulassen, gleichen wir einem Baum, der im Herbst
seine Blätter fallen lässt. Wir trennen uns von alten Bindungen und bereiten uns auf eine neue Wachstumsphase
vor. Die Kinder ziehen aus, und unsere Karriere geht zu
Ende oder verlagert sich auf ein anderes Feld. Graue Haare
und Falten im Gesicht legen Zeugnis ab von der Fülle unserer Erfahrungen.

Im Winter unseres Lebens sind wir wie ein Baum auf
das Grundgerüst unseres Wesens reduziert. Es kann sein,
dass wir in dieser Phase mehr Ausstrahlung denn je haben, weil im Laufe der Zeit unser inneres Licht immer deutlicher aus unseren Augen leuchtet. In diesem Alter hat unsere Attraktivität ihren Ursprung direkt im Kern unseres
Wesens – in dem, was uns ausmacht. Wir müssen also keine Angst haben vor dem Älterwerden, denn es gibt eine
Schönheit, die erst zum Vorschein kommt, wenn man viele
Jahre auf der Erde gelebt hat.

• • •

# LEBENSÜBERGÄNGE WÜRDIGEN

## BLESSINGWAY

Die »Segnung der Mutter« ist ein Ritual, das vom sogenannten *Blessingway* abgeleitet ist, einer Tradition der Navajo-Indianer, und das bei den westlichen Feiern rund um die Geburt eine Lücke füllen soll. Während bei einer Babyparty in Anlehnung an die in Amerika beliebte *baby shower* die Geburt des Kindes gefeiert wird, rückt die Segnung der Mutter den Übergang von der Frau zur Mutter in den Blickpunkt. Die Freundinnen – und manchmal auch die Freunde – der Mutter kommen zusammen, um ihr auf dem Weg zu einer der intensivsten Erfahrungen ihres Lebens beizustehen. Eine wunderbare Idee ist auch eine Segnung des Vaters, vor allem in einer Zeit, in der Väter sich leicht etwas außen vor fühlen.

Eine *Blessingway*-Zeremonie kann man zu Ehren jedes Menschen abhalten, der vor dem Übergang in eine neue Lebensphase steht. Wichtige Lebensübergänge sollten gebührlich begangen werden, ob es nun der Schulabschluss oder der 50. Geburtstag ist. Viele unserer traditionellen Möglichkeiten, diese Übergänge zu feiern, fühlen sich mittlerweile hohl an und sind zumeist vom Konsumdenken geprägt. Bei einem *Blessingway* geht es weniger um Geschenke als um ermutigende und inspirierende Worte, die von Herzen kommen und den Ehrengast in einer wichtigen Übergangsphase begleiten und tragen sollen.

Oft bringt jede Teilnehmerin an der Segnung der Mutter als Geschenk eine Perle mit, aus denen eine Hals- oder Armkette für sie geflochten wird. Eine nach der anderen gibt der Mutter ihre Perle und wünscht ihr etwas für ihre Reise – zum Beispiel Kraft, Mut oder Sinn für Humor. Man kann seine Perle auch zu Ehren einer Eigenschaft schenken, die die Mutter bereits besitzt und von der man glaubt, dass sie ihr helfen wird, eine gute Mutter zu werden. Somit hat sie nach dem Ritual einen magischen Talisman, in dem die Liebesenergie ihres ganzen Freundeskreises gebündelt ist. Diesen Talisman kann sie während der Wehen tragen oder über der Wiege aufhängen, als Erinnerung an die Kraft, die sie in sich trägt, und an die Liebe, die sie umgibt. Man kann die Idee auch in abgewandelter Form anwenden, wenn jemand in den Ruhestand geht, umzieht oder einen neuen Job annimmt, ja sogar bei Scheidungen.

Organisieren Sie ein *Blessingway*-Ritual, wenn jemand in Ihrem Bekanntenkreis einen wichtigen Lebensübergang vor sich hat. Oder bitten Sie jemanden, für *Sie* eines zu arrangieren. Vielleicht begründen Sie so eine wunderbare Tradition in Ihrem Freundeskreis oder Ihrer Familie.

• • •

# FALKENMEDIZIN

## ES IST ALLES EINE FRAGE DER PERSPEKTIVE

Falken können so hoch fliegen, dass sie eine Perspektive einnehmen, die sonst nur den Bewohnern himmlischer Sphären vorbehalten ist. Darum wurden sie im Laufe der Geschichte von Menschen der unterschiedlichsten Kulturen als Geistboten betrachtet, die himmlische Weisheit und den Schatz ihres großen Blickfeldes herab auf die Erde bringen.

Vom Wind getragen und von der Sonne gebadet, gemahnen uns Falken auch heute noch, das große Ganze nicht aus dem Blickwinkel zu verlieren. Wenn wir uns in den Details verzetteln, die wir unmittelbar vor Augen haben, dann erinnert ein Falke uns daran, dass wir Teil eines größeren Planes sind und dass alles sich wunderbar zusammenfügt. Haben wir diese erweiterte Geisteshaltung einmal angenommen, dann können wir uns ihren Ruf als Visionäre zunutze machen und uns mit Hilfe ihrer guten Augen auf genau den Punkt konzentrieren, auf den es jetzt wirklich ankommt. Falken lehren uns, wie wir unsere persönlichen Visionen interpretieren und sie dann in die Tat umsetzen können, indem wir uns inspirieren lassen und uns ganz auf das Ziel konzentrieren.

Unsere Vorfahren glaubten, dass diese Greifvögel direkt in die Sonne schauen und Dinge sehen können, die uns allen verborgen sind. Wenn wir uns auf unsere spirituellen Visionen besinnen, dann können auch wir tief in das innere Licht blicken, das uns leitet, und deutlich sehen, was wir nur erkennen können, wenn wir uns wirklich darum bemühen: unsere ganz persönliche Wahrheit, die in uns leuchtet. Mit diesem Wissen können auch wir uns vom Wind des Schicksals tragen lassen wie ein Falke und eins werden mit dem Energiefluss. Die alten Ägypter haben sich davon inspirieren lassen und den Falken als Hieroglyphe für den Wind benutzt.

Die Fähigkeit der Falken, auf der Erde zu leben und sich regelmäßig in die Lüfte aufzuschwingen, ist für uns alle eine Mahnung. Ihre Kraft und ihr Überleben beruhen darauf, regelmäßig mit dem Geist zu kommunizieren und die so gewonnenen Einsichten mit in ihr irdisches Leben zu nehmen. In den Sphären der Himmelskörper zu schweben – der Sonne, der Sterne und des Windes, der die Wolken vor sich hertreibt – ermutigt uns, eine erhöhte Perspektive einzunehmen, die uns inspiriert, stark, sicher und anmutig durchs Leben zu gleiten.

• • •

# DIE ZWIEBEL SCHÄLEN

## BARRIEREN DURCHBRECHEN

Die menschliche Psyche ist nahezu unendlich komplex und besteht aus zahllosen Schichten von Gedanken, Erfahrungen und Gefühlen, von Ängsten, Vorlieben und Zielen. Wer zum eigentlichen Kern seines Wesens vordringen oder die Angst vor etwas überwinden möchte, wird feststellen, dass der Weg aus vielen kleinen Schritten besteht. Wenn wir den Blick nach innen richten, sehen wir uns zunächst als Einheit, doch in Wirklichkeit sehen wir nur die Oberfläche. Wenn wir hinter diese Oberfläche schauen, sehen wir wie bei einer Zwiebel die nächste Schicht und dahinter wiederum die nächste.

Diese Schichten sind wie Barrieren, und es gibt sie in jedem von uns. Kaum haben Sie eine Angst überwunden, sind Sie mit einer anderen, tiefer sitzenden Angst konfrontiert. Kaum haben Sie eine Offenbarung ganz akzeptiert, da entdecken Sie neue Aspekte, die Ihnen bisher gar nicht aufgefallen waren. Niemand weiß, wie viele Schichten Sie überwinden müssen, bis Sie zu einer Lösung kommen. Das ist die Reise – das ist das Leben.

Aber die Reise ins Zentrum der Zwiebel – was im Sanskrit *sunyata* (Leere) genannt wird, im Chinesischen *mu* (Nichts) – kann für sich genommen eine lehrreiche Reise sein. Indem Sie eine Barriere nach der anderen durchbrechen, gewinnen Sie ein tieferes Verständnis Ihres Selbst und erfassen einzigartige Facetten dessen, was Ihre Persönlichkeit ausmacht. Sie werden Ihre Bedürfnisse und Wünsche, Ihre Reaktionen und Aversionen ebenso gründlich kennenlernen wie Freude und Schmerz. Sie werden Eigenschaften an sich entdecken, die im Laufe der Jahre durch Kränkungen verschüttet wurden.

Dabei sammeln Sie stetig mehr Wissen an. Wenn Sie eine Barriere durchbrochen haben und sich der nächsten – meist noch massiveren – zuwenden, dann können Sie auf das Wissen über sich selbst zurückgreifen, das Sie auf Ihrer Suche angehäuft haben.

Vielleicht sind Sie beim »Schälen der Zwiebel« frustriert, weil Sie den Eindruck haben, dass Sie kaum oder gar keine Fortschritte machen. Aber lassen Sie sich von der Vielzahl der Schichten nicht einschüchtern. Viele Eigenschaften, die Sie zu dem machen, was Sie sind, werden Ihnen zunächst verborgen bleiben. Der Prozess ist letztlich endlos, denn Selbsterkenntnis bedeutet Wachstum, und Wachstum führt zu mehr Selbsterkenntnis. Je mehr Sie über sich erfahren, desto mehr werden Sie auf dieser Reise unweigerlich lernen – auf einer Reise, die Sie tiefer und tiefer zu Ihrer eigenen Seele führt.

• • •

# DIE WELT, IN STRAHLENDES LICHT GETAUCHT

## DANKBARKEIT

Jeder Tag ist ein Segen, und in jedem Augenblick gibt es vieles, wofür wir dankbar sein können. Wenn wir im Gefühl der Dankbarkeit leben, dann öffnet sich uns die Welt. Dankbarkeit hat letztlich einen Schneeballeffekt. Wenn wir dankbar sind und das zum Ausdruck bringen, dann leuchtet das Universum noch ein wenig heller und überschüttet uns mit noch mehr Segnungen.

Es gibt immer etwas, wofür wir dankbar sein können, selbst wenn uns das Leben hart erscheint. In beschwerlichen Zeiten, sei es, dass wir einen schlechten Tag haben oder in scheinbar endloser Routine gefangen sind, ist es manchmal nicht leicht, sich die Zeit zu nehmen, dankbar zu sein. Dabei ist es in diesen Zeiten besonders wichtig. Wenn wir uns in schwierigen Phasen unser Leben anschauen und etwas entdecken können, wofür wir dankbar sein sollten, ist unsere Wirklichkeit im Nu wie verwandelt. Das Leben ist voller Segnungen, aber wenn wir uns nur auf das Negative konzentrieren, kann es leicht passieren, dass wir den Reichtum unseres Lebens übersehen. Wenn wir dagegen beschließen, uns auf die Suche nach Dingen zu machen, die wir wertschätzen und die es in unserem Leben bereits gibt, dann sehen wir die Welt mit anderen Augen. Kaum fällt uns eine Segnung auf, da sehen wir noch eine und noch eine.

Wenn wir uns entscheiden, permanent dankbar zu sein, dann erkennen wir, dass jeder Atemzug ein Wunder ist und jedes Lächeln ein Geschenk. Allmählich verstehen wir, dass auch Schwierigkeiten Lektionen von unschätzbarem Wert sind. Wenn wir voller Dankbarkeit sind, dann scheint immer die Sonne für uns, selbst wenn sie an einem regnerischen Tag hinter Wolken verborgen ist. Aus einem einfachen Käsebrot wird ein Festmahl und aus einem Schmuckstück ein Schatz.

Wenn wir das Leben wertschätzen, dann können wir unseren Reichtum mit anderen teilen, denn er ist die Energie, die wir ausstrahlen. Da die Welt ein Spiegel dessen ist, was wir verkörpern, fließt uns unweigerlich noch mehr Reichtum zu, so dass wir noch mehr Grund haben, dankbar zu sein. Das Universum möchte uns mit Segnungen überschütten. Je mehr wir das Leben schätzen, desto mehr schätzt das Leben *uns* und lässt uns noch mehr Güte zuteilwerden.

• • •

# FÜR ABWECHSLUNG SORGEN

## JEDEN TAG ETWAS NEUES AUSPROBIEREN

Veränderungen sind etwas Positives. Sie ermöglichen uns zu wachsen, ermutigen uns, Neues zu erleben und neue Menschen kennenzulernen, und sorgen letztlich dafür, dass unser Leben nicht alltäglich wird.

Viele Menschen sträuben sich gegen Veränderungen und ziehen es vor, wenn ein Tag dem anderen gleicht. Es gibt sogar Menschen, die unglücklich sind und trotzdem zögern, Veränderungen zuzulassen. Manche schließlich haben einfach *Angst* vor Veränderungen.

Doch Veränderungen gehören zum Leben nun einmal dazu, ob es uns gefällt oder nicht. Wie Buddha einst sagte: »Veränderung ist das Einzige, was überdauert.« Unsere Einstellung zu »Veränderungen« zu ändern kann unser Leben außerordentlich bereichern, uns neue Möglichkeiten eröffnen und uns zu offeneren, interessanteren und positiveren Menschen machen.

Wenn Sie Veränderungen in Ihrem Leben akzeptieren und willkommen heißen wollen, dann gehen Sie behutsam vor und beginnen Sie mit kleinen Schritten. Hier einige Vorschläge, womit Sie anfangen könnten:

— Probieren Sie auf dem Weg zur Arbeit oder in die Schule eine neue Route, vielleicht sogar ein anderes

Verkehrsmittel aus. Nehmen Sie den Bus, versuchen Sie es mit einer Fahrgemeinschaft, fahren Sie Rad, oder gehen Sie wenn möglich zu Fuß.

– Probieren Sie neue Lebensmittel. Sie könnten jeden Tag etwas anderes ausprobieren – ein exotisches Gericht, eine Sorte Obst oder ein Getränk, das Sie noch nicht kennen.

– Bemühen Sie sich, jeden Tag mit jemandem zu sprechen, den Sie nicht kennen, und sei es nur ein kurzer Gruß.

– Stellen Sie die Möbel um.

– Machen Sie einen Kurs über etwas, worüber Sie nichts wissen – zum Beispiel über die Kultur Südamerikas, über Butoh-Tänze oder Buchbinden.

– Probieren Sie eine neue Frisur aus. Lassen Sie sich die Haare glätten oder eine Dauerwelle machen, oder ziehen Sie den Scheitel einmal anders.

– Verzichten Sie einen Tag lang auf Fernsehen.

– Wenn Sie jeden Morgen Kaffee trinken, versuchen Sie es mal mit Tee, Kakao, Saft oder heißem Wasser.

– Kaufen Sie in einem anderen Supermarkt ein.

– Wenn Sie normalerweise duschen, nehmen Sie mal ein Bad (oder umgekehrt).

Wenn Sie mit kleinen Schritten für mehr Abwechslung in Ihrem Leben sorgen, dann entscheiden Sie sich, selbst aktiv zu werden, und damit signalisieren Sie dem Universum, dass Sie für Neues offen sind. Was werden Sie heute anders machen?

• • •

# EINFACHE LÖSUNGEN FINDEN

## »SIMPLICITY CIRCLES«

Kaum jemand möchte eine Chance verpassen, mehr Freizeit zu haben, weniger hektisch zu leben und eine Beziehung zu Mutter Erde zu knüpfen. Doch der Weg dorthin erscheint steinig. Erfolg wird in unserer Gesellschaft gleichgesetzt mit Geld, Prestige und der Anhäufung von Besitz. Aber überall auf der Welt stellen Menschen diese Definition von Erfolg in Frage. Sie suchen nach Möglichkeiten, Zeit und Geld zu sparen, mit weniger auszukommen, die Natur zu schützen und das Gefühl zu haben, eine erfüllende Rolle im Universum zu spielen.

Diese Leute fühlen sich von der »*Voluntary Simplicity*«-Bewegung angezogen, die freiwillig auf Schlichtheit setzt, weil sie auf der Suche nach einem neuen Zugang zum Leben sind, aber auf dieser Suche nicht allein sein wollen. Es geht um Freundschaft, gegenseitige Hilfe, Inspiration, intellektuelle Anregung und persönliche Weiterentwicklung – in einem *Simplicity Circle* kommen Menschen zusammen, die auf der Suche nach dem »guten Leben« sind.

*Simplicity Circles* stehen für eine besondere Art des bewussten Lernens, die Menschen hilft, der Diktatur des Kommerz mit seinem übersteigerten Konsum- und Konkurrenzdenken abzuschwören und sich stattdessen Dingen wie Kreativität, Gemeinschaft und Harmonie mit der Erde zuzuwenden. Die Mitglieder diskutieren über Formen des einfachen Lebens und reflektieren dabei ihre eigenen Erfahrungen ebenso wie die von anderen. Dadurch können sie sich bewusst entscheiden, was sie einkaufen, wie und wo sie arbeiten wollen und wie sie der Hektik entfliehen und das Leben mehr genießen können.

Doch die Teilnahme bei *Simplicity Circles* ist weit mehr als eine Lernerfahrung – die Diskussionen gehen oft über das zentrale Thema der Ablehnung der Konsumkultur hinaus. Treffen dieser Art sind zutiefst befriedigend, weil jeder wegen seiner Persönlichkeit und seines Charakters mit Herze und Seele anerkannt und akzeptiert wird – und nicht wegen dem, was gesellschaftlich als »Erfolg« gilt.

Die Teilnehmer an *Simplicity Circles* haben ganz unterschiedliche Beweggründe. Manche sind auf der Suche nach einem tieferen Sinn in ihrem Leben. Andere stellen den egoistischen und rücksichtslosen Umgang der Menschheit mit der Natur in Frage. Viele sind auf der Suche nach Gleichgesinnten, die sich für einen ähnlichen Lebensstil entschieden haben. Letztlich ist das Ziel jedes *Simplicity Circle*, sich bewusst zu machen, dass alle Lebewesen voneinander abhängig sind. Wenn Sie mitmachen, kann das sehr motivierend sein und Ihnen helfen, in Harmonie mit sich selbst, mit anderen und mit Mutter Erde zu leben.

• • •

# ENTWICKLUNG OHNE HINDERNISSE

## HÖREN SIE AUF, SICH SELBST IM WEG ZU STEHEN

Wenn wir vor Hindernissen stehen, die uns scheinbar abhalten, unsere Ziele zu erreichen, dann ist das Wichtigste, dass wir uns nicht entmutigen lassen. Oft haben wir das Gefühl, dass wir in eine Sackgasse geraten sind oder dass die Umstände uns daran hindern, das zu bekommen, was wir wollen. Der einfache Weg besteht darin, alles und jeden in unserem Umfeld für unsere Probleme verantwortlich zu machen – aber manchmal täten wir besser daran, in *uns selbst* nach dem Rechten zu sehen.

Wir Menschen haben ein erstaunliches Talent, uns selbst im Weg zu stehen, ohne dass uns das überhaupt bewusst wird. Es gibt viele Gründe, unsere eigenen Anstrengungen zu sabotieren, obwohl wir uns doch eigentlich wünschen, Erfolg zu haben. Vielleicht haben wir Angst davor, erfolgreich zu sein, und sorgen deshalb unbewusst dafür, dass wir aus der Sackgasse nicht herauskommen. Oder wir blockieren uns dadurch, dass wir es uns selbst schwerer machen als nötig. Vielleicht packen wir unsere Ziele auch auf die immer gleiche Weise an und produzieren so die immer gleichen Misserfolge.

Wenn Sie das Gefühl haben, dass Sie sich bis jetzt selbst im Weg gestanden haben, dann nehmen Sie ein Blatt Papier zur Hand und schreiben Sie auf, wie Sie das angestellt haben. Notieren Sie, mit welchen Entscheidungen Sie Ihre Anstrengungen zunichtegemacht und welche Ängste Sie zu diesen Entscheidungen veranlasst haben könnten. Achten Sie dabei auf Ihre Gedanken und Gefühle. Es ist bei diesem Prozess wichtig, dass Sie nachsichtig und behutsam mit sich umgehen. Versuchen Sie die Schuld dafür, dass Sie sich das Leben schwergemacht haben, nicht bei sich selbst zu suchen. Denken Sie daran, dass irgendwann der Zeitpunkt gekommen ist, Entscheidungen zu revidieren, die Ihnen nur Nachteile eingebracht haben.

Wenn Sie fertig sind, dann werfen Sie das Papier weg und nehmen Sie sich fest vor, von nun an jedes selbst geschaffene Hindernis aus dem Weg zu räumen. Jetzt haben Sie die Chance, ganz neu anzufangen. Zweifel und Ängste sind dabei normal, doch mit diesem neuen Bewusstsein sollten Sie sich ab jetzt nicht mehr unbewusst Steine in den Weg legen. Und da Sie schon beschlossen haben, sich nicht mehr länger im Weg zu stehen, kann ab jetzt jener Teil von Ihnen die Oberhand gewinnen, der schon immer erfolgreich sein wollte.

•••

# SICH BEREITWILLIG BESCHENKEN LASSEN

## KOMPLIMENTE ANNEHMEN

Viele von uns finden es einfacher, Kritik einzustecken, als ein Kompliment entgegenzunehmen. Lassen Sie uns ab heute, ab sofort damit beginnen, bewundernde Äußerungen ebenso freudig anzunehmen wie ein Geschenk. Ein aufrichtiges Kompliment *ist* ein Geschenk – jemand zollt uns Anerkennung für eine kluge Entscheidung, eine herausragende Leistung oder vielleicht einfach nur für unsere strahlende Erscheinung. Es gibt nicht den geringsten Grund, ein Geschenk in Form netter Worte nicht in Empfang zu nehmen, doch manche von uns werten sie ab oder suchen sogar nach Gründen, wieso sie nicht zutreffen.

Wenn wir uns die Energie eines Komplimentes einmal bildlich vorstellen, so sehen wir ein schönes, strahlendes, positives Licht, das der Schenkende aussendet – ein Licht, das unser persönliches Energiefeld aufleuchten ließe, wenn wir es unbefangen und freudig annehmen würden. Unsere Dankbarkeit fließt wiederum an den Gebenden zurück und lässt es ihm warm ums Herz werden, und so schließt sich ein harmonischer Kreis positiver Gefühle. Weisen wir jedoch ein Kompliment zurück, so wird aus dieser wundervollen Wechselbeziehung eine unangenehme und peinliche Situation und letztendlich eine negative Erfahrung. Falsch verstandene Bescheidenheit kann die Freude an einer solchen Verbindung zweier Menschen zunichtemachen. Dabei ist es so einfach, in aller Bescheidenheit Bewunderung anzunehmen, indem man schlicht »Danke« sagt.

Wenn Sie Komplimente jedoch zurückweisen, weil es Ihnen an Selbstwertgefühl mangelt, sollten Sie im ersten Schritt damit beginnen, Positives an sich selbst zu entdecken. Versuchen Sie es einmal mit Eigenlob vor dem Spiegel. Auch wenn Sie sich am Anfang ziemlich albern dabei vorkommen, so werden Sie doch bald merken, wie gut es tut und dass Sie unwillkürlich zu lächeln beginnen. Als Nächstes müssten Sie ausprobieren, wie es ist, anderen Komplimente zu machen. Achten Sie darauf, was für ein gutes Gefühl es ist, ein Lächeln auf das Gesicht Ihres Gegenübers zu zaubern, und wie anders Ihre Reaktion ausfällt, wenn Ihre Gabe zurückgewiesen wird. Jetzt, da Sie beide Seiten kennen, werden Sie bereit sein, gerne und mit Überzeugung mitzumachen.

Wir selbst sind unsere schärfsten Kritiker. Wenn wir ein Kompliment annehmen, erinnert uns das auch daran, dass andere uns mit ihren Augen sehen. Alle Lebewesen sehnen sich nach positiver Zuwendung, und wir alle verdienen es, dass uns aufbauende Energie zuteilwird. Wenn wir Komplimente freudig und dankbar annehmen können, gestehen wir dies vielleicht auch anderen zu.

• • •

# WEIBLICHE WEISHEIT

## MÄDCHEN, MUTTER UND MATRONE

Das Leben einer Frau ist reich an Etappen und Meilensteinen, wunderbaren Erfahrungen wie dem Einsetzen der Fruchtbarkeit, der Mutterschaft und der Altersweisheit. Drei Archetypen stehen traditionell für die Bereicherung und den Neubeginn, den jeder dieser Lebensabschnitte darstellt: Mädchen, Mutter und Matrone.

– Die *Mädchenzeit* ist die Phase der Neuanfänge, der Jugend und Verspieltheit, der Spontaneität und des Lernens.

– Eine Frau in der Blüte ihrer Jahre lebt ganz im Zeichen der *Mutter*, die Fruchtbarkeit, Stärke und Stabilität verkörpert. Sie ist gleichermaßen zärtliche Ernährerin und Erzieherin wie kämpferische Löwin.

– Die letzte und am meisten missverstandene Phase – die in vieler Hinsicht den größten Respekt verdient – ist die Zeit als *Matrone*, in der sie die Summe der Weisheit aller Erfahrungen eines Frauenlebens verkörpert.

Das Wort »Matrone« war in früheren Zeiten ein Ausdruck von Respekt und bedeutete so viel wie »ehrwürdige Frau«.

Sie war die Stimme der Weisheit, Älteste, Heilerin, Ratgeberin und Lehrerin, die bereits die Pfade der Mädchen- und Mutterzeit hinter sich gelassen hatte und über den gesamten Erfahrungsschatz der Jugend, des Erwachsenenlebens und des Alters verfügte. Sie verkörperte Reife in Vollendung und ein Wissen, das nur jemand erlangen kann, der ein erfülltes Leben gelebt hat. Der Übergang in diese Lebensphase war eine wertvolle Erfahrung, die Souveränität verlieh, und ein wichtiger Ritus, auch wenn er nicht an ein bestimmtes Alter gebunden war.

Selbst wenn heute der Jugendwahn zu regieren scheint, beanspruchen Frauen inzwischen wieder jenen Status für sich, der einst mit dem Alter verknüpft war, denn sie erleben ihre eigene Entwicklung sehr bewusst und verhalten sich entsprechend. Indem sie der Matrone wieder die Bedeutung geben, die sie ursprünglich einmal innehatte, erhalten auch die außerordentliche Weisheit, Anmut, Würde und Schönheit, die mit der Zeit der Reife einhergehen, ihren Stellenwert zurück.

Wenn Sie Ihr Älterwerden in diesem Sinne annehmen, sollten Sie sich der Tatsache bewusst sein, dass Alter, Erfahrung, Wissen und Macht grundlegende Gaben sind, die Ihnen niemand nehmen kann. Jeder Lebensabschnitt gehört Ihnen ganz persönlich, sonst niemandem, und sollte als elementarer Teil des Lebensweges begrüßt werden. Wenn Sie jede einzelne Phase liebevoll durchleben, bis Sie schließlich den ganz besonderen Lebensabschnitt des Alters erreichen, werden Sie Schritt für Schritt eingeweiht werden, bis Sie am Ende den Schlüssel zu allen Mysterien des Lebens in Ihren Händen halten.

• • •

# GELERNTES VERINNERLICHEN

## SPIRITUELLE HOCHEBENEN

Im Laufe unserer spirituellen Entwicklung ist es ganz normal, dass sich Zeiten der Aktivität und des Wachstums mit relativ ruhigen Phasen abwechseln. Manchmal müssen wir zur Ruhe kommen, um eine neue Sicht der Welt oder von uns selbst zu verinnerlichen. Wir brauchen Zeit, um neue Erkenntnisse zu verarbeiten und alte Verhaltensmuster und Gewohnheiten abzulegen. Solche Phasen dienen dazu, unser inneres Wachstum zu festigen. Auch wenn es nach außen hin so scheint, als geschehe nichts, kann es sich um eine notwendige Auszeit handeln, in der wir zur Ruhe kommen und uns neu orientieren.

Manchmal jedoch kann langsame oder *keine* Weiterentwicklung auch Stagnation bedeuten. Vielleicht wollen wir die Dinge lieber so lassen, wie sie sind, und haben Angst vor Veränderung. Doch das Leben besteht aus Veränderungen, und wenn wir uns dagegen sperren, verlieren wir unsere Balance und stehen unversehens außerhalb der Harmonie des Seins. Eine Hochebene ist zwar ein guter Ort, um eine Positionsbestimmung vorzunehmen, um zu sehen, woher wir kommen und was unser nächstes Ziel sein wird, aber wir brauchen auch keine Angst zu haben, sie hinter uns zu lassen und die nächsthöhere Ebene in Angriff zu nehmen.

Ein ZEN-Spruch lautet: »Arbeite an dir, als würdest du über glühende Kohlen laufen.« Damit soll das Bewusstsein dafür geschärft werden, dass jede Abweichung vom spirituellen Weg verlorene Zeit ist. Das heißt nicht, dass man nicht stehen bleiben und eine Pause einlegen dürfte. Es ist keine Aufforderung, sich zu überanstrengen oder zu überfordern. Man sollte es einfach als persönliche Herausforderung ansehen, im Leben stets hellwach und jeden Augenblick voll da zu sein. Machen Sie fürs Erste eine Pause, wenn Ihnen danach ist. Wenn Sie jedoch stagnieren – abstumpfen, Realitätsflucht begehen oder es Ihnen an Bewusstheit mangelt –, so müssen Sie sich das auch eingestehen.

Stagnation macht sich oft dann breit, wenn gerade ein entscheidender Durchbruch bevorsteht. Sie kann Ausdruck von Furcht sein – eine letzte Bastion Ihres ängstlichen kleinen Ichs als Schutz vor einer lebensverändernden Erkenntnis. Manchmal ist es hilfreich, der Stagnation auf den Grund zu gehen, um sie überwinden zu können. Seien Sie nachsichtig mit sich, wenn Sie daran arbeiten, die Hindernisse für Ihren Fortschritt aus dem Weg zu räumen. Mit etwas Ausdauer werden Sie bald auf dem Weg zum nächsten Gipfel sein.

• • •

# WARNSIGNALE

## ACHTEN SIE AUF ALARMZEICHEN

Das Universum möchte nicht nur unsere Bedürfnisse befriedigen, sondern es will uns auch so gut wie möglich vor gefährlichen Situationen, zerstörerischen Beziehungen und selbst vor kleinen Unannehmlichkeiten bewahren. Sehr oft im Leben, vielleicht sogar täglich, blinken unsere psychischen Warnsignale, um uns vor möglichen Problemen oder Unfällen zu warnen. Vielleicht erkennen wir die Warnsignale nicht immer rechtzeitig, doch meistens ist es so, dass wir einfach nicht auf unsere Intuition hören, wenn sie uns sagt, dass etwas nicht stimmt.

Solche Warnsignale kommen oft in Gestalt von Gefühlen, die uns ermahnen innezuhalten, auf unsere innere Stimme zu hören und eine Angelegenheit nochmals zu überdenken. Manchmal haben wir auch ein »mulmiges« Gefühl in der Magengrube – ein eindeutiges Signal dafür, dass wir es mit einem Problem zu tun haben. Vielleicht ist uns nicht einmal klar, wovor wir gewarnt werden sollen. Wir wissen nur, dass das Universum versucht, uns in eine andere Richtung zu lenken. Also sollten wir zuhören und einen anderen Weg einschlagen.

Gelegentlich fragen wir uns vielleicht, ob wir paranoid sind oder uns Dinge bloß einbilden. Doch wenn wir rückblickend eine Situation oder Beziehung betrachten, so fällt es nicht schwer, die Bedeutung der Warnsignale genau zu verstehen. Denn meistens ist es kein Fehlalarm, sondern vielmehr die Art des Universums, uns mit Hilfe unseres angeborenen Leitsystems wissen zu lassen, dass der beste Weg für uns ein anderer ist.

Wir können versuchen, die Warnsignale zu ignorieren, und unser Unbehagen als unlogisch abtun. Doch liegt es in unserem ureigensten Interesse, auf sie zu achten. Wir können beispielsweise Menschen kennenlernen, die nach außen hin perfekt wirken. Sie sind intelligent, gut aussehend und charmant – und doch fühlen wir uns in ihrer Nähe aus unerfindlichen Gründen unwohl. Der Kontakt zu ihnen ist irgendwie schwierig und hinterlässt in uns das unbestimmte Gefühl, dass mit der Situation etwas nicht in Ordnung ist. Es müssen nicht zwangsläufig schlechte Menschen sein, doch aus irgendeinem Grund will uns das Universum von ihnen wegleiten.

Warnsignale wollen nur Ihr Bestes. Es kann nie schaden, lange genug innezuhalten, um auf sie zu achten. Passen Sie auf, wenn eines Ihren Weg kreuzt … Das Universum lässt Sie keinen Moment aus den Augen.

• • •

# GEISTIG BEWEGLICH BLEIBEN

## STELLEN SIE ALLES IN FRAGE

Viele Menschen fühlen sich bedroht, wenn sie das Gefühl haben, dass sie liebgewordene Ansichten oder ihre Sicht der Dinge in Frage stellen sollen. Aber indem wir Fragen stellen, bleiben wir fit und beweglich. Wenn man sich mit einer Sichtweise bequem einrichtet und anderen Möglichkeiten gegenüber verschließt, so führt das zu Engstirnigkeit, und es schafft eine restriktive, unangenehme Atmosphäre. Wir alle kennen Menschen, die sich bei bestimmten Themen strikt weigern, von ihrer Meinung abzurücken, und vielleicht haben wir selbst so manche »heilige Kuh«, die einen kleinen Schubs vertragen könnte. Aufgeschlossenheit bedeutet, dass wir bereit sind, alles auf den Prüfstand zu stellen, auch Dinge, die wir für selbstverständlich halten. Die Bereitschaft, auch Dinge zu hinterfragen, deren wir uns hundertprozentig sicher sind, kann uns aus der Selbstzufriedenheit reißen, unseren Verstand beleben und uns für bislang fremde Menschen und Sichtweisen aufgeschlossen machen. Allein das ist Grund genug, neugierig zu bleiben, egal, wie viel Erfahrung wir haben oder wie alt wir sind. In der ZEN-Tradition nennt man diese Aufgeschlossenheit auch »Anfänger-Geist«. Durch ihn erschließen sich Möglichkeiten, die wir vom Standpunkt der Gewissheit aus nicht einmal erahnen können.

Die Bereitschaft, Dinge zu hinterfragen, bedeutet nicht zwangsläufig, dass man an gar nichts mehr glaubt. Auch muss man nicht von morgens bis abends alles in Frage stellen, was einem begegnet. Es geht einfach nur darum, bescheiden genug zu sein, um zu erkennen, wie wenig wir doch über dieses geheimnisvolle Universum wissen, in dem wir zu Hause sind.

Nahezu jede revolutionäre Veränderung in der Geschichte der Menschheit kam zustande, weil jemand eine althergebrachte Glaubensüberzeugung oder Tradition in Frage stellte und damit eine unverbrauchte Wahrheit enthüllte, Dinge ganz anders anpackte oder neue Standards für ethisch-moralisches Verhalten setzte. Ebenso kann das Bekenntnis zu Aufgeschlossenheit und Neugierde in unserem Leben zu ganz individuellen Umwälzungen und Wahrheiten führen – die wir im Interesse unserer geistigen Weiterentwicklung hoffentlich auch wieder in Frage stellen werden.

• • •

# EINE UMARMUNG, DIE UNS ERDET

## EINEN BAUM UMARMEN

Bäume gehören zu den Lebewesen, die am meisten geben können. Ihr langsamer, gemächlicher Lebenszyklus versorgt die Welt mit sauberer Luft, ihr Wurzelwerk filtert das Wasser, und ihre majestätisch ausgebreiteten Äste spenden Schatten. Bäume sind voller pulsierender natürlicher Energie und können uns daher Frieden und Geborgenheit schenken.

Egal, welchen Baum Sie umarmen oder an welchen Stamm Sie sich anlehnen, er kann Ihren Körper erden und eine innige Nähe zur Natur herstellen, wenn Sie mit der Energie des Baumes in Verbindung treten. Der Körperkontakt mit diesem lebendigen Wesen hilft Ihnen, sich zu entspannen, Stress abzubauen und besser zu schlafen. Bäume können große Energiemengen speichern und besitzen die Fähigkeit, schädliche Energie aus Ihrem tiefsten Innern zu absorbieren. Wenn Sie ängstlich, traurig, erschöpft oder angespannt sind, dann probieren Sie es einmal aus und umarmen Sie einen Baum.

Gehen Sie dazu in den Wald, in einen Garten oder Park, und suchen Sie sich einen Baum, den Sie gerne umarmen möchten. Stellen Sie sich vor ihn hin, und schließen Sie die Augen. Entspannen Sie Ihre Sinne, indem Sie den Duft der Blätter und der Rinde einatmen. Lauschen Sie dem

Knarren der Äste. Sobald Sie zur Ruhe gekommen sind, öffnen Sie wieder die Augen, ohne den Blick auf etwas Bestimmtes zu richten, und umrunden Sie den Baumstamm. Spüren Sie seine einzigartige Energie, während seine und Ihre Aura sich begegnen.

Bitten Sie den Baum um Erlaubnis, ihn berühren zu dürfen. Wenn Sie das Gefühl haben, dass er es Ihnen gestattet, beginnen Sie damit, seine Energie einzuatmen. Legen Sie die Arme um den Stamm, und drücken Sie Ihr Gesicht an seine Rinde. Umarmen Sie den Baum, so lange Sie wollen, spüren Sie das raue Holz und die Kraft seiner Jahre. Vertrauen Sie sich entspannt dieser Stärke an, und lassen Sie sich von ihr tragen. Vielleicht können Sie sogar physisch wahrnehmen, wie zwischen Ihnen und dem Baum Energie fließt.

Sie können sich auch hinsetzen und mit dem Rücken an den Baum lehnen, wenn das für Sie bequemer ist. Oder Sie umschlingen ihn mit Armen und Beinen, entweder unten am Stamm oder indem Sie sich auf einen Ast setzen. Vergessen Sie nicht, sich anschließend bei dem Baum zu bedanken, denn mit der Umarmung schöpfen Sie aus dem reichen Quell natürlicher Energie, den er in den vielen Jahren seines Daseins auf dieser Erde in sich angesammelt hat.

• • •

# GENERATIONENFOLGE

## DURCHBRECHEN SIE DEN FAMILIENZYKLUS

Man könnte glauben, dass wir mit dem Auszug aus dem Elternhaus und den ersten Schritten ins Erwachsenenleben negative Familienmuster, die sich stets wiederholen, ein für alle Mal hinter uns gelassen haben. Doch bei genauerer Betrachtung werden wir unter Umständen feststellen, dass unsere Verhaltensweisen und Ansichten immer noch dem entsprechen, was uns als Kind von unseren Eltern, Großeltern und anderen Vorfahren mitgegeben wurde. Vielleicht führen wir unbewusst den Zyklus vorangegangener Generationen weiter, indem wir beispielsweise Angst haben, nicht genug zu bekommen, uns schwertun, Zuneigung zu zeigen, oder verschlossen sind.

Negative Verhaltensmuster müssen nicht zwangsläufig von einer Generation auf die nächste übertragen werden. Man kann es durchaus schaffen, das letzte Glied eines negativen Familienzyklus zu werden, der über Generationen hinweg floriert, sich nun jedoch erschöpft hat und keinen Schaden mehr anrichtet. Will man das Muster durchbrechen, muss man die Wertvorstellungen, von denen wir vor langer Zeit geprägt wurden, überwinden, um sie durch reine Liebe, Toleranz und bewusste Achtsamkeit zu ersetzen.

Auch wenn Sie immer mit der kumulierten Gesamtwirkung von Familienzyklen zu kämpfen hatten, in denen

235

die überkommenen Lebensweisen und der Unfrieden zum Ausdruck kamen, den ihre Vorfahren erdulden mussten – Sie können sich von ihrem Einfluss befreien. Der Wille, alte und dunkle Formen familiärer Energie abzulegen und stattdessen eine neue, von Liebe geprägte Energie weiterzutragen, kann wie eine Offenbarung sein: Vielleicht stellen Sie eines Tages einfach fest, dass manche Aspekte Ihrer Kindheit sich negativ auf Ihre Gesundheit, Ihr Glück und Ihr individuelles Entwicklungspotenzial ausgewirkt haben. Oder Ihnen wird klar, dass Sie – um uralte Muster engstirniger Ansichten, irrationalen Verhaltens und emotionaler Verkrampftheit hinter sich lassen zu können – Ihre bisherigen Werte in Frage stellen und ehrlich prüfen müssen, inwieweit die Familie Ihre Persönlichkeit geprägt hat. Nur wenn Sie verstehen, wie Familienzyklen Sie beeinflusst haben, können Sie sich davon lösen.

Wenn Sie eine wirkliche Veränderung wollen, müssen Sie diese auch zulassen. Mit Familienmustern zu brechen ist kein Akt des Ungehorsams oder Verrat. Bedingungsloses Selbstvertrauen ist sehr wichtig, um Verhaltensweisen und Ansichten zu definieren, die Ihnen helfen werden, das über Generationen hinweg tradierte Wertesystem zu überschreiben, das Ihr persönliches Potenzial bisher eingeschränkt hat. Es gibt viele Menschen auf der Welt, die negative Familienzyklen durchbrechen wollen. Sie alle sind echte Pioniere. Wenn es Ihnen gelingt, diese Muster aufzubrechen, werden Sie entdecken, dass Ihre Fähigkeit, Gefühle und Bedürfnisse auszudrücken, exponentiell wächst. Sie sind dann auf dem besten Weg hin zu größerem Wohlbefinden, das sich auch auf zukünftige Generationen positiv auswirken wird.

• • •

## VERBORGENE KLEINODE

### ERFAHRUNGEN, DIE WIR NICHT BEGREIFEN

Manchmal machen wir eine Erfahrung, die wir nicht begreifen – doch wenn wir genauer hinsehen oder lange genug warten, erschließt sich meistens der Grund dafür. Alle Ereignisse unseres Lebens führen wiederum zu weiteren Ereignissen, und alles, was sich uns im Augenblick offenbart, ist das Ergebnis vergangener Begebenheiten und Erfahrungen. Es ist nicht leicht, all die vielen Fäden zu entwirren, aus denen unsere Realität gestrickt ist. Erfahrungen, die keinen Sinn ergeben oder auf die wir gern verzichtet hätten, sind ebenso für das Gute in unserem Leben verantwortlich wie diejenigen, die wir verstehen oder als positiv verbuchen.

Daran sollten wir denken, wenn wir ziellos sind oder nicht genau wissen, was wir tun sollen. Gerade in solchen Zeiten nehmen wir oft eine neue Stelle an oder ziehen um, ohne wirklich zu wissen, ob wir das Richtige tun. Vielleicht geben wir am Ende die Stelle oder die Wohnung wieder auf, aber vorher lernen wir möglicherweise jemanden kennen, der ein guter Freund wird, oder wir machen eine Erfahrung, die uns grundlegend verändert. Wenn all die Bruchstücke unseres Lebens keinen rechten Sinn ergeben wollen, sollten wir uns darauf besinnen, dass es ein verborgenes Kleinod von einem Grund geben könnte, weshalb wir genau da stehen, wo wir stehen, und warum wir genau diese und keine andere Erfahrung machen.

Es macht richtig Spaß, mit einem derart geschärften Blick frühere Ereignisse zu betrachten und solche Kleinode zu entdecken – der furchtbare, befristete Job in einem tristen Bürogebäude, bei dem Sie der Liebe Ihres Lebens begegneten, der unausstehliche Zimmergenosse, der Ihnen ein Buch auslieh, das Ihr Leben verändern sollte, oder die Zeit in einer ungeliebten Stadt, in der Sie sich selbst besser kennenlernten. Die Erinnerung an solche vergangenen Erfahrungen kann Ihr Vertrauen in die Gegenwart wiederherstellen. Das Leben steckt voller verborgener Schätze. Die Chancen stehen gut, dass Sie jetzt gerade auf einem sitzen.

• • •

# VERBORGENE SCHÄTZE

## EINEN NEUEN BLICKWINKEL FINDEN

Das Meer kann ganz unterschiedlich aussehen, je nachdem, ob Sie am Strand stehen, hoch oben im Flugzeug darüber hinwegfliegen oder inmitten seiner Wogen schwimmen. Genauso kann ein Berg ganz verschiedene Ansichten bieten, immer in Abhängigkeit von Ihrem Standort. Jedes Lebewesen betrachtet die Welt aus seinem ganz speziellen Blickwinkel. Vielleicht schauen Sie von Ihrem Fenster aus auf einen hohen Baum, doch ein Vogel hat von seinem Nest aus Einblick in sein Blätterdach. Währenddessen ragt vor einem Käfer nur ein massiver und scheinbar endloser Stamm in die Höhe. Und doch sehen alle drei denselben Baum.

So wie ein Schatten von einer Position aus verdeckt, von einer anderen Position aus dagegen leicht erkennbar sein kann, so kann es auch passieren, dass einem ein fantastischer Anblick entgeht – es sei denn, Sie sind gewillt, die Dinge vor Ihrer Nase einmal mit anderen Augen zu betrachten. Die Welt aus einer anderen Perspektive zu sehen, im konkreten wie im übertragenen Sinn, kann Ihnen Zugang zu allen möglichen verborgenen Schätzen verschaffen und ist oft der Auftakt einer wahren Entdeckungsreise. Ein Beispiel ist die übliche menschliche Reaktion auf Spinnentiere. Eine Spinne, die in einer dunklen

Ecke ihr Netz spinnt, mag düster, furchterregend und geheimnisvoll wirken. Doch aus der Nähe betrachtet kann sie wie ein schillerndes Juwel aussehen, wenn sie ihre silbernen Fäden zwischen den Zweigen eines Baumes webt.

Manchmal machen wir im Laufe des Lebens Erfahrungen, die uns verwirrend, beängstigend oder besorgniserregend erscheinen. Und manche Ereignisse wirken von Ihrem aktuellen Standpunkt aus vielleicht völlig unbedeutend. Versuchen Sie doch einmal, sich die Dinge aus einem anderen Blickwinkel heraus anzuschauen. Stecken Sie Ihre Nase tief ins Gras, und betrachten Sie die Welt aus der Froschperspektive. Entdecken Sie Ihre Umgebung mit den Augen eines Kindes. Fliegen Sie in einem kleinen Flugzeug mit, und erleben Sie die Welt aus der Vogelperspektive. Manchmal hilft es bei der Suche nach einem verlorenen Wertgegenstand, wenn man sich hinkniet. Genauso kann etwas, was Sie betrachten, sich zu einem Panorama erweitern, wenn Sie einen kleinen Schritt zurücktreten. Probieren Sie es aus. Es werden sich ganz neue Welten vor Ihnen auftun.

· · ·

# GESTALTEN SIE IHRE REALITÄT

## KREATIVE VISUALISIERUNGSTECHNIKEN

Spitzensportler tun es, Manager tun es, und auch Kinder tun es, ohne zu wissen, welche Kraft dahintersteckt. Man nennt es *Visualisierung*, und die Idee ist ganz einfach: Mit Hilfe Ihrer Vorstellungskraft können Sie Ihre Realität bereichern oder verändern. Vermutlich praktizieren Sie schon längst Visualisierung in irgendeiner Form, ohne dass es Ihnen bewusst ist. Die Realität passt sich den Vorstellungen an, und meist ist der Übergang so fließend, dass er einem selbstverständlich vorkommt.

Von der Technik, sich einen perfekten Golfschlag erst vorzustellen, bevor man ihn ausführt, ist es nur ein Schritt dahin, sich den nächsten Job so genau auszumalen, bis er schließlich Realität wird; oder die eigenen Fortschritte zu verbessern, indem man sich vorstellt, wie das Leben sein wird, wenn man ein bestimmtes Fitnessziel oder einen spirituellen Meilenstein erreicht hat. Viele Menschen haben ihr Leben grundlegend umgestaltet, indem sie Veränderungen erst vor ihrem geistigen Auge durchspielten, bevor sie sich an die reale Umsetzung machten.

Um mit Hilfe der Visualisierung das Leben verbessern und Ziele erreichen zu können, muss man erst einmal genau wissen, was man will. Vielleicht möchten Sie zu Übungszwecken klein anfangen. Entscheidend ist, dass Sie nicht daran zweifeln, dass Sie Ihre Träume verwirklichen können. Stellen Sie sich das, was Sie sich wünschen, in allen Details vor – und schreiben Sie Ihre Gedanken auf.

Wenn Sie sich über Ihre Ziele klargeworden sind, sorgen Sie für eine beruhigende Atmosphäre, bevor Sie mit der Visualisierung beginnen. Es ist wichtig, dass Sie ganz entspannt sind und Ihrer Fantasie freien Lauf lassen. Schütteln Sie jede Art von körperlicher Anspannung ab, schließen Sie dann die Augen, und atmen Sie ein paarmal tief ein und aus. Werden Sie mit jedem Atemzug allmählich ruhiger, bis Sie schließlich ganz heiter und gelassen sind.

Versetzen Sie sich nun in die gewünschte Situation. Stellen Sie sich alles so vor, als würde es in diesem Augenblick geschehen, und nehmen Sie das Bild mit allen Sinnen wahr. Was sehen, spüren, schmecken und riechen Sie? Stellen Sie sich jedes erdenkliche positive Gefühl im Zusammenhang mit der Situation vor – jetzt ist nicht der Moment, sich von irgendwelchen Hindernissen ablenken zu lassen.

Üben Sie das Visualisieren Ihrer Herzenswünsche so oft wie möglich, vielleicht sogar ein- bis zweimal täglich. Es muss nicht lange sein, schon ein paar Minuten lebhafter Vorstellung sind hochwirksam. Auch wenn es sinnvoll ist, Visualisierung so oft wie möglich zu trainieren, so sollten Sie das Ganze locker angehen. Letzten Endes geht es darum, darauf zu vertrauen, dass die ausgemalte Situation real in Erfüllung gehen wird. Es darf jedoch nicht zur fixen Idee werden. Wenn der Gegenstand Ihrer Visualisierung konkret feststeht, sorgen Sie dafür, dass Sie Ihren Teil zur Erreichung des Ziels beitragen. Doch seien Sie ebenso dem Universum dankbar, weil es zulässt, dass Ihre Träume Wirklichkeit werden.

• • •

# DIE GROSSE VERWANDLUNG

## LIEBEN STATT HASSEN

Hass kann sehr irrational sein, und er beeinflusst den Hassenden meist stärker als die Person oder den Gegenstand, die gehasst werden. Es ist schwer, dieses negative Gefühl zu überwinden, denn es verstärkt sich selbst und lässt immer neuen Hass entstehen. Das stärkste Gegenmittel ist die Liebe. Der Entschluss zu lieben, anstatt zu hassen – sei es eine Person, eine Situation oder einen Teil von sich selbst –, kann Ihre Gefühle und Erfahrungen grundlegend verändern. Es bleibt kaum Zeit für Zorn, Abneigung, Verbitterung oder Groll, wenn Sie damit beschäftigt sind zu lieben, statt zu hassen. Auf diese Weise können Sie Ihre Gefühle verwandeln und umpolen. Abscheu wird zu Mitgefühl, denn dort, wo Liebe herrscht, ist kein Platz mehr für Hass.

Es ist zugegebenermaßen schwierig, jemanden nicht mehr zu verurteilen, seine Feinde zu lieben und das Gute in Situationen zu sehen, die allem Anschein nach inszeniert sind, um sie zu provozieren oder zu verletzen. Doch wenn Sie sich entschließen zu lieben, statt zu hassen, so gibt es einen Menschen weniger, der Negatives in das Universum hinausträgt. Ganz einfach betrachtet kann Ihnen das dabei helfen, das Leben mehr zu genießen. Sieht man es etwas differenzierter, so ist es befreiend für Sie, denn

mit dem Hass werfen Sie Ballast ab, der Ihre Seele nieder-
gedrückt hat.

Begegnet man Menschen, die Hass ausstrahlen, mit Liebe, so wird deren schädliche Energie umgewandelt. Sie
selbst werden dadurch stärker, denn Sie lassen deren Ne-
gativität nicht an sich heran. Und anstatt sich in die Nie-
derungen des Hasses zu begeben, geben Sie dem Anderen die Möglichkeit, seine oder ihre negativen Gefühle zu
überwinden und Ihnen auf einer liebevollen Ebene zu begegnen.

Mahatma Gandhi hat einmal gesagt: »Wir selbst müssen die Veränderung sein, die wir uns für die Welt wünschen.« Wenn man liebt, anstatt zu hassen, sendet man
damit eine lichte, positive Energie an andere Menschen
und verbreitet so Liebe und Harmonie auf der ganzen Welt.
Anstatt Konflikte anzuheizen, werden Sie zu einem An-
walt des Mitgefühls. Hass lässt aus Hass immer neues Leid
entstehen. Liebe dagegen verwandelt Hass in segensrei-
chen Frieden.

• • •

# EINMAL ELTERN, IMMER ELTERN

## DAS NEST VERÄNDERT SICH

Wenn Menschen Eltern werden, dann bleiben Sie es für alle Zeiten. Ihre Persönlichkeit verändert sich merklich ab dem Moment, in dem Mutter Natur sie zu frischgebackenen Mamas und Papas werden lässt. Allerdings ist die Rolle nicht festgelegt, die sie übernehmen, sobald sie Kinder in ihrem Leben begrüßen dürfen. Mit jeder neuen Lebensphase der Kinder verändert sich auch die Rolle der Eltern. Entwickelt das Kind mehr Selbstständigkeit und wird »flügge«, haben viele Eltern das Gefühl, das Nest sei nun leer. Anstatt auf das Erreichte stolz zu sein – egal, ob sich die Nestflucht auf den ersten Tag im Kindergarten oder den Studienbeginn bezieht –, kommt es ihnen so vor, als ginge ein Teil ihrer selbst verloren. Doch wenn man diesen neuen Abschnitt des Elterndaseins wohlüberlegt angeht, kann es eine aufregende Zeit werden, in der Mütter und Väter sich selbst neu entdecken und die Beziehung zu ihren Kindern neu gestalten.

Mit der wachsenden Selbstständigkeit ihrer Sprösslinge gewinnen Eltern oft eine ungeahnte Freiheit. Eltern, die daran gewöhnt sind, dass die Söhne und Töchter von ihnen abhängig sind und sich alles um deren Wünsche und Bedürfnisse dreht, vergessen gerne, dass sie nicht nur Mama oder Papa, sondern auch eigenständige Persönlichkeiten sind. Wird das Nest allmählich leer, so können sie Angst und Trauer abmildern, indem sie sich wieder auf sich selbst besinnen und die enormen Fortschritte anerkennen, die ihre Kinder auf ihrem Lebensweg gemacht haben.

Am einfachsten kann man einem Kind, das gerade in einer Übergangsphase steckt, Anerkennung zuteilwerden lassen, wenn man ihm erlaubt, seinem Alter entsprechend Entscheidungen zu treffen. Von der Rolle des Erziehers befreite Eltern älterer Kinder können eine freundschaftliche Beziehung zu ihrem Nachwuchs aufbauen und Ratgeberfunktion übernehmen. Sie sollten vielleicht einen besonderen gemeinsamen Tag einplanen. So können sie zeigen, wie stolz sie sind, und vermitteln, dass sie für ihre Kinder immer da sind und sie lieben.

Ein leeres Nest kann auch anderen Familienmitgliedern zu schaffen machen. Jüngere können sich einsam und verlassen fühlen, wenn die Geschwister flügge werden. Das ist ganz normal – und ein Mehr an Zuwendung kann ihnen helfen, sich in einem leerer werdenden Zuhause geborgen zu fühlen. Ehefrauen müssen unter Umständen neu lernen, beste Freundinnen und Geliebte der Ehemänner zu sein. Der Kummer anderer Familienmitglieder wird geringer, wenn sie sich die Bedeutung ihres neuen kindlichen Lebensabschnitts bewusst machen.

Je mehr beide Elternteile solche Übergänge feiern und anerkennen, desto weniger Ängste werden die Kinder entwickeln. Mütter und Väter, die das Nest mit all seinen Veränderungen annehmen und gleichzeitig ihren Nachwuchs liebevoll aufziehen, können sich darauf freuen, in Zukunft eine tiefer gehende, reifere Beziehung zu ihren Kindern entwickeln zu können.

• • •

# VÖLLIG LOSGELÖST

## GANZ IM HIER UND JETZT

Allzu oft spazieren wir durch die Welt und das Leben, ohne wirklich »da« zu sein. Wir hängen der Vergangenheit nach oder leben für die Zukunft; dabei ist es rein physisch unmöglich, irgendwo anders zu existieren als im jetzigen Augenblick. Wenn wir aus dem Haus gehen, können wir ebenso wenig links zum Mai vergangenen Jahres abbiegen, wie wir rechts in Richtung Zukunft laufen können. Und doch kann es allzu leicht geschehen, dass wir die Zukunft verpassen, auf die wir warten, weil sie längst zur Gegenwart geworden ist, für die wir in unserer Geschäftigkeit keine Zeit haben. Dann versuchen wir für den Rest unserer Zeit, den Augenblick, den wir gerade versäumt haben, wieder einzuholen. Von Zeit zu Zeit sollten wir uns darauf besinnen, dass es nur das Hier und Jetzt gibt.

Um sich im gegenwärtigen Moment heimisch zu fühlen, ist es wichtig, möglichst bewusst zu leben und aufgeschlossen zu bleiben. Im Jetzt zu leben erfordert unsere ganze Aufmerksamkeit, damit wir für diese Erfahrung hellwach sind. Wenn wir ganz »da« sind, schweifen unsere Gedanken nicht ab. Wir sind ganz auf das konzentriert, was gerade geschieht, anstatt daran zu denken, was gerade eben passiert ist, oder uns Sorgen um das zu machen, was sich wohl als Nächstes ereignen mag. Diese Präsenz erlaubt es uns, jeden Augenblick unseres Lebens auf eine Art und Weise zu erleben, an die Erinnerung oder Fantasie nicht heranreichen.

Wenn wir unsere Aufmerksamkeit auf den jetzigen Augenblick begrenzen, kann die Erfahrung des *Da*-Seins geradezu überwältigend sein. Die dazu nötige Ruhe ist unter Umständen gewöhnungsbedürftig, und das Geschwätz in unserem Kopf, das uns so oft vom gegenwärtigen Moment ablenkt, muss abgeschaltet werden. Vielleicht empfinden wir einen Kontrollverlust, weil wir nicht damit beschäftigt sind, den nächsten Schritt zu planen, unsere aktuelle Lage einzuschätzen oder Zukunftspläne zu machen. Präsent zu sein erfordert vielmehr unsere Flexibilität, Kreativität, Aufmerksamkeit und Spontaneität. Jeder Augenblick ist einzigartig, und weder Vergangenheit noch Zukunft haben etwas Vergleichbares zu bieten.

Denken Sie auch im Alltagstrubel daran, jeden Augenblick präsent zu sein. Wenn Sie dies tun, werden Sie bewusst leben, ohne auf die Zukunft zu warten oder sich nach der Vergangenheit zurückzusehnen. Das Leben begegnet uns, wenn *wir* ihm im Hier und Jetzt begegnen.

• • •

# WARUM AUSGERECHNET ICH?

## IN SELBSTMITLEID BADEN

Wir alle kennen Tage, an denen scheinbar alles schiefläuft und wir allmählich glauben, dass das Leben einfach ungerecht ist. Wir bleiben im Stau stecken, kommen deshalb zu spät zu einem wichtigen Termin, und zu allem Überfluss wird auch noch unser Auto abgeschleppt. An solchen Tagen fragen wir uns vielleicht: Warum ausgerechnet ich?

So etwas kann selbst den dankbarsten und optimistischsten Zeitgenossen auf eine harte Probe stellen. Wenn Sie ohnehin einen Hang haben, sich selbst zu bedauern – und das haben nicht wenige –, folgt an dieser Stelle in der Regel das nächste Stadium: das Bad im Selbstmitleid. Sie fühlen sich als unschuldiges Opfer eines widrigen Schicksals, weil Sie Ihr Leben durch die falsche Brille betrachten. Die meisten Gedanken, die Ihnen in solchen Zeiten durch den Kopf schießen, sind nicht sehr hilfreich und sorgen vor allem dafür, dass Ihre Empörung und Ihr Gefühl der Ohnmacht noch stärker werden. Es ändert jedenfalls *nichts* an den Umständen, und besser geht es Ihnen davon auch nicht.

Wenn Sie so einen furchtbaren Tag erleben, sollten Sie sich auf alle Fälle die Zeit nehmen, Ihre Gefühle zuzulassen, damit Sie sie verarbeiten können. Es ist wichtig, nicht einfach so zu tun, als sei alles in Ordnung, wenn das Ge-

genteil der Fall ist. Genauso wichtig ist jedoch, es selbst zu merken, wenn Sie im Selbstmitleid versinken. Es ist gut, sich eine feste Zeitvorgabe zu machen, um seinen Gefühlen freien Lauf zu lassen, ohne schlechtes Gewissen, ohne Scham und ohne sich selbst zu verurteilen. Auch die Anwesenheit eines Freundes kann hilfreich sein. Vielleicht möchten Sie Ihre Gefühle aufschreiben. Wenn die Zeit um ist, lassen Sie alles Negative los, das Sie gerade zum Ausdruck gebracht haben. Sie können diese Absicht ihrem Begleiter mitteilen. Wenn Sie Ihre Gefühle aufgeschrieben haben, können Sie das Blatt Papier verbrennen oder in den Abfalleimer werfen.

Schlagen Sie sich nicht unnötig lange mit unangenehmen Erfahrungen herum, und setzen Sie alles daran, nicht an negativen Gefühlen festzuhalten. Wenn Sie in Selbstmitleid versinken, machen Sie alles nur noch schlimmer. Hören Sie auf, sich selbst zu bemitleiden. Lösen Sie sich von der Vorstellung, dass Sie ein Opfer sind, und denken Sie an all das Positive in Ihrem Leben.

• • •

# DURCH DICK UND DÜNN

## SICH FÜR FREUNDE FREUEN

Wenn wir mit jemandem eng befreundet sind, spüren wir intuitiv, wann er in den Arm genommen werden will, wann er Hilfe benötigt oder jemanden braucht, der gut zuhören kann. Umgekehrt zählen auch wir auf die Unterstützung anderer, wenn wir schwere Zeiten durchmachen und mit Verlusten, Krankheiten und anderen großen oder kleinen Schicksalsschlägen zurechtkommen müssen. Doch wenn wir anderen ein guter Freund sein wollen, dann genügt es nicht, da zu sein, wenn wir gebraucht werden. Mindestens genauso wichtig ist es, da zu sein, wenn es gilt, fröhliche Feste und Erfolge miteinander zu feiern.

Denn mit wem sonst sollten unsere Freunde ihre Beförderung, Abschlussprüfung, Hochzeit und andere gute Nachrichten feiern wollen als mit ihren Lieben, *uns* eingeschlossen? Doch je nachdem, wie unser Leben verläuft, kann es manchmal schwierig sein, in guten Zeiten für seine Freunde da zu sein. Vielleicht haben wir so viel Arbeit, dass wir darüber ganz vergessen, uns Zeit zu nehmen. Oder wir sind gerade so mit eigenen Problemen beschäftigt, dass uns nicht danach zumute ist, mit Freunden zu feiern. Vielleicht halten wir ihre Glücksmomente für allzu selbstverständlich und glauben, dass es genügt, in schlechten Zeiten für unsere Freunde da zu sein. Doch zu einer

251

aufrichtigen Freundschaft gehört genauso, in *guten* Zeiten da zu sein. Erfolg und Glück hinterlassen ein Gefühl der Leere, wenn sich niemand mitfreut, und mit wem würden wir lieber einen Freudentanz aufführen als mit unseren besten Freunden?

Sich trotz aller Hektik Zeit zu nehmen, um die Glücksmomente von Freunden gebührend zu würdigen, ist eine wunderbare Art, ihnen zu zeigen, wie wichtig sie uns sind. Umgekehrt ist es in vieler Hinsicht ein Kompliment an *uns*, wenn Freunde uns bei fröhlichen Anlässen um sich scharen wollen. Schließlich wünschen auch wir uns, dass Menschen, die wir schätzen und lieben, uns ein Geburtstagsständchen bringen, unseren neugeborenen Nachwuchs anschauen und die Sektkorken knallen lassen, wenn wir Erfolg hatten.

Falls ein Freund Sie also das nächste Mal darum bittet, zu so einem Anlass zu kommen, sollten Sie sich geehrt fühlen, dass derjenige an Sie gedacht hat. Gemeinsam gilt es dann, nicht nur sein oder ihr Glück zu feiern, sondern auch eine wahre Freundschaft.

• • •

# MIT DEM STROM SCHWIMMEN

## IM FLUSS SEIN

Der Ausdruck »mit dem Strom schwimmen« ist eine Metapher, die vom Schwimmen in einem Fluss abgeleitet ist. Wenn wir mit dem Strom schwimmen, folgen wir der Wasserströmung, anstatt dagegen anzukämpfen. Oft wirft man mit diesem Ausdruck jemandem vor, sich bequem und passiv treiben zu lassen. Ich gebrauche ihn hier jedoch im Sinne von »sich nicht gegen das Schicksal wehren«. So verstanden, erfordert mit dem Strom zu schwimmen Aufmerksamkeit, Präsenz und die Fähigkeit, die eigene mit der vorherrschenden Energie zu vereinen. Es genügt also nicht abzuschalten, sich treiben zu lassen und einfach auf das Beste zu hoffen. Vielmehr müssen wir uns von vorgefassten Vorstellungen lösen und das Energiespiel um uns herum wahrnehmen. Diese Kraft können wir uns zunutze machen und uns von ihr antreiben lassen, denn so kommen wir unserem Ziel viel schneller näher, als würden wir uns ihr entgegenstemmen.

Mit dem Strom zu schwimmen heißt auch nicht, dass wir nicht wüssten, wohin wir wollen, sondern lediglich, dass wir aufgeschlossen dafür sind, dass viele Wege ans Ziel führen. Wir sind auch bereit, einzelne Zwischenstationen zu ändern, weil uns das Wesentliche unserer Zielsetzung wichtiger ist als die Details. Das Ändern und Aufgeben von Plänen gehört für uns zum Vorankommen dazu. Mit dem Strom zu schwimmen bedeutet, dass wir uns einer höheren Kraft bewusst sind, die viel größer ist als unser kleines, schwaches Ich, und dass wir uns öffnen, um mit ihr, nicht gegen sie zu arbeiten.

Viele haben Angst, sich treiben zu lassen, weil sie nicht genug Vertrauen haben, auch so ans Ziel zu gelangen. Aus diesem Grund halten sie auch krampfhaft an Plänen fest, die nicht funktionieren, weichen nicht von Wegen ab, die versperrt sind, und kleben wie besessen an Beziehungen, die sie nicht ausfüllen.

Wenn Sie merken, dass Sie in solchen Verhaltensmustern feststecken, dann tun Sie sich einen Gefallen und geben Sie dem Strom nach, anstatt sich dagegen zu sträuben. Haben Sie Vertrauen, dass der große Fluss Ihres Lebens einem Plan folgt, und lassen Sie zu, dass er Sie vorwärts trägt. Werfen Sie allen unnötigen Ballast über Bord. Seien Sie bereit, Ihre Landkarten zu überarbeiten. Atmen Sie tief durch, und tauchen Sie ein in die Strömung.

• • •

# NEULAND BETRETEN

## DURCH ERFAHRUNG HERAUSFINDEN, WAS MAN WILL

Der Weg zur Erkenntnis dessen, was man will, ist oft mit vielen Augenblicken gepflastert, in denen einem bewusst wird, was man *nicht* will. Das gilt für alle Lebensbereiche, vom Beruf bis hin zur Liebe. Das Erkennen und Akzeptieren dieser Tatsache kann Ihnen Mut machen, Ihren Weg weiterzugehen, wenn die Angst vor falschen Entscheidungen Sie lähmt.

Nur allzu oft haben wir die Erwartungshaltung, im Voraus wissen zu müssen, was funktionieren wird und was nicht. Das ist, als würde man die Aufforderung eines neuen Tanzpartners nur dann annehmen, wenn man auch ganz sicher ist, mit demjenigen auf immer und ewig tanzen zu wollen. Doch wir müssen einwilligen, auch ohne vorher zu wissen, wohin das alles führen wird. Und damit betreten wir Neuland.

Manchmal ist es gut, sich klarzumachen, dass Entscheidungen nicht unabänderlich oder endgültig sind. Sie stehen nur am Anfang eines komplexen Selbstfindungsprozesses. Viele gehen mit einem ganz klaren Berufsziel zur Schule und streben dann eine ganz andere Karriere an. Das bedeutet nicht, dass es ein Fehler war, zuerst Englische Literatur zu studieren, um später Krankenschwester zu werden. Eines führt zum anderen, manchmal auf verschlungenen Wegen, die nicht immer vorhersehbar sind.

Versuchen Sie, unterwegs aufgeschlossen und neugierig zu bleiben und immer wieder Fragen zu stellen: *Wie fühlt es sich an? Was könnte besser sein? Was kann ich ändern, um meine Lage zu verbessern?* Mit allem, was Sie ändern, kommen Sie Ihren genauen Vorstellungen ein Stückchen näher. Denken Sie einfach daran, dass man manchmal feststellen muss, was man *nicht* will, um herauszufinden, was man will.

• • •

# LEBEN IN DANKBARKEIT

## MEDITATION ÜBER UNSER ZUHAUSE UND MUTTER ERDE

So wie wir unseren Freunden und Familien liebevoll zuge-
tan sind, so sorgen unser Zuhause und Mutter Erde für
uns. Unser Zuhause ist ein Ort der Geborgenheit – ein Zufluchtsort und ein Bollwerk gegen die Naturgewalten und
den Rest der Welt. Die Erde spendet uneigennützig Leben
und nimmt sich unserer physischen wie spirituellen Bedürfnisse an. Ihre üppige Pflanzenwelt ernährt uns, versorgt uns mit frischer Luft und spendet uns kühlen Schatten. Ihr Wasser löscht unseren Durst, und die Schönheit
der Natur erquickt unsere Seele.

Dennoch halten wir diese beiden wundervollen Segens-
spender leicht für selbstverständlich. Wenn Sie Ihre Dankbarkeit für das zum Ausdruck bringen, womit Ihr Heim
und die Erde Sie versorgen, so kann das dazu beitragen,
sich ein Bewusstsein dafür zu bewahren, wo viele gute Gaben des Lebens ursprünglich herkommen. Bei jeder Danksagung werden Sie erneut daran erinnert, wie wichtig es
ist, sich liebevoll um sein Zuhause und Mutter Erde zu
kümmern. Es gibt eine ganz einfache und schöne Meditationsübung, mit der Sie Ihre Dankbarkeit ausdrücken können.

Suchen Sie sich zunächst einen ruhigen Platz, an dem

Sie alleine sind. Setzen Sie sich bequem hin, und atmen Sie so lange tief ein und aus, bis Sie sich ganz entspannt fühlen. Dann lesen Sie laut die folgenden Worte:

*Danke, Zuhause, dass ich im Schutz deiner Wände leben darf. Danke, dass du mir Geborgenheit, Wärme und Sicherheit gibst. Danke, dass ich mein Leben in deinem Schoß verbringen darf, dafür, dass du stark und stabil bleibst. Danke für deine Unterstützung und deine Schönheit.*

*Danke, Mutter Erde, für das Land, auf dem ich lebe, und dafür, dass du es meiner Obhut anvertraut hast. Danke, dass ich auf deinem Boden wandeln, dich kultivieren und an dir teilhaben darf. Danke, dass du die Lebensgrundlage für mein Zuhause und meine Familie bist.*

*Danke, ihr Pflanzen, Steine und Tiere, die mit auf dem Land leben, das meiner Obhut anvertraut ist. Danke, dass ich eure Schönheit erfahren und am Wunder des Lebens teilhaben darf, dass ich die Ehre habe, mit euch allen gemeinsam auf der Erde leben zu dürfen. Danke für die Weisheit und Freude, die ihr der Menschheit schenkt.*

*Ich ehre und respektiere euch.*

Diese Meditationsübung können Sie so oft durchführen, wie Sie mögen, und wann immer Sie besonders dankbar für die vielen Segnungen sind, die Ihnen zuteilwurden. Damit werden Sie jedes Mal aufs Neue den Bund mit allem erneuern und bekräftigen, was Sie beschützt, unterstützt und am Leben erhält.

• • •

# LASSEN SIE GEFÜHLE ZU

## GEFÜHLE WEGSCHIEBEN

Im Laufe unseres Lebens können Gefühle auftreten, die uns beunruhigen oder quälen. Oft ist unsere erste Reaktion, sie wegzuschieben. Mit Sätzen wie: »Ich will jetzt nicht darüber nachdenken – vielleicht später …«, begraben wir unsere Gefühle, leugnen ihren Wert oder lenken uns mit anderen Dingen ab.

Ihre unterschiedlichen Emotionen sind weder gut noch schlecht – sie gehören einfach zum Menschsein dazu. Wenn Sie beschließen, sich Gefühlen wie Schmerz, Zorn oder anderen intensiven Gefühlen nicht zu stellen, kann es passieren, dass sie tief in Ihrem Inneren begraben werden. Dort schwelen sie unbewältigt weiter und können nicht an die Oberfläche dringen, obwohl sie Ihre Wahrnehmung der Dinge beeinflussen. Wenn Sie es zulassen, alle Emotionen zu durchleben, anstatt die schmerzlichen wegzuschieben, kann Ihnen das helfen, sie zu verarbeiten und sich dann anderen Dingen zuzuwenden.

Man kann längst verdrängte Gefühle an die Oberfläche holen und sie auf sichere und bereichernde Weise verarbeiten. Es mag nach einer seltsamen Idee klingen, Zeit »mit dem Lecken alter Wunden« zu verschwenden, um die man sich bisher nicht gekümmert hat, doch kann dies ein segensreicher Heilungsprozess sein.

Suchen Sie sich einen Ort, an dem Sie sich geborgen fühlen und wo Sie alleine sind. Vergewissern Sie sich, dass Sie sich in dieser Umgebung sicher und behaglich fühlen. Vergegenwärtigen Sie sich die Umstände, die damals die später verdrängten Emotionen ausgelöst haben. Vielleicht müssen Sie die entsprechenden Tagebuchaufzeichnungen lesen, um sich in die Situation zurückzuversetzen, oder Visualisierungstechniken anwenden, um die Vergangenheit lebendig werden zu lassen.

Haben Sie Ihre lange verleugneten Gefühle erst einmal geweckt, lassen Sie ihnen freien Lauf. Versuchen Sie, Ihre Reaktion nicht zu bewerten. Weinen Sie, oder drücken Sie Ihre Emotionen irgendwie aus, wenn Ihnen danach ist, und blockieren Sie nicht ihren Fluss. Sie werden spüren, wie alte Wunden heilen, wenn Sie die Gefühle loslassen, die Sie damals in sich hineingefressen haben.

Wenn Sie sich unmittelbar mit Ihren Gefühlen auseinandersetzen, können sie frei in Ihrem Körper fließen, anstatt sich als emotionale Blockaden darin aufzustauen und manchmal zur Ursache von Erkrankungen zu werden. Wenn Sie Ihre Gefühle zulassen, anstatt sie zu verdrängen, ist das gut für Ihre Gesundheit, und Sie bleiben emotional mit sich in Tuchfühlung.

• • •

# DIE VERGANGENHEIT HEILEN

## DIE FEUERHEILUNGS-MEDITATION

Jeder von uns trägt in seinem Innersten ungelöste Beziehungsprobleme mit sich herum. Menschen tun oder sagen nicht immer das Richtige, und manchmal kann es aussichtslos erscheinen, eine solche Verletzung zu heilen, vor allem wenn die Beteiligten nicht ansprechbar oder bereits verstorben sind.

Die folgende Feuermeditation kann Ihnen helfen, Schmerz freizusetzen und so eine vergangene oder gegenwärtige Beziehung zu heilen oder ungelöste zwischenmenschliche Probleme zu bewältigen. Durch eine solche Übung können Sie zu Versöhnung und Vergebung gelangen und die spirituellen Altlasten loswerden, die sich ansammeln, wenn man seelische Qualen leidet.

Es kann bei dieser Meditation hilfreich sein, einen Partner zu haben, der Ihnen mit ruhiger Stimme die Anleitung vorliest. Wenn Sie lieber alleine meditieren, können Sie auch selbst auf Band sprechen und die Aufnahme bei Bedarf abspielen.

*Suchen Sie sich einen ruhigen Platz mit entspannter Atmosphäre. Sie sollten bei der Auswahl darauf achten, dass Sie Ihren Rücken so gerade wie möglich halten, indem Sie sich entweder auf eine gerade Oberfläche* legen oder aufrecht auf einem Stuhl sitzen. Atmen Sie tief ein und aus, und entspannen Sie Körper und Geist.

Wenn Sie einen Zustand tiefer Entspannung erreicht haben, vergegenwärtigen Sie sich den Ort, an dem Sie sich am meisten geborgen fühlen. Das muss nicht unbedingt ein realer Platz sein, es kann auch eine einsame Insel, ein exotischer Strand oder eine Berghütte sein. Oder einfach Ihr Schlafzimmer. Lassen Sie sich genug Zeit, bis Sie Ihren Zufluchtsort richtig sehen und spüren können. Atmen Sie den Geruch ein, lauschen Sie auf Geräusche, und spüren Sie den Boden unter sich.

Sobald Sie in dieser Umgebung ganz entspannt sind, stellen Sie sich eine Straße vor. Betrachten Sie ihren Verlauf, und halten Sie Ausschau nach demjenigen, mit dem Sie Ihren Frieden machen wollen. Lassen Sie diese Person oder dieses Tier in einem beliebigen Tempo näher kommen, und wenn Ihr Besucher in voller Lebensgröße vor Ihnen steht, fragen Sie ihn, ob er bereit ist, mit Ihnen gemeinsam geheilt zu werden. Wenn er zustimmt, betrachten Sie zuerst sich selbst. Wie alt sind Sie? Was haben Sie an? Wie alt ist Ihr Gefährte, und wie sieht diese Person oder das Tier aus?

Als Nächstes stellen Sie sich ein Feuer vor. Es kann jede beliebige Form haben: ein Lagerfeuer, eine rituelle Flamme oder ein Freudenfeuer. Beginnen Sie den Heilungsprozess, indem Sie allen Ballast in die Flammen werfen, und bitten Sie um Vergebung oder um den Abschluss, den Sie sich wünschen. Wenn Sie wollen, können Sie auch in das Feuer hineingehen, es wird Ihnen nichts tun. Übereignen Sie alles dem Feuer, was Sie nicht länger für sich oder Ihren Gefährten wünschen. Dabei spüren Sie vielleicht, wie Ihre Körpertemperatur *ansteigt oder Sie leicht zittern. Das ist normal. Lassen Sie sich mit Ihrem Gefährten so viel Zeit wie nötig.*

*Sobald Sie fertig sind, entlassen Sie Ihren Gefährten, damit er sich umdrehen und wieder auf der Straße zurücklaufen kann. Bleiben Sie so lange Sie wollen an Ihrem Zufluchtsort. Sobald Sie sich wohlfühlen, öffnen Sie die Augen und spüren Sie, dass Ihnen gerade eine große Last von der Seele genommen wurde.*

• • •

# ANDERS SEHEN

## WECHSELN SIE DIE PERSPEKTIVE

Manche Menschen haben das Talent, eine Szene oder Situation nicht nur im Zeichen ihrer eigenen Erfahrungen betrachten zu können, sondern mit den Augen anderer. Sie sind offen für Perspektivenwechsel und betrachten die Dinge aus ganz unterschiedlichen Blickwinkeln. Andere wiederum sehen nur das, was sie sehen, und lassen sich durch nichts davon überzeugen, dass jemand anders die Dinge ganz anders sieht.

Ein Wechsel der Perspektive kann ein wertvolles Hilfsmittel bei der Interaktion mit anderen sein, denn man bleibt neuen Ideen gegenüber aufgeschlossen und tut etwas für seine Kreativität. Ihr Standpunkt spiegelt normalerweise Ihre ganz subjektive Realität wider. Doch stellen Sie sich vor, einen Raum einmal aus zwei verschiedenen Blickwinkeln zu betrachten – je nach Position werden Sie ganz verschiedene Dinge sehen. Oder bedenken Sie, welchen Unterschied es macht, ob man über die Meeresoberfläche blickt oder beim Schnorcheln in die Tiefe schaut.

Die meisten haben irgendwann schon einmal versucht, eine Situation mit anderen Augen zu betrachten. Ein Perspektivenwechsel kann in den unterschiedlichsten Situationen angebracht sein. So können Sie beispielsweise in der Enttäuschung darüber, dass Sie nicht genug Geld zum

Verreisen haben, auch eine Chance sehen, um sich genauer über die Aktivitäten zu informieren, die in Ihrer Nachbarschaft angeboten werden. Wenn Sie sich irgendeiner schwierigen Situation gegenübersehen, so versuchen Sie, das Problem von allen Seiten zu betrachten. Umso wahrscheinlicher wird Ihnen eine originelle Lösung einfallen. Eine veränderte Wahrnehmung erhöht die Objektivität und verleiht gleichzeitig der Kreativität neuen Schwung. Es heißt ja nicht umsonst, dass die kreativsten Köpfe das Gleiche sehen wie alle anderen auch, aber die Dinge völlig anders betrachten. Versuchen Sie einmal, die rechtwinklige Ästhetik einer Stadtlandschaft zu entdecken, oder finden Sie heraus, welches Spaßpotenzial ein trüber, nasser Tag bietet. Sie müssen nur genau hinschauen.

Das Universum ist ein riesiges Sammelsurium aller denkbaren Perspektiven. Wenn Sie Ihre eigene verändern oder erweitern, so geht es nicht darum, andere Standpunkte auszublenden oder unangenehme Seiten des Lebens zu ignorieren. Alles existiert weiterhin, egal, ob Sie sich damit befassen wollen oder nicht. Vielmehr kann ein Perspektivenwechsel Ihnen dabei helfen, die Welt anders zu begreifen – von einem neuen Blickwinkel aus –, damit Sie in der Lage sind, Probleme zu lösen, schöne Dinge zu schaffen und ein Leben zu führen, das Sie sich von Herzen wünschen.

• • •

# LASSEN SIE IHR LICHT LEUCHTEN

## IHR TÄGLICHER EINFLUSS AUF ANDERE

Je mehr wir durch die Hektik und das Gedränge des modernen Lebens isoliert sind, desto wichtiger ist der Kontakt, den wir zueinander pflegen. Unbewusst nehmen wir die Energie der anderen in uns auf und machen uns das Temperament derer zu eigen, mit denen wir eng zusammenleben. Schon eine kurze Begegnung hat einen Einfluss auf uns. Alles was wir tun oder sagen, hat das Potenzial, sich nicht nur auf die Menschen auszuwirken, mit denen wir leben, arbeiten und spielen, sondern auch auf Personen, denen wir nur flüchtig begegnen.

Letztlich werden wir nie erfahren, welche Wirkung wir hatten oder wie weitreichend unser Einfluss war. Doch wenn wir akzeptieren und begreifen, dass unser Verhalten und unsere Einstellung sich immer auch auf andere auswirken, dann werden wir leichter daran denken, uns immer und überall würdevoll zu verhalten. Wenn wir uns bemühen, stets freundlich, hilfsbereit und aufgeschlossen zu sein, so schaffen wir mühelos eine konstruktive und anregende Atmosphäre.

Die meisten machen sich kaum Gedanken darüber, welche Wirkung auf andere von Ihnen bereits ausging oder noch ausgehen wird. Wenn wir uns ein paar Augenblicke Zeit nehmen, um darüber nachzudenken, wie unsere persönliche Lebensweise die Menschen beeinflusst, mit denen wir tagtäglich Zeit verbringen, so sind wir schon einen Schritt weiter, um uns mit den Augen anderer betrachten zu können. Wenn wir uns fragen, ob die Menschen, denen wir begegnen, beim Weggehen das Gefühl haben, wertgeschätzt, respektiert und gemocht zu werden, so können wir unser Bewusstsein dafür schärfen, welche Wirkung wir eigentlich haben. Ein einfaches, spontanes Lächeln kann für einen Moment die ganze Welt eines Menschen erstrahlen lassen. Unser werteorientiertes Verhalten kann andere zum Nachdenken darüber anregen, ob auch ihr eigenes Leben ihre Wertvorstellungen widerspiegelt. Schon ein kurzer Ratschlag kann den Anstoß geben, dass jemand alles in einem ganz neuen Licht sieht, und eine kleine freundliche Geste kann selbst jemandem vom Leben verbitterten zeigen, dass es doch noch so etwas wie Herzensgüte gibt. Indem wir einfach wir selbst sind, beeinflussen wir andere, ob subtil oder lebensverändernd.

Um zu gewährleisten, dass unser Einfluss positiv ist, müssen wir danach streben, uns selbst treu zu bleiben. Gleichzeitig müssen wir uns darüber im Klaren sein, dass es unser Verhalten ist, was andere von uns sehen, nicht die Schönheit unserer wundervollen inneren Landschaften. Bei der Interaktion mit anderen kann unser Verhalten genauso wichtig sein wie unsere Persönlichkeit. Wenn uns die Begeisterung für das Leben, für Wärme und Toleranz ins Gesicht geschrieben steht und in Wort und Tat nach außen ausstrahlt, dann werden alle, die unseren Einflussbereich wieder verlassen, mit sich und uns im Reinen sein.

Man weiß nie, wessen Leben man beeinflusst. Denken Sie immer daran, wenn Sie hinaus in die Welt gehen.

• • •

# MAN IST, WER MAN IST, NICHT DAS, WAS MAN TUT

## WIE SIE ZUR VERKÖRPERUNG IHRER »FEHL«-ENTSCHEIDUNGEN WERDEN

Die Wahrnehmung der Eigenheiten und Charakteristika, die uns zu dem machen, was wir sind, hängt oft eng mit unserer Lebensführung zusammen. Wir definieren uns über die Rollen, die wir übernehmen, darüber, wie wir handeln beziehungsweise *nicht* handeln, über unsere Erfolge und das, was wir für Misserfolg halten. Daher kann es leicht geschehen, dass wir uns mit einer Entscheidung, die unerwartet negative Konsequenzen hatte, derart stark identifizieren, dass wir diese »Fehl«-Entscheidung regelrecht *verkörpern*. Enttäuschung und Scham darüber, dass uns ein vermeintlicher Fehler unterlaufen ist, werden immer größer, bis sie unsere Persönlichkeit beherrschen. Wir suchen nach einer rationalen Erklärung für unsere »falsche« Entscheidung, indem wir uns die Kompetenz, richtig zu entscheiden, absprechen.

Ihre wahre Identität lässt sich jedoch keinesfalls über Ihre Entscheidungen definieren. Ihr Wesen – das, was Sie zu einer einzigartigen Gesamtpersönlichkeit macht – existiert unabhängig von Ihren Entscheidungsprozessen. Im Grunde gibt es keine richtigen oder falschen Entscheidungen; sie *alle* tragen zwar wesentlich dazu bei, wie Sie und Ihr Leben sich entwickeln, doch mit dem eigentlichen Ich haben sie nichts zu tun. Eine Entscheidung, die nicht zum beabsichtigten Ergebnis führt, lässt keinerlei Rückschlüsse auf Ihren Charakter zu. Dennoch können die Auswirkungen auf Ihr Selbstwertgefühl und auf Ihr Selbstvertrauen fatal sein.

Wenn Sie nicht die Verkörperung Ihrer Entscheidungen werden wollen, müssen Sie sich sagen, dass Sie durch eine »falsche« Entscheidung einfach eine Erfahrung reicher geworden sind und es das nächste Mal anders machen können. Sie sollten nicht der Vergangenheit nachhängen und über die Umstände nachgrübeln, die zu Ihrer vermeintlichen Fehleinschätzung geführt haben. Stellen Sie sich lieber auf die veränderten Umstände ein, mit denen Sie nun konfrontiert sind, und überlegen Sie, wie Sie Ihre Intelligenz, innere Stärke und Ihre Intuition so einsetzen können, dass Sie künftig überlegter an die Dinge herangehen. Vermeiden Sie nicht ganz, über diese Entscheidungen und deren Konsequenzen nachzudenken, doch tun Sie dies von einem rationalen, nicht von einem emotionalen Standpunkt aus. Versuchen Sie zu verstehen, weshalb Sie sich so und nicht anders entschieden haben, verzeihen Sie sich, und blicken Sie nach vorne.

Ein vermeintlicher Fehler wird so zu einer wertvollen Lehre und ist im Grunde ein Geschenk an Ihre Weiterentwicklung. Sie sind kein schlechter Charakter, und Sie sind mehr als die Summe Ihrer Entscheidungen: Sie sind einfach menschlich.

• • •

## ZEIGE MIR DEINE SPRACHE, UND
## ICH SAGE DIR, WER DU BIST

### DIE MACHT DER WORTE

Worte besitzen Macht. Schon in der Bibel heißt es: »Im Anfang war das Wort«, und wir alle wissen, welche Kraft Worte haben und dass sie auch verletzen können. Die meisten von uns bemühen sich hoffentlich darum, keine giftigen Bemerkungen zu machen. Denn wir können auf dem Pfad zur Erleuchtung einen guten Schritt vorankommen, wenn wir unsere Worte mit Bedacht wählen – und das heißt, dass wir uns klarmachen müssen, welche Macht sie haben können und welche Energie hinter ihnen steckt.

Bewusstes Sprechen ist ein effektives Mittel, um positive Veränderungen zu bewirken. Sie können tatsächlich Ihrem Leben eine positive Wendung geben, wenn Sie sich dessen, was Sie sagen, stärker bewusst sind. Wenn Sie beispielsweise ständig abwertend über sich selbst reden, etwa »Ich bin dick, unbeholfen, unbeliebt ...«, dann werden Sie sich zweifellos auch so fühlen. Wenn Sie sich selbst jedoch ein paar Streicheleinheiten gönnen wie: »Ich bin fit, sportlich und sympathisch ...«, so werden Sie sich in einem positiveren Licht sehen und diese lebensbejahenden Eigenschaften auch anstreben.

Eine optimistische Grundeinstellung und bewusst gewählte Worte – beides ist wichtig, wenn Sie mit anderen sprechen. Jeder weiß, wie ermüdend die Gesellschaft von Menschen ist, die ständig nur jammern oder ohne Punkt und Komma schwatzen und tratschen. Dagegen fühlen wir uns von fröhlichen Menschen magisch angezogen, die gerne mal ein Kompliment machen oder uns zum Lachen bringen.

Seien Sie sich Ihrer Worte und Ihrer Intention beim Sprechen bewusst. Seien Sie aufrichtig, damit Sie das Gesagte auch wirklich so meinen und voll und ganz dahinterstehen. Versuchen Sie, sich Ihres Gegenübers und der Wirkung Ihrer Worte vollkommen bewusst zu sein, denn dann werden Sie nicht so schnell etwas Negatives sagen.

• • •

# EINE ANDERE WIRKLICHKEIT

## ABGESCHNITTEN VON DER KRAFTQUELLE

Wir alle machen Phasen durch, in denen wir das Gefühl haben, vom liebevollen Auf und Ab des Universums abgeschnitten zu sein. Diese Zeiten der Trennung von der Kraftquelle haben die unterschiedlichsten Ursachen, doch die häufigste ist Selbstsabotage. Gezielt, wenn auch oft unbewusst, klinken wir uns aus dem Energiefluss des Universums und aus der menschlichen Gemeinschaft aus, um uns nicht mit schmerzlichen Problemen auseinandersetzen zu müssen, weil wir die notwendigen Schritte für spirituelles Wachstum scheuen oder weil wir verhindern wollen, dass sich womöglich der Erfolg einstellt, vor dem wir im Grunde Angst haben.

Wenn Sie die Verbindung zur Kraftquelle unterbrechen, so blockieren Sie den Fluss kosmischer Energie, die sonst durch Sie hindurchströmt. Sie werden zu einer Art Schlafwandler, der dem Leben gegenüber nicht richtig wach ist, und all Ihre Hoffnungen, Pläne und Träume verkümmern zu verschwommenen Luftspiegelungen an einem fernen Horizont. Das Universum seinerseits hat Ihnen jedoch nie seine Hilfe verweigert. Wenn Sie sich klarmachen, dass es Ihre freie Entscheidung war, die Verbindung zur Kraftquelle zu unterbrechen, dann haben Sie auch die Wahl, die Verbindung *wieder aufzunehmen.*

Wenn Sie sich dem Universum wieder zuwenden, so erdet Sie das. Das ist genauso einfach, als würden Sie eine gezielte Anstrengung unternehmen, um sich für Ihre Lieblingsaktivitäten zu begeistern, oder auf Dinge ansprechen, die Sie fördern und anspornen. Vielleicht möchten Sie auch eine Liste aller Aktivitäten und Erfahrungen erstellen, die Ihr Innerstes anrühren. Versuchen Sie, genau festzuhalten, wann Sie das Gefühl hatten, voll und ganz bei der Sache zu sein, und überlegen Sie, was genau Sie da gemacht haben. Die allereinfachste Methode, die Verbindung wieder aufzunehmen, besteht schlicht darin, die Absicht zu bekunden.

Wenn Sie sich vom Universum abkoppeln, dann haben Sie keinen Kontakt zu Ihrer Kreativität, Ihrem Erfindungsreichtum und Ihren Zielen. Vielleicht empfinden Sie eine tiefe unbestimmte Sehnsucht, haben keine Ideen mehr und glauben, dass Sie es nicht wert sind, geliebt zu werden. Entscheidend ist zu erkennen, dass die Trennung von der Kraftquelle kein Dauerzustand ist, sondern jederzeit wieder rückgängig gemacht werden kann, sobald Sie beschließen, dass Sie dazu bereit sind. Wenn Ihre Verbindung zum Universum wieder hergestellt ist, wird sein Energiestrom wieder durch Sie hindurch und in Ihr Leben fließen, und Sie werden sich wieder rundum lebendig fühlen.

•••

# DIE SPIEGELWELT

## WIR SIND EIN EBENBILD DER NATUR

Die Natur ist unser Spiegel. Sie ist uns Inspiration und Lehrmeisterin, und sie vertieft unser Gefühl, Teil dieser Welt zu sein. Man kann blicken, wohin man will, überall stimmen unsere Muster mit denen der Natur überein. Diese Resonanz können wir in allem finden – angefangen bei Molekülen, über Pflanzen und Tiere bis hin zu den Planeten. Wir leben nach den gleichen Grundprinzipien wie Bäume, Berge, Wolken und Vögel.

Unser Leben beginnt im Mutterleib – eingerollt wie eine Blütenknospe. Unser ganzes Leben spiegelt sich in dieser einen Naturform wider. Wenn wir den Mutterleib verlassen, beginnen wir langsam, uns zu entfalten, so wie eine Blume ihre Blütenblätter öffnet. Wenn sie voll erblüht ist, zieht sie viele Insekten an und auch die bewundernden Blicke der Menschen. Beginnt sie zu welken und nähert sich ihr Lebenszyklus seinem Ende, so kann sie sich nicht länger aufrecht halten und kehrt in den Schoß der Erde zurück.

Seit Urzeiten ergeht es uns genauso – wie allen Pflanzen und Tieren. Wie die Blumen hinterlassen wir unsere Saat – in Gestalt von Kindern und anderen Dingen, die nur von uns allein kommen konnten; und diese werden sich weiter entfalten, wenn es uns nicht mehr gibt. Die Wiedergeburt ist unserem Leben eingraviert, und der Tod ist nur ein Teil des Kreislaufs.

Sie brauchen sich nur umzusehen, um Zusammenhänge zu erkennen und Erkenntnisse zu gewinnen. Beobachten Sie, wie unsere Stimmungen wechseln, so wie sich die Farbe des Himmels von strahlendem Blau in stürmisches Grau verwandelt. Ihre Gedanken ähneln Wolken – sie tauchen scheinbar aus dem Nichts auf, verändern ihre Gestalt, ziehen vorüber, um dann wieder spurlos zu verschwinden. Ein Gewitterregen klärt den Himmel, so wie ein Gefühlsausbruch Ihre Psyche reinigt. Der Himmel ist Ihr ewiges Bewusstsein, der unveränderliche Hintergrund all dieser Verwandlungen. Sehen Sie in ihm Ihre ewige Vollkommenheit widergespiegelt.

Suchen Sie nach eigenen Metaphern für die Verbundenheit mit der Natur, wenn Sie durchs Leben streifen. Malen Sie diese Metaphern bis ins kleinste Detail aus, und lassen Sie sich von ihnen durch das Mysterium und die Weisheit des Lebens geleiten.

• • •

# DIE MACHT DES MITGEFÜHLS

## VON DER ANGST, SEIN HERZ ZU ÖFFNEN

Es ist nicht einfach, großherzig zu sein in einer Welt, die die unterschiedlichsten Erfahrungen für uns bereithält. Uns wird im Leben viel Freude, Liebe und Licht zuteil, aber auch ein gerüttelt Maß an Schmerz, Trauer und Leid. Wenn wir unser Herz öffnen, lassen wir alles an uns heran und sind von dem, was wir sehen, tief betroffen. Wir gehen nicht auf Distanz zum Leid anderer. Dazu kommt, dass auch unsere persönlichen Enttäuschungen ihren Tribut verlangen und wir uns vielleicht schwach, einsam und überfordert fühlen. Die meisten von uns glauben nicht, dass wir der Aufgabe, unser Herz dauerhaft zu öffnen, gewachsen sind. Das kann dazu führen, dass wir uns immer mehr verschließen, um ohne allzu große emotionale Erschütterungen durchs Leben zu kommen.

Damit es nicht so weit kommt, ist es hilfreich, sich bewusst zu machen, welche Macht das Mitgefühl hat. Wenn wir uns dem Leid anderer öffnen, so ist dies ein revolutionärer Akt mit energetischen Folgen. Viele Experimente mit Meditation haben bewiesen, dass wir weit über unsere Grenzen hinauswachsen und andere heilen können, wenn wir unser Herz öffnen. Eine Herzmeditation kann diese Kraft wecken und nicht nur die meditierende Person heilen, sondern auch jemand anderen, auf den sie sich konzentriert.

Vielleicht wollen Sie das einmal ausprobieren, wenn Sie das nächste Mal etwas Schmerzliches sehen oder hören. Beschließen Sie, Ihre Gefühle im Herzen zu behalten, anstatt sie abzuschalten. Machen Sie sich die göttliche Energie universeller Liebe zunutze, die Sie in sich tragen. Diese Energie macht Sie stark, denn in ihrem Schutz wird sich der Schmerz der anderen verwandeln.

Atmen Sie tief durch, und spüren Sie den Schmerz der Situation – in dem Wissen, dass Ihr Herz groß und stark genug ist, ihn aufzunehmen. Während Sie atmen, visualisieren Sie, wie heilendes Licht aus Ihrem Innersten strömt und alle berührt, die leiden. Währenddessen werden Sie auch *Ihr* eigenes Herz heilen.

• • •

# KIRSCHEN IN NACHBARS GARTEN

## ENTDECKEN SIE DIE FREUDE AN DEM, WAS SIE HABEN

Kein Leben vergeht ohne das Streben nach Freude und Glück. Leider glauben viele Menschen, sie fänden Erfüllung im idealen Job, durch den Erwerb irgendeiner Spielerei, durch Abnehmen oder dadurch, dass sie ein bestimmtes Image pflegen. Die Quelle des Glücks in Äußerlichkeiten zu suchen ist deshalb problematisch, weil man fixiert ist auf das, was man *nicht* hat beziehungsweise was man *nicht* ist – was unweigerlich dazu führt, dass man *unglücklich* wird.

Allzu leicht verlieren wir uns in unseren Wünschen und haben keinen Blick mehr für die Quellen von Freude und spirituellem Wachstum, die in unserem Leben bereits vorhanden sind. Die Kirschen in Nachbars Garten schmecken immer ein bisschen süßer, heißt es. Sobald Sie aufhören, sich und Ihren Besitz mit anderen zu vergleichen, werden Sie erkennen, dass in den Augen der anderen *Ihre* »Kirschen« die »süßeren« sind. Wenn man lernt, ganz im Augenblick zu leben und an seinem persönlichen Los Gefallen zu finden, kann dies eine Quelle tiefster Zufriedenheit sein.

Machen Sie sich als Erstes bewusst, was Sie alles haben. Schreiben Sie 100 Gründe auf, dankbar zu sein, selbst wenn es scheinbar nur Kleinigkeiten sind. Ihre Emotionen hängen vor allem von Ihrer Perspektive ab. Versuchen Sie daher, sich Umstände vorzustellen, in denen diese 100 Gründe wichtig sind, und machen Sie sich dann diese Perspektive zu eigen. Glück und Zufriedenheit müssen von innen kommen. Viele Menschen sind aufrichtig davon überzeugt, dass ein anderer Job, eine bessere finanzielle Lage oder eine neue Garderobe sie glücklich machen würden, nur um dann festzustellen, dass Sie sich nach Erreichen dieser Ziele nicht anders fühlen als vorher. Wenn Sie Ihre aktuellen Lebensumstände freudig akzeptieren, anstatt unnötig Energie an negative Gedanken zu verschwenden, wird Ihnen das helfen, Schwierigkeiten zu überwinden und Dinge ganz selbstverständlich zu verändern. Je glücklicher Sie sind, desto eher werden Sie in der Lage sein, die positiven Veränderungen zu bewirken, auf die es tatsächlich ankommt.

Die Unzufriedenheit über das, was Sie nicht haben, wird rasch verflogen sein, wenn Sie die Augen öffnen für all die wunderbaren Dinge, von denen Ihr Leben erfüllt ist. Vergessen Sie nicht, dass Freude ein Gemütszustand ist. Es hat wenig Sinn, das Glück von heute für irgendwelche Eventualitäten zu opfern, die eintreffen können oder auch nicht.

• • •

# MEHR ALS ENTRÜMPELN

## DIE POSITIVE WIRKUNG DER REINIGUNG

Wir alle haben schon einmal erlebt, wie es ist, wenn man ein Zimmer, ein Gebäude oder ein Haus betritt und sich auf Anhieb wohlfühlt. Umgekehrt gibt es Räume, in denen man sich ohne ersichtlichen Grund unwohl fühlt. Die Umgebung hat Einfluss auf unsere Gefühle. Ist ein Zimmer sauber und geräumig, mit ansprechender Einrichtung und geschmackvollen Kunstwerken, so spricht uns das offensichtlich mehr an als ein düsterer und vollgestopfter Raum. Tatsächlich bezieht sich unsere Reaktion nicht nur auf das materielle Umfeld. Intuitiv nehmen wir die Energie von Räumen in uns auf, die wir betreten.

Deshalb ist der Prozess der Reinigung so wichtig, vor allem in Ihren eigenen vier Wänden. Dabei geht es um mehr als einen Frühjahrsputz oder eine Entrümpelungsaktion, obwohl das wichtige erste Schritte sind. Es ist vielmehr eine Zeremonie, die Ihr Zuhause von alter Energie befreit, was besonders dann wichtig ist, wenn jemand dort krank war oder sich in einem der Zimmer ständig ein Streit abgespielt hat. Nach einer Reinigungsaktion werden Sie sofort den Unterschied spüren, vielleicht können Sie sogar eine Verbesserung von Beziehungen, Finanzen oder Gesundheitsproblemen feststellen.

Für die Durchführung einer Reinigungszeremonie emp-
fehlen sich ganz bestimmte Schritte. Manche davon sind
ziemlich aufwendig, doch alle folgen dem gleichen Grund-
prinzip der *Intention*. Es ist immer gut, mit einem gründlichen Hausputz zu beginnen und Überflüssiges loszuwerden. Überlegen Sie, welches Ihre Intentionen für Ihr
Zuhause sind und was Sie in Ihr Leben einladen wollen.
Vielleicht wollen Sie eine ruhige, entspannte Atmosphäre
schaffen, oder Sie wünschen sich ein Haus voller Menschen und viel herzliches Lachen. Je mehr Sie sich auf Ihre
Vision konzentrieren, desto deutlicher wird das Haus
Ihrer Träume in ganz neuem Licht erscheinen.

Gehen Sie zu Beginn der Reinigung von einem Zimmer
zum anderen, und spüren Sie der Energie im ganzen Haus
nach. Manche Bereiche werden sich besonders träge anfühlen. Sie wissen dann, wo Sie mehr Zeit und Energie bis
zum Erreichen der Reinheit werden aufwenden müssen.
Dazu können Sie trommeln, in die Hände klatschen, klin-
geln oder eine Glocke läuten. Sie können auch mit einem
Salbeibündel das ganze Haus ausräuchern. Achten Sie
darauf, auch in die Ecken, in das Innere von Schränken
und unter die Betten zu gelangen.

Hier die Schritte für einen schnellen Energieabgleich:

— Beginnen Sie mit einer gründlichen Reinigung.

— Lassen Sie täglich Sonnenlicht und frische Luft
herein, oder stellen Sie ein paar neue Pflanzen auf
(gießen Sie regelmäßig, und sorgen Sie für ihr Gedeihen).

– Führen Sie eine verkürzte Form des Händeklat-
schens oder des Klingelns dort durch, wo die Energie
noch schwerfällig wirkt.

Sie werden staunen, wie viel besser Sie und Ihr Zuhause
sich danach fühlen werden.

• • •

# HÜTER DER WEISHEIT

## ALTE MENSCHEN

In Stammeskulturen spielen die Ältesten eine wichtige Rolle. Sie sind die Bewahrer der kollektiven Erinnerung und Hüter der Weisheit. Als solche sind sie geachtete und respektierte Stammesmitglieder. In vielen modernen Kulturen ist das nicht mehr so. Viele ältere Menschen beklagen sich darüber, dass sie sich missachtet, ausgegrenzt und respektlos behandelt fühlen. Das ist ein Armutszeugnis für das moderne Zeitalter, aber wir können etwas daran ändern, indem wir unsere Einstellung alten Menschen gegenüber gründlich überprüfen und entsprechend handeln.

Moderne Gesellschaften sind besessen von der Idee des Neuen, der Jugend und des Fortschritts. Für alles und jedes gibt es wissenschaftliche Studien, die uns sagen, wie wir unsere Kinder zu erziehen haben und was wir zum Frühstück essen sollen. Infolgedessen wird das Wissen, das von der älteren Generation an die Jüngeren weitergegeben wird, oft geringgeschätzt. Aber Großeltern und Rentner haben der Welt natürlich mehr zu bieten als Informationen. Durch ihre Reife und Lebenserfahrung verfügen sie über einen weiten Horizont, und wir können eine Menge lernen, wenn wir mit ihnen sprechen.

Es ist eine Schande, dass die Gesellschaft nicht mehr

dafür tut, damit ältere Menschen bis zu ihrem Lebensende das Gefühl haben, gebraucht zu werden und leistungsfähig zu sein. Doch gerade *Sie* können dazu beitragen, das zu ändern. Sie könnten zum Beispiel ein Mentorenprojekt ins Leben rufen, bei dem Kinder von den Bewohnern eines Altersheims betreut werden. Ältere Menschen sind auch wunderbare Geschichtenerzähler, und Projekte, in denen sie ihre Lebenserfahrung mit anderen teilen, sind eine weitere Möglichkeit, die jüngere Generation zu erziehen und zu inspirieren.

Machen Sie eine Bestandsaufnahme, wie es um Ihr Verhältnis zu Vertretern der älteren Generation bestellt ist. Vielleicht hören Sie ihnen nicht richtig zu, weil Sie der Ansicht sind, dass ihre Zeit abgelaufen ist und sie zu alt sind, um zu verstehen, mit welchen Problemen Sie sich gerade herumschlagen. Vielleicht stellen Sie sogar fest, dass Sie zu älteren Menschen überhaupt keine Beziehung haben. Versuchen Sie zu begreifen, wie und weshalb kulturelle Vorstellungen über alte Menschen Ihre persönliche Wahrnehmung beeinflussen.

Sehen Sie sich in Ihrem Umfeld um, und gehen Sie auf jemanden zu, der schon älter ist, und sei es nur, um Hallo zu sagen und über das Wetter zu reden. Nehmen Sie sich vor, alte Menschen künftig stärker zu beachten. Ältere sind Ratgeber, Weisheitslehrer und die Pioniere, die vor uns gelebt und uns den Weg in die Zukunft geebnet haben.

• • •

# SICH DURCHKÄMPFEN

## ANSTRENGENDE TAGE

Wir alle kennen Tage, die uns unendlich mühsam und anstrengend vorkommen – an denen sich alles gegen uns verschworen zu haben scheint und an denen wir uns nicht einmal eine Pause erlauben können, weil eine schwierige Situation die nächste jagt. Es ist, als stünden wir im Ozean und würden von einer Welle nach der anderen erfasst, ohne zwischendurch einmal ordentlich Luft holen zu können. Manchmal ist es die Sache wert, standhaft zu bleiben und uns durchzukämpfen. Manchmal ist es aber auch am besten, nach Hause zu gehen und sich die notwendige Atempause zu gönnen, um mit frischen Kräften weitermachen zu können.

Wenn Sie keine andere Wahl haben, als sich durchzubeißen, dann kann ein harter Tag auch ein großartiger Lehrmeister sein. Irgendwann *muss* auch er zu Ende gehen, und dann können wir rückblickend stolz auf unser Durchhaltevermögen, unseren Mut und auf unseren Einfallsreichtum sein, dank derer wir uns behauptet haben. Im Nachhinein wird uns vielleicht auch klar, was wir hätten anders machen können. Dieses Wissen wird sich künftig in ähnlichen Situationen bezahlt machen.

Wenn wir entscheiden, ob wir uns durchkämpfen sollen, dann müssen wir unserem Bauchgefühl vertrauen und uns auch darüber klar sein, dass ein Rückzug zur rechten Zeit manchmal der beste Garant für den Erfolg ist. Die Dinge mit Abstand zu betrachten kann uns daran erinnern, dass äußere Umstände nur ein Teil des Gesamtbildes sind. Wenn wir erst wieder zu Atem gekommen sind und uns gesammelt haben, können wir den nächsten Schritt beschließen. Dank eines kleinen Hoffnungsschimmers bringen wir vielleicht sogar die Energie auf, unsere Einstellung zu dem, was gerade abläuft, zu verändern und in den vermeintlichen Härten Chancen zu sehen. Ist es um unsere Aussichten erst einmal besser bestellt, werden unsere Taten und die Begleitumstände auf diese Erfahrungen aufbauen.

Manchmal genügt es, erst einmal richtig auszuschlafen. Niemand ist davor gefeit, einen harten Tag zu haben. Doch können diese Zeiten höchst lehrreich sein. Wenn wir es über uns bringen, den Tag nochmals Revue passieren zu lassen und vielleicht sogar unsere Sichtweise ein klein wenig zu verändern, dann können wir unsere Wunden lecken und den nächsten Tag ein gutes Stück klüger angehen.

• • •

# WIRKLICH FREI SEIN

## LOSLASSEN KÖNNEN

Es liegt unglaublich viel Freiheit darin, loslassen zu können. Es ist befreiend, Dinge loszuwerden, die sich in unserem Leben angehäuft haben – zu viele Habseligkeiten, nutzlos gewordene Emotionen, ungesunde Angewohnheiten, überholte Ansichten und selbst Menschen, die uns unsere Energie rauben. All diese Dinge können uns belasten. Ab und an tut »Großreinemachen« gut, und zwar im wörtlichen wie auch im übertragenen Sinn.

So wie man abgestorbene Äste zurückstutzt oder wie eine Schlange sich häutet, so müssen wir von Zeit zu Zeit loslassen, was uns nicht länger nützt oder nicht mehr zu uns passt. So schaffen wir Platz für Neues, Lebendiges und Vitales für die *jetzige* Phase unseres Lebens. Doch wir sind eine habgierige Gesellschaft. Oft halten wir an Dingen, Gefühlen und Beziehungen aus reiner Gewohnheit fest – oder manchmal auch aus Furcht vor dem Schmerz, sie nicht mehr zu besitzen.

Vieles, was man lernen muss, um loslassen zu können, hat mit Vertrauen zu tun. Wir müssen darauf vertrauen können, dass auch wirklich neue Triebe nachwachsen und unter der alten Haut tatsächlich eine neue steckt. Je mehr wir bereit sind loszulassen, desto mehr können wir auch annehmen. Wenn wir damit aufhören, uns an alles zu klammern, erkennen wir, dass wir *alles* haben, was wir brauchen.

In Wahrheit besitzen wir gar nichts – schon gar keine Menschen. Unser Ehepartner, Freund oder unsere Freundin »gehören« uns nicht wirklich, und unsere Kinder ebenso wenig. Selbst wenn wir ein Haus oder ein Auto unser Eigen nennen, so können uns derartige irdische Besitztümer von einem Moment zum anderen genommen werden, etwa durch eine Naturkatastrophe, einen Unfall oder finanzielle Umstände. Die Ureinwohner Amerikas konnten die europäische Idee des Eigentums nie begreifen – man kann Land doch nicht besitzen, ebenso wenig wie den Himmel! –, denn alles ist schließlich Teil des Universums, so wie wir Menschen auch. Wenn wir unser Verhältnis zu Besitz neu überdenken, fällt uns das Loslassen leichter. Wir müssen dann nicht mehr die Bürde der Verantwortung dafür tragen, etwas festhalten zu sollen.

Veranschlagen Sie den Wert einer geschätzten Büchersammlung, eines begehrten Jobs oder die Gefühle für eine Jugendliebe neu. Vielleicht ist es nicht nötig, sich physisch von etwas zu trennen, doch die Macht loszulassen, die eine Person, eine Ideologie oder ein Gegenstand besitzt, ist wirklich befreiend.

• • •

# SCHRITTE IN DIE RICHTIGE RICHTUNG

## DAS HANDWERKSZEUG FÜR IHRE BALANCE

Der Impuls, menschlich wie auch im Leben voranzukommen, endet niemals. Daher kann es nützlich sein, wenn einem im Leben Werkzeuge für ganz alltägliche Verbesserungen zur Verfügung stehen. Wann immer eine Veränderung ansteht, gleich welcher Art, öffnen Sie einfach den Werkzeugkasten, und bauen Sie einen oder mehrere der folgenden Tipps in Ihr Leben ein:

*– Fragen Sie das Universum täglich, was Sie Sinnvolles tun können.*
Da alle Menschen aufs Engste mit dem gesamten Universum verbunden sind, herrscht ein wechselseitiges Geben und Nehmen. Wenn Sie dem Universum mit lauteren Absichten etwas geben, dann werden Sie selbstverständlich auch reiche Ernte einfahren. Anstatt darauf zu warten, dass sich die Gelegenheit, Sinnvolles zu tun, von selbst ergibt, sollten Sie von sich aus fragen, wie Sie sich nützlich machen können. Stellen Sie diese Frage jeden Morgen beim Aufwachen oder Meditieren. Sie können gewiss sein, dass das Universum von Ihnen nicht mehr verlangt, als Sie geben können.

*— Kochen Sie bewusst, und segnen Sie alles, was Sie dabei verbrauchen.*

Vitalität und geistige Nahrung sind untrennbar mit dem verbunden, was Sie Ihrem Körper zuführen. Kochkunst besteht darin, Nahrung mit Bedacht zuzubereiten und positive Energie auf das Essen zu übertragen. Damit sich die Vitalität voll entfalten kann, gehört dazu unter anderem, mit liebevollem Respekt vor der Arbeit, mit der die Nahrung angebaut und zubereitet wurde, ans Werk zu gehen. Sprechen Sie einen schlichten Segensspruch vor jeder Mahlzeit, um Ihre Verbindung mit dem Kreislauf des Lebens zu stärken.

*— Geben Sie den anderen, was ihnen zusteht.*

Um die uneigennützige Liebe in Ihrem Leben zu fördern, sollten Sie spontan und ohne bestimmten Anlass allen Menschen freundlich gegenübertreten. Wenn Sie sich die Zeit dazu nehmen, wird das Ihr Leben genauso wie das der anderen bereichern.

*— Nehmen Sie sich täglich Zeit, Ihre Mitte zu finden.*

Ob in stressigen oder ruhigen Zeiten — vergessen Sie nicht, einmal täglich für einen kurzen Moment die Aufmerksamkeit auf Ihr Innerstes zu konzentrieren. Achten Sie auf Ihren Körper, stellen Sie fest, ob Sie Spannungen aufgebaut haben, und lösen Sie diese. Atmen Sie tief ein und aus, schließen Sie die Augen, und lassen Sie sich in eine kurze Meditationsphase hinübergleiten. Lassen Sie sich von der Erdenergie stabilisieren und stärken. Sobald Sie zur inneren Ruhe gefunden haben, öffnen Sie wieder die Augen, und sprechen Sie eine Danksagung, bevor Sie wieder in Ihren Alltag eintauchen.

*– Nehmen Sie sich Zeit, die Gesellschaft anderer zu genießen.*
Gemeinschaft ist ein höchst erfreulicher Aspekt unseres Daseins, auch wenn das in unserer hektischen Zeit leicht in
Vergessenheit gerät. Nehmen Sie sich Zeit für gute Freunde
oder Menschen mit gleichen Interessen. Denken Sie daran: Geteiltes Leid ist halbes Leid, und geteilte Freude ist
doppelte Freude!

• • •

# DIE FASSUNG VERLIEREN

## SIE SIND NICHT VERRÜCKT

Wer von uns rastet nicht gelegentlich einmal aus. In stressigen Zeiten haben wir manchmal das Gefühl, verrückt zu werden, etwa in der Umgebung von Menschen mit ganz anderen Wertvorstellungen. Das Ende einer wichtigen Beziehung oder eine veränderte Lebenssituation sind andere Auslöser, die uns aus der Bahn werfen können.

Solche Umstände kommen im Leben immer wieder vor, und natürlich wirken sie sich auf unser inneres Gleichgewicht aus. Für unsere »Unausgeglichenheit« gibt es eine ganze Reihe von Symptomen, angefangen damit, dass wir nicht die leiseste Ahnung mehr haben, wo wir den Autoschlüssel hinlegten, bis hin zu der Frage, ob wir eigentlich die Einzigen sind, die klar sehen, wenn alle anderen um uns herum sich gegen das sperren, was genau vor ihrer Nase passiert. Die häufigste Überlebensstrategie in solchen Momenten besteht darin, auf Abstand zu gehen, tief durchzuatmen und die Fassung wiederzugewinnen. Danach können wir entscheiden, was zu tun ist.

Manchmal wirkt schon eine Auszeit Wunder. Wir nehmen uns einen Tag frei, egal, was uns gerade den letzten Nerv kostet, und wunderbarerweise stellt sich sofort das Gefühl ein, wieder einen klaren Kopf zu haben. Auch das Gespräch mit einem unparteiischen Freund kann hilfreich sein. Wir beginnen zu erkennen, weshalb die Situation uns aus der Fassung bringt, und können hier ansetzen, um die Dinge zu ändern. Ist das, womit wir uns herumschlagen, besonders verfahren, geht es unter Umständen nicht ohne professionelle Hilfe. Wenn wir jemanden aufsuchen, der weiß, wie die menschliche Psyche auf Stress, Verlust und Probleme reagiert, so haben wir das Gefühl, damit nicht allein zu sein, und können Hilfe annehmen. Therapeuten oder spirituelle Berater können uns Techniken vermitteln, die unsere geistige Gesundheit wiederherstellen, so dass wir die Dinge sinnvoll verändern können. Sie führen uns auch vor Augen, dass wir im Grunde genommen gute Menschen sind, und helfen uns dabei, uns selbst zu akzeptieren und o.k. zu finden.

Das Alarmsignal in Gestalt des Gefühls, »verrückt« zu werden, soll uns vor allem sagen, dass irgendetwas in unserem Leben völlig aus dem Gleichgewicht geraten ist. Bestärken Sie sich in der Gewissheit, dass Sie durchaus in der Lage sind, um sich herum eine normale und friedliche Realität zu schaffen. Denken Sie daran, dass fast jeder schon einmal geglaubt hat, den Verstand zu verlieren. Sie verdienen ein Leben, in dem Sie sich entfalten können. Versuchen Sie noch heute, ein paar Schritte hin zu mehr Ausgeglichenheit und weg von der »Verrücktheit« zu unternehmen.

• • •

# ENTWICKLUNG FÖRDERN

## SPIRITUELLE ELTERNSCHAFT

Die Aufgabe von Eltern besteht darin, ihre Kinder auf das Leben vorzubereiten. Das Beste, was Sie Ihren Kindern mitgeben können, ist ein Bewusstsein ihres spirituellen Ichs. Sich selbst zu lieben und wertzuschätzen und mit dem ganzen Universum verbunden zu sein wird ihnen auf ihrem Lebensweg zugutekommen – vor allem dann, wenn der Weg wie so oft steinig wird. Zeigen Sie Ihren Kindern, dass Sie sie lieben, bringen Sie ihnen Toleranz und Mitgefühl bei, und fördern Sie ihre Unvoreingenommenheit, damit sie das Göttliche in sich entdecken können.

Liebe ist das A und O. Sorgen Sie mit Worten und Gesten dafür, dass Ihre Kinder immer das Gefühl haben, geliebt zu werden. Sie können sie gar nicht genug knuddeln und küssen, und hören Sie auch dann nicht auf, sie in den Arm zu nehmen und zärtlich zu berühren, wenn sie als Heranwachsende auf Distanz zu Ihnen gehen. Ermutigen Sie Ihre Kinder, ebenfalls liebevoll zu sein – und zwar zu allen, nicht nur der Familie und Freunden gegenüber. Machen Sie ihnen klar, dass sie mit allem verbunden sind – mit Menschen, Tieren, der Erde und den Sternen. Menschen, die erkannt haben, dass wir alle eins sind, sind mitfühlender und neigen weniger dazu, andere zu hassen oder zu verletzen.

Erziehen Sie Ihre Kinder so, dass sie ein Gefühl dafür entwickeln, dass ihnen die Erde gehört und sie dafür die Verantwortung tragen. So können sie gute Hüter des Universums werden und erkennen, wie kostbar das Leben ist. Bringen Sie ihnen Dankbarkeit bei. Vermitteln Sie ihnen, dass ein Regenbogen genauso ein Geschenk ist wie ein Spielzeug. Ermutigen Sie sie, sich auch für die kleinen Dinge dankbar zu zeigen und selbst in den Prüfungen des Lebens etwas Segensreiches zu sehen.

Schicksalsschläge sind für denjenigen leichter zu verkraften, der seine Sichtweisen auch ändern kann. Fördern Sie Selbstdisziplin durch spirituelles Training wie Yoga, Kampfsport, Gebet, Meditation, Musik oder Kunst. Zu lernen, wie man sich konzentriert und erdet, ist die beste Voraussetzung, um eine Verbindung mit dem Göttlichen herzustellen und sich selbst kennenzulernen. Kinder mit einem ausgeprägten Bewusstsein ihrer selbst sind besser in der Lage, kluge Entscheidungen zu treffen, positive Beziehungen zu anderen aufzubauen und destruktives Verhalten zu vermeiden. Lassen Sie die Kommunikation zu Ihren Söhnen und Töchtern niemals abreißen, und führen Sie deshalb eventuell das Ritual einer wöchentlichen Familienkonferenz ein.

Und gestehen Sie Ihren Kindern zu, versagen zu dürfen. Vermitteln Sie ihnen, dass wir bessere Menschen werden, indem wir aus unseren Fehlern lernen, und dass niemand perfekt ist, auch Sie nicht. Fangen Sie sie einfach auf, wenn sie straucheln, und ermutigen Sie sie dazu, immer wieder aufzustehen und ihre Flügel auszubreiten.

• • •

# FANGEN SIE BEI SICH AN

## WIE MAN LERNT, SICH SELBST ZU LIEBEN

Wir alle haben diesen Spruch schon unzählige Male gehört: »Wer wahre Liebe erfahren will, muss zuerst sich selbst lieben.« Ganz gleich, wie man es ausdrückt: Die Fähigkeit, sich selbst zu lieben, ist die Grundvoraussetzung dafür, ein gesunder und ganzer Mensch zu werden. Wir alle sind Kinder des Universums, aus der Liebe geboren. Unsere Anerkennung und liebevolle Fürsorge gilt anderen Menschen, Tieren, der Natur – allem, was den gleichen Ursprung hat wie wir. Und genauso verdienen auch wir selbst, von uns geliebt zu werden. Wenn wir uns selbst Liebe und Anerkennung wert sind, so drücken wir darin auch unsere Wertschätzung für das Universum aus, das uns geschaffen hat.

Sich zu lieben heißt, sich selbst voll und ganz zu bejahen, seine Stärken zu kennen und seine Fehler zu akzeptieren. Das ist nicht zu verwechseln mit Selbstverliebtheit und Egozentrik, denn sie beruhen auf Unsicherheit und falscher Selbsteinschätzung. Wahre Eigenliebe ist ein Garant dafür, derartig eigensüchtigen Bestrebungen nicht zu erliegen, denn wenn wir uns aufrichtig schätzen, dann wissen wir, dass wir es nicht nötig haben, die Schönsten, Begabtesten oder Reichsten zu sein. Wer sich selbst liebt, kann auch anderen gegenüber freigebig mit seiner Liebe sein, ohne Angst haben zu müssen, verletzt oder benutzt zu werden. Dann ist unser Selbstwertgefühl stark genug, um uns nicht von anderen ausnutzen zu lassen. Und wenn wir uns in unserer Eigenliebe sicher sind, ziehen wir auch die Liebe anderer an.

Wer sich selbst lieben will, sollte sich genauso behandeln wie einen geliebten Menschen. Seien Sie nett zu sich, und gönnen Sie sich alles, was Sie für Ihr Glück und Ihre Gesundheit brauchen. Gönnen Sie sich Auszeiten, in denen Sie all das tun, was Ihnen Freude bereitet. Essen Sie gut, und pflegen Sie sich. Sagen Sie sich nette Worte, loben Sie sich, und machen Sie sich Komplimente, so wie Sie es für Freunde, Familienmitglieder oder Ihren Liebsten beziehungsweise Ihre Liebste tun würden. Muntern Sie sich auf, wenn Sie deprimiert sind.

Und sagen Sie vor allem die Worte, nach denen wir uns alle sehnen. Stellen Sie sich vor den Spiegel, und sagen Sie zu sich: »Ich liebe dich.« Das kann anfangs schwierig sein, doch ist es ein wirksames Hilfsmittel, sich selbst zu akzeptieren und lieben zu lernen. Auch wenn es Ihnen schwerfällt – vielleicht kommen Sie sich am Anfang komisch vor: Sie können es schaffen. Geben Sie nicht auf, auch wenn Sie die Liebesenergie nicht auf Anhieb spüren können. Lieben Sie zuerst sich selbst. Dann können Sie auch andere aufrichtig lieben, und Ihre Liebe wird aufrichtig erwidert werden.

• • •

# IMMER FÜR UNS DA

## GEISTFÜHRER

Auch wenn weit und breit niemand zu sehen ist, haben wir manchmal das unbestimmte Gefühl, dass jemand in unserer Nähe ist und uns genau dann Trost und Hilfe bringt, wenn wir es am dringendsten brauchen. Vielleicht haben wir gerade Schwierigkeiten, eine wichtige Entscheidung zu treffen, und plötzlich sehen wir ein Zeichen: Etwas erregt unsere Aufmerksamkeit, ein Graffito oder eine Melodie im Radio, und wir haben das Gefühl, durch diesen Fingerzeig zur richtigen Entscheidung geführt zu werden.

Unsere Geistführer sind allzeit bereit, uns ihre Hilfe anzubieten, wenn wir sie brauchen. Anders als Engel, die über uns wachen und uns beschützen, sind Geistführer genau das, was ihr Name besagt – Wesen, die uns auf unserem geistigen Pfad führen. Oft haben sie ein irdisches Dasein hinter sich und können uns nun von höheren Gefilden aus an ihrer Weisheit teilhaben lassen.

Geistführer können in unterschiedlichster Gestalt auftreten. Die »imaginären« Freunde, die Kinder oft haben, können eine solche Erscheinungsform sein. Sie sind der allgegenwärtige, treue Spielkamerad, der den Kindern nicht von der Seite weicht, vor allem dann, wenn sie alleine sind, Angst haben oder auf die ganze Welt böse sind.

Wir müssen nur wie Kinder ihre Anwesenheit zulassen, und schon werden sie uns ihre Hilfe anbieten.

Wir können Geistführer in unser Leben einladen, indem wir meditieren oder sie einfach darum bitten, unser spirituelles Bewusstsein zu erweitern. Geistführer treten nur selten ungefragt in unser Leben ein, auch wenn sie hin und wieder versuchen, unsere Aufmerksamkeit auf sich zu lenken, vor allem, wenn wir in Not sind. Wenn es sich bei den Geistführern um unsere Liebsten handelt, zu denen wir früher eine enge Beziehung hatten, so können sie uns mit dem Geruch ihres Lieblingsparfums oder eines Gewürzes umgeben, das sie gerne beim Kochen verwendet haben. Auch Klänge werden gerne eingesetzt, um unsere Aufmerksamkeit zu wecken – etwa, wenn uns Glockenklänge oder eine bekannte Melodie in den Sinn kommen.

Wenn wir bereit sind zuzuhören, haben uns die Geistführer sehr viel zu sagen. Sie wollen uns beim Lernen helfen, und sie unterstützen uns in unserem spirituellen Wachstum – damit auch wir vielleicht eines Tages selbst Geistführer sein können.

• • •

# EIN WARMER ZUFLUCHTSORT

## BESTE FREUNDE UND FREUNDINNEN

Wenn wir erwachsen sind, haben viele von uns bereits das große Glück gehabt, wenigstens eine(n) sehr gute(n) Freund(in) zu finden. Sind wir oft umgezogen oder hat sich unsere Lebenssituation immer wieder geändert, haben wir vielleicht trotzdem mit etwas Glück ein paar gute Freunde getroffen. Die Beziehung zu unserem besten Freund ist in vielen Fällen auch die früheste enge Beziehung zu Gleichaltrigen, und das kann ein Leben lang die Quelle großer Wärme und Verbundenheit sein. Manche Äußerlichkeiten einer engen Freundschaft verändern sich im Laufe des Heranwachsens und Älterwerdens, doch im Kern bleibt sie gleich: Unsere besten Freunde sind ein Wärme und Zuneigung ausstrahlender Zufluchtsort. Dort können wir einfach wir selbst sein, unsere intimsten Geheimnisse teilen, uns ausruhen, wenn wir müde, und feiern, wenn wir glücklich sind – es gibt keinen besseren Ort, um das kostbarste aller Geschenke zu geben und zu empfangen: Liebe.

In den meisten engen Beziehungen kommt es gelegentlich zu kleineren Turbulenzen, aber eines der Kennzeichen einer dauerhaft intakten Freundschaft ist die Fähigkeit, die Dinge gemeinsam wieder auszubügeln und Veränderungen nicht die Substanz angreifen zu lassen. Unsere besten Freunde bringen das Kunststück fertig, uns mit all unseren Veränderungen zu lieben, so wie wir es umgekehrt auch tun. Wir finden immer wieder Wege, um Unterschiede zu akzeptieren und positiv zu sehen, um Liebe und Unterstützung zu geben, egal worum es geht. Wir gestehen einander zu, dass wir zu einem bestimmten Zeitpunkt einfach so sind, wie wir sind; und genauso akzeptieren wir es, dass wir uns im Laufe der Zeit verändern. Deshalb hat man bei besten Freunden gelegentlich das Gefühl, dass sie zur Familie gehören. Wir wissen, dass wir immer zusammenhalten werden, ganz egal, wohin uns unser Lebensweg auch führen mag.

Ob wir mit unserem besten Freund nun tagtäglich telefonieren oder schon seit einem Jahr Funkstille herrscht — wir wissen, sobald wir wieder Kontakt aufnehmen, wird der »Draht« sofort wieder da und die Freundschaft genauso intensiv sein. Sie verbindet uns, wenn wir getrennt sind, und es zieht uns auf beglückende Art zurück an den warmen Zufluchtsort in der Gesellschaft des Freundes, sobald sich unsere Wege wieder kreuzen.

• • •

# HEILIGEN SIE IHR ZUHAUSE

## MACHEN SIE AUS IHREM ZUHAUSE EINEN ZUFLUCHTSORT

Unser Zuhause ist mehr als nur ein Dach über dem Kopf. Es ist ein Zufluchts- und Rückzugsort mit stiller, heiterer Atmosphäre. Es bietet nicht nur eine sichere, gedeihliche Umgebung für den Körper, sondern ist ein Schrein für den Geist. Wir tun viel dafür, damit unser Zuhause eine gemütliche und friedvolle Oase für uns und unsere Familien ist. Es soll auch für Freunde einladend sein. Wir können diese Ruhe weit über unsere eigenen vier Wände hinaus in eine Welt ausstrahlen lassen, die so sehr auf Liebe und Mitgefühl angewiesen ist. Stellen Sie sich vor, wie Sie heilende Energie aussenden, die das Leben anderer verändern kann, ohne dass Sie Ihr gemütliches Wohnzimmer dazu verlassen müssen.

Wenn Sie Ihre äußere Umgebung so gestalten wollen, dass ein Licht der Liebe von dort ausgeht, müssen Sie sich zunächst nach *innen* wenden. Sorgen Sie mit der richtigen Ernährung, mit Sport, mit Meditation und Gebeten dafür, dass es Körper und Geist gutgeht. Sie heilen Ihr Zuhause, indem Sie es sauber und ordentlich halten. Doch abgesehen von dieser oberflächlichen Ordnung und Sauberkeit ist es wichtig, es auch *regelmäßig* spirituell zu reinigen.

Wenden Sie hierzu die Prinzipien des chinesischen Fengshui oder der indischen Vastu-Lehre an, um in jedem Zimmer Ihres Zuhauses Harmonie zu schaffen. Öffnen Sie die Fenster. Bringen Sie stagnierende Energie wieder zum Fließen, indem Sie Salbeibündel oder Räucherstäbchen abbrennen, trommeln oder in die Hände klatschen.

Bitten Sie durch Meditation oder Gebet um Segen für Ihr Zuhause. Zum Beispiel so:

*Suchen Sie sich einen ruhigen Ort. Atmen Sie tief und gleichmäßig, und sammeln Sie sich. Konzentrieren Sie sich auf eine kleine, goldene Lichtkugel vor Ihrem Bauchnabel. Legen Sie schützend die Hände darum, und spüren Sie, wie die Wärme sich in Ihren Fingern, den Armen und schließlich in Ihrem ganzen Körper ausbreitet. Stellen Sie sich vor, wie die Kugel in Ihren Händen immer größer wird, und begleiten Sie ihr Wachsen mit den Händen. Und während die Kugel immer weiter wächst, breiten Sie Ihre Arme aus, bis die goldene Kugel überfließt und sich liebevolles Licht in den Raum ergießt und den ganzen Raum erfüllt. Beobachten Sie, wie das Licht sich im ganzen Haus ausbreitet, wie es durch Türen und Fenster in den Garten und zu den Nachbarn strömt. Schauen Sie zu, wie das Licht einem Lavastrom gleich dahinfließt, bis es schließlich die ganze Erde in einen goldenen Schein aus Frieden und Liebe einhüllt.*

*Atmen Sie tief ein und aus, um wieder in Ihre Umgebung zurückzukehren. Lassen Sie den Lichtschein weiterhin liebevolle Energie in die Welt hinausstrahlen. Schwelgen Sie ruhig im Licht, und seien Sie gewiss, dass Ihr Zuhause ein Zufluchtsort für jeden ist, der es betritt, und sogar für alle jenseits seiner physischen Begrenzungen.*

• • •

# DAS SANFTE PRINZIP

## BEGEGNEN SIE ALLEM MIT BEHUTSAMKEIT

Oft müssen wir uns im Leben mit Blockaden auseinandersetzen, die unseren Vorwärtsdrang dämpfen. Unabhängig davon, ob diese Hindernisse persönlicher, beruflicher oder zwischenmenschlicher Art sind, ist unser erster Impuls oft, dagegen anzukämpfen. Die einfachste Art, Widerstände abzubauen, besteht jedoch darin, sanft, behutsam und mit freundlichen Absichten an die Sache heranzugehen. Zank und Streit können keinen Angriffspunkt finden, wenn sie mit Milde konfrontiert werden, denn zum Streiten gehören immer zwei. In vielen Bereichen unseres Lebens lässt sich das sanfte Prinzip segensreich anwenden. Seine Schönheit liegt in seinen vielen Facetten: Es besteht aus Liebe, Mitgefühl, Geduld, Verständnis und Respekt vor dem Anderen. Wenn wir mit ganz selbstverständlicher Behutsamkeit durchs Leben gehen, fließen diese wundervollen Elemente ganz natürlich in unsere Erfahrungen ein.

Das heißt jedoch nicht, dass sanfte Menschen von Natur aus passiv oder lammfromm sind. In ihrer Zärtlichkeit manifestieren sich vielmehr eine außergewöhnliche innere Stärke sowie die Tatsache, dass sie sich bewusst dafür entschieden haben, mit dem Strom des Universums zu schwimmen, anstatt sich dagegenzustemmen. Sie selbst können

Sanftmut in Ihrem Leben in Situationen einsetzen, in denen Sie sich von den Umständen oder von Menschen, mit denen Sie zu tun haben, herausgefordert fühlen. Wenn Sie behutsam vorgehen, wird die Energie, von der Sie erfüllt sind, sich vermutlich verlagern und so die vor Ihnen aufgebauten Hindernisse verschwinden lassen.

Die Zusammenarbeit läuft reibungsloser, wenn man behutsam an die Dinge herangeht, so dass alle Beteiligten spüren, dass ihre Bedürfnisse berücksichtigt werden. Und Streit lässt sich mit Sanftmut schnell beilegen, denn das dualistische Konzept von Gewinnen und Verlieren wird irrelevant, wenn wir willens sind, Menschen, die andere Wertvorstellungen haben, mit grenzenloser Geduld zu begegnen.

Behutsamkeit muss man *üben*, denn in bestimmten Lebensphasen werden wir ermutigt, Konkurrenzdenken zu entwickeln. Zunächst wird es Ihnen aufgrund alter Gewohnheiten nicht leichtfallen, sich wirklich sanftmütig zu verhalten. Doch vorausgesetzt, Sie lassen sich darauf ein, das sanfte Prinzip in allen Bereichen Ihres Lebens anzuwenden – sei es, indem Sie kooperieren, anstatt zu konkurrieren, oder indem Sie unüberwindlichen Hindernissen auf Ihrem Weg elegant ausweichen, um neue Wege zu finden –, werden Sie nach einer Weile merken, wie Sie allmählich ganz selbstverständlich so zu handeln beginnen. Ihre Denk- und Verhaltensmuster werden friedlicher, und Sie werden feststellen, dass Sie auf Ihrem Lebensweg viel seltener auf unüberwindliche Widerstände treffen.

• • •

# ÜBER DEN WOLKEN

## IRGENDWO IST IMMER SONNENSCHEIN

Es gibt Zeiten, da sehen wir kein Licht am Ende des Tunnels. Dann kann uns der Gedanke an die Sonne weiterhelfen. Ihre warmen, leuchtenden Strahlen hellen selbst unsere trübsten Gedanken auf; und es tut gut, sich darauf zu besinnen, dass sie gerade jetzt scheint, auch wenn es gar nicht danach aussieht. Zwar können wir sie nicht immer sehen, weil Wolken uns bisweilen die Sicht versperren, doch sie können sich nur vorübergehend vor die Sonne schieben. Wenn die Dunkelheit hereindämmert, wissen wir, dass genau in diesem Moment die Sonne irgendwo anders und gar nicht so weit entfernt scheint und es nur eine Frage der Zeit ist, bis sie ihre Strahlen wieder zu uns herabschicken wird.

Wenn wir uns klarmachen, dass immer irgendwo die Sonne scheint, dann wissen wir auch, dass das ganze Universum ständig in Bewegung ist. Selbst wenn das Leben manchmal zum Stillstand gekommen zu sein scheint, müssen wir nur genug Zuversicht und Geduld aufbringen, bis alles wieder genau so ist, wie es sein soll. Wir können auch hier dem Beispiel der Sonne folgen, indem wir unsere Arbeit tun und unser Licht leuchten lassen, selbst wenn wir keine unmittelbaren Ergebnisse sehen. Auf diese Art üben wir uns in Geduld und sind bereit, eine Chance zu ergreifen, sobald sie sich bietet. So sorgen wir auch dafür, dass alle anderen Dinge an ihrem angestammten und perfekten Platz bleiben.

Die Sonne erinnert uns außerdem daran, dass das Licht unserer inneren Wahrheit unauslöschlich ist. Unser inneres Licht ist immer da, egal, was um uns herum geschieht. Die Sonne liefert uns täglich aufs Neue den Beweis für ihre Existenz. Bis wir an unsere eigene Ausstrahlung glauben, dauert es manchmal etwas länger. Wenn wir jedoch zurückdenken, fallen uns Momente ein, in denen wir Ausstrahlung gehabt haben, und wir können darauf vertrauen, dass wir sie wieder erleben werden. Genau wie die Sonne ist auch unser Licht die Energie, die uns mit den Bewegungsabläufen des Universums und dem Kreislauf des Lebens verbindet; und es ist immer da, ob wir sein Leuchten spüren oder nicht.

• • •

## VERÄNDERUNGEN MIT DEM NÖTIGEN RESPEKT ANGEHEN

### DIE WEISHEIT DER ANGST

Alles, was der Mühe wert ist, ist mit Ängsten verbunden. Heiraten, Kinderkriegen oder den Beruf wechseln – jede größere Veränderung im Leben kann starke Ängste auslösen. Da ist es hilfreich, sich zu vergegenwärtigen, dass solche Ängste grundsätzlich positiv sind. Sie sind ein Zeichen, dass Sie sich fragen, ob Sie das neue Leben in dieser Form wirklich wollen. Und zugleich sind sie eine starke Mahnung, dass man sich erst von der Vergangenheit lösen und um Verluste trauern sollte, bevor man etwas Neues beginnt.

Angst kann uns leicht aus dem Gleichgewicht bringen, uns irritieren und verunsichern. Doch sie sollte uns auf keinen Fall entmutigen. Sie hat den Sinn, uns anzuzeigen, dass wir uns am Rande unseres »Wohlfühlbereichs« bewegen – zwischen unserem alten und einem neuen Leben. Immer dann, wenn wir uns unseren Ängsten stellen, überwinden wir ein inneres Hindernis, betreten Neuland und bereichern unser Leben, und zwar im konkreten wie im übertragenen Sinn.

Je mehr wir unsere Angst respektieren oder sie sogar begrüßen, desto mehr werden wir auf ihre Weisheit hören, die uns sagt, dass es an der Zeit ist, einen Schritt nach vorne zu tun – oder auch nicht. Auch wenn »Mut durch Angst« ein Widerspruch in sich ist, können wir lernen, unsere Angst zu respektieren, zu spüren, wann sie da ist, auf ihren klugen Rat zu hören und sie als den Vorboten des Wandels zu schätzen. Durch sie wissen wir, dass die Veränderung, die wir in Erwägung ziehen, bedeutsam ist. Und deshalb gehen wir mit dem nötigen Ernst an die Sache heran.

Vielleicht möchten Sie sich mit Ihrer Angst unterhalten und ihre Tiefen ausloten, um die geplante Veränderung besser zu verstehen. Sie könnten dies tun, indem Sie in stiller Meditation dasitzen und lauschen oder Tagebuch führen. Schreiben Sie auf, was immer Ihnen in den Sinn kommt – Ihre Sorgen und was Sie deprimiert, Ihre Hoffnungen und wofür Sie sich begeistern. Es ist eine großartige Methode, um mit Hilfe der Angst mehr über sich herauszufinden und sich klarzumachen, dass dieses Gefühl sich fast immer dann einstellt, wenn das, was Sie vorhaben, diese Mühe auch wert ist.

• • •

# EINE EINLADUNG ZUM LIEBEN

## ENGELMEDITATON

Auch wenn in der Heerschar Ihrer Geistführer die unterschiedlichsten Wesen vertreten sind, die alle bereitwillig über Sie wachen, ist das Meditieren mit Engeln eine ganz besondere Erfahrung, die einzigartige Einsichten vermitteln kann. Diese himmlischen Helfer, die Ihnen zur Seite stehen, sind ebenso klug wie stark. Sie verfügen über ein grenzenloses Verständnis für Ihre Bedürfnisse und Wünsche, kennen Ihre Stärken und Schwächen sowie auch Ihre Ziele. Doch Engel werden in Ihrem Leben nur dann aktiv, wenn sie darum gebeten werden. In der Meditation können Sie mit Engeln Kontakt aufnehmen und sie liebevoll darum bitten, Tag für Tag aktiv an Ihrem Leben teilzuhaben.

Suchen Sie sich zunächst einen abgeschiedenen Ort, an dem Sie durch nichts abgelenkt werden. Räucherstäbchen und Kerzenlicht können Ihnen helfen, sich in einen meditativen Zustand zu versetzen; sie sind aber nicht unbedingt erforderlich. Stellen Sie ein Bild, eine Statue oder einen anderen Gegenstand auf, der Engel symbolisiert, bevor Sie Ihre Gedanken konzentrieren.

*Setzen Sie sich bequem hin, atmen Sie tief ein und aus, und entspannen Sie sich. Wenn Sie zur Ruhe gekommen sind, laden Sie Ihre Engel des allerhöchsten Lichtes ein, sich zu Ihnen zu setzen, während Sie meditieren. Wiederholen Sie im Stillen Ihre Bitte, und beteuern Sie immer wieder, wie wichtig Ihnen diese gemeinsame Zeit ist. Dann stellen Sie sich vor Ihrem geistigen Auge vor, wie ein strahlendes weißes Licht über Ihnen schwebt. Atmen Sie es zunächst über den höchsten Punkt Ihres Kopfes ein, und leiten Sie es dann in Ihren gesamten Körper. Spüren Sie, wie sich das Licht durch Ihre Arme und Hände bis in Ihr Innerstes und in den Unterleib hinein ausbreitet. Wiederholen Sie diese Lichtverinnerlichung mit einem violetten Licht.*

*Bitten Sie die Engel erneut darum, bei Ihnen zu sein. Lassen Sie die Stille um Sie herum in Ihre Seele dringen, und öffnen Sie Ihr Herz für Ihre Engelsführer. Falls sie Ihnen eine Botschaft senden wollen, werden sie es jetzt tun. Lassen Sie zu, dass die Engel ihre Flügel um Sie breiten und Sie mit ihrer grenzenlosen Liebe umfangen. Atmen Sie sie ein, so wie Sie vorher das Licht eingeatmet haben.*

*Wenn sich die Meditation ihrem Ende nähert, spüren Sie vielleicht ihre Anwesenheit, ein Flügelrauschen oder sich bauschenden Stoff, oder ein Engel erscheint vor Ihrem geistigen Auge. Danken Sie dem Himmel dafür, dass er Sie mit Liebe und Licht versorgt hat und während der Meditation bei Ihnen war. Doch auch wenn Sie nichts spüren oder empfinden, ist das kein Grund zur Sorge – Sie können sicher sein, dass Ihre Engel bei Ihnen sind.*

Wundern Sie sich nicht, wenn Sie auch tagsüber anfangen, Anzeichen für die unmittelbare Nähe von Engeln zu sehen (zum Beispiel eine Feder auf Ihrer Türschwelle). Wenn Sie diese Meditationsübung öfter machen, werden Sie immer geschickter darin werden zu erkennen, wann Engel in der Nähe sind, und Sie werden ihre Anwesenheit spüren.

• • •

# HELL ERLEUCHTET

## LASSEN SIE IHRE SEELE ERSTRAHLEN

Wir alle hätten uns am liebsten schon einmal vor der Welt verkrochen. Besser unsichtbar sein, als dass andere uns sehen können oder von unserer Existenz Notiz nehmen. Der Wunsch, am liebsten unsichtbar zu sein, stellt sich oft dann ein, wenn wir sehr verletzt, wütend oder ganz einfach der Welt überdrüssig sind. Und während wir uns mit der Schutzbehauptung trösten, dass wir schüchtern, introvertiert oder einsam sind, verstecken wir uns vielleicht nur.

Wenn wir so tun, als wären wir unsichtbar, glauben wir tatsächlich, dass uns keiner sieht – sogar, wenn wir uns in Wahrheit bloß vor uns selbst verstecken. Und während wir uns bemühen, so unauffällig wie möglich zu leben, werden wir bloß immer auffälliger, weil es für andere unübersehbar ist, dass wir unser Licht verbergen wollen. Niemand von uns ist dazu geschaffen, sich zu verstecken, denn jeder strahlt einen einzigartigen Glanz aus, der dazu bestimmt ist, die Welt zu erleuchten. Wenn wir versuchen, unser Licht abzuschwächen, verringern wir die natürliche Strahlkraft des Universums und entziehen den Menschen um uns herum die einzigartigen Gaben und Talente, die wir eigentlich mit ihnen teilen sollten.

Aus dem Schatten zu treten und unser Licht leuchten

zu lassen ist in Wirklichkeit eine Chance, der Welt zu nützen. Wir alle sind dafür verantwortlich, einen Beitrag zur Gemeinschaft zu leisten, und das können wir tun, indem wir uns zeigen. Es nützt niemandem, wenn wir versuchen, uns zu verstecken. Wir alle sind Lichtwesen und dazu da, einander unsere Wege zu erleuchten. Wenn wir erstrahlen, werden wir zu einem hellen Spiegel, in dem die anderen ihren eigenen Glanz reflektiert sehen, und sie können gar nicht anders, als selbst auch strahlen zu wollen.

Lassen Sie Ihr Licht in die Welt hinausstrahlen, segnen Sie die Menschen um sich herum, indem Sie Ihre Gaben mit ihnen teilen, und schauen Sie zu, wie das Universum aufleuchtet.

• • •

# ZEILEN VOLLER DANKBARKEIT

## EIN »DANKBARKEITSTAGEBUCH« FÜHREN

Nicht an allen Tagen fällt es uns leicht, dem Leben gegenüber dankbar zu sein. Aber wenn Sie einmal genauer darauf achten, so gibt es *immer* etwas, wofür man dankbar sein kann. Dankbarkeit ist wichtig, und wenn man die Segnungen des Lebens erkennt, holt man noch viel mehr Positives in sein Leben. Ein Dankbarkeitstagebuch erinnert uns an all die Dinge, für die wir dankbar sein können. Kaufen Sie sich ein hübsches Notizbuch, oder basteln Sie es selbst. Sie können sogar ein ganz gewöhnliches Heft verwenden. Bringen Sie mit bunten Stiften Farbe in Ihr Büchlein. Oder wählen Sie eine Farbe für jede Dankbarkeitsrubrik: Rosa, wenn Sie etwas Schönes gesehen haben, Gelb für Freunde … und vielleicht Grün für Erfolge.

Sie können sich täglich, wöchentlich oder monatlich Notizen machen, wichtig ist nur, dass Sie regelmäßig schreiben. Tragen Sie das Datum ein, und schreiben Sie auf, wofür Sie warum dankbar sind sowie die Umstände, die Ursache für Ihre Dankbarkeit waren. Das Journal wird zu einer Chronik Ihrer Gefühle und Erfahrungen werden. Es macht Spaß, die eigenen Einträge von früher nachzulesen. Das Führen des Journals sorgt dafür, dass Sie sich eine dankbare Grundhaltung bewahren, denn es erinnert Sie an all die Dinge, die Sie glücklich machen.

Wenn Sie täglich schreiben, können Sie sich vornehmen, pro Tag eine bestimmte Anzahl von Dingen zu notieren, für die Sie dankbar sind. Wenn es Ihnen erst einmal zur Gewohnheit geworden ist, Segnungen zu zählen, werden Sie bald feststellen, dass Sie noch für sehr viel mehr Dankbarkeit empfinden. Sie können die Vorgabe erhöhen oder auch außer Rand und Band geraten und einfach alles aufschreiben, was Ihnen einfällt. Die meisten von uns haben unzählige Gründe, dankbar zu sein, und die ganz offenkundigen sind schnell gefunden. Doch nach ein paar Tagen werden Sie das Alltägliche immer mehr links liegen lassen – wie Essen, ein Dach über dem Kopf und Kleidung – und anfangen, ganz andere Dinge im Leben schätzen zu lernen. Wenn Sie sich erst einmal auf die Suche machen, werden Sie feststellen, dass Sie mit unzähligen dankenswerten Gaben belohnt werden. Menschen, mit denen Sie nur kurz zu tun haben, schenken Ihnen ein Kleinod an Güte oder einfach nur ein Lächeln.

Geben Sie Ihre dankbare Einstellung an andere weiter, und schenken Sie Ihrer Familie und Ihren Freunden Tagebücher, damit diese wiederum *ihre* Dankbarkeit aufzeichnen können. Sie können einen Anfang machen, indem Sie ihnen sagen, was *Sie* an ihnen besonders schätzen. Beschreiben Sie, was sie Ihnen gegeben haben, was Sie an ihnen beobachtet haben und was Sie sich für sie wünschen. Wertschätzung ist eines der schönsten Geschenke, das Sie jemandem machen können. In schriftlicher Form wird sie zu einem bleibenden Geschenk.

• • •

# VERKNÜPFTE SCHICKSALE

## WIR SIND ALLE MITEINANDER VERBUNDEN

Manchmal fühlen wir uns von der Welt abgeschnitten. Unsere Handlungen erscheinen bedeutungslos, und wir kommen uns vor, als lebten wir in einem Vakuum. In Wirklichkeit ist es jedoch so, dass noch unser kleinster Gedanke, unsere einfachste Handlung – all unsere täglichen Entscheidungen und wie wir die Welt sehen und zu ihr in Beziehung treten – unglaublich wichtig sind. Sie können gravierende Auswirkungen haben, sowohl auf das Leben unserer Mitmenschen als auch auf die Welt insgesamt.

Die Erde und all ihre Bewohner – Menschen, Tiere, Pflanzen, Luft, Wasser und Boden – sind unsichtbar miteinander verbunden. Auch die geringfügigste Handlung, ob positiv oder negativ, kann sich auf Menschen und Umgebungen auswirken, die mit unserem persönlichen Lebensbereich scheinbar nicht das Geringste zu tun haben. Sich der Verbundenheit aller Dinge ständig bewusst zu sein kann Ihnen dabei helfen, Ihre Entscheidungen und Ihr Leben unter dem Aspekt der weitreichenden Konsequenzen zu betrachten, für die Sie unter Umständen verantwortlich sind.

Angenommen, Sie wollen einen Holzstuhl kaufen. Sein Material war einmal Teil eines Baumes, der wiederum Teil eines Waldes war. Jemand wurde dafür bezahlt, den Baum zu fällen, ein anderer, das Holz zu schneiden, und wieder ein anderer, den Stuhl zu fertigen. Das Einkommen der Arbeiter hatte vielleicht eine positive Auswirkung auf ihre Familien, so wie der Verlust des Baumes umgekehrt einen negativen Einfluss auf den Wald und die Tiere hatte, die ihn bewohnt haben.

In ähnlicher Weise kann ein Wort der Ermutigung ein Kind mit einem besonderen Talent so beeinflussen, dass es seine Gabe weiterentwickelt und mit seinen Erfindungen eines Tages eventuell das Leben von Millionen Menschen verändert. Ein Gedicht, in dem man seine Gefühle ausdrückt, kann bewirken, dass sich ein Wildfremder, der es Tausende von Kilometern entfernt im Internet liest, weniger einsam fühlt – in dem Bewusstsein, dass es da draußen in der Ferne noch jemanden mit denselben Empfindungen gibt.

Wenn Sie sich Ihrer Verbundenheit mit allen Dingen bewusst sind, kann Ihnen das helfen, die globalen Auswirkungen Ihrer Entscheidungen mitzubedenken. Sie verfügen über so viel Macht, dass Ihre Worte und Handlungen im Leben von Menschen nachschwingen, denen Sie vielleicht nie persönlich begegnen werden. Die Erkenntnis, dass Sie mit allen Dingen aufs Engste verbunden sind und dass Ihre Kräfte die Welt beeinflussen, kann der erste Schritt auf dem Weg zu einem bewussteren Leben sein.

• • •

# UNS ERINNERN, WER WIR SIND

## MUTIGE GEISTER

Den meisten von uns ist der Gedanke vertraut, dass wir nicht etwa menschliche Wesen sind, die spirituelle Erfahrungen machen, sondern dass wir vielmehr *spirituelle* Wesen sind, die *menschliche* Erfahrungen sammeln. Wir hören das, und obwohl vielleicht ein lautes *Ja!* aus unserem Innersten kommt, nehmen wir uns nicht die Zeit, um diese Aussage auf ihren Wahrheitsgehalt zu überprüfen. Wenn wir diese Vorstellung in unser Selbstverständnis aufnehmen, so kann das unser Bewusstsein erweitern und uns dabei helfen, uns als mutige Geister zu sehen, die mit dem wichtigen Auftrag hier auf der Erde unterwegs sind, zu lernen und zu wachsen.

Als spirituelle Wesen sind wir in diesen irdischen Gefilden nur Besucher. Die Tatsache, dass wir bei unserer Geburt jegliche Erinnerung an das verloren haben, was vorher war, ist einer der zahlreichen Gründe, weshalb eine Seele so viel Mut aufbringen muss, um auf Erden Menschengestalt anzunehmen. Deshalb fühlen sich spirituelle Nachforschungen oftmals wie Erinnerungen an – denn es *sind* Erinnerungen. Uns ins Gedächtnis zu rufen, dass wir spirituelle Wesen sind, ist ein Teil der Aufgaben, zu deren Erledigung wir hier auf diesem Planeten sind.

Wenn wir aus der Erinnerung heraus agieren, so greifen wir auf die Weisheit zurück, die unser Geist gesammelt hat, lange bevor wir den Schritt in unser jetziges Leben gemacht haben. Uns darauf zu besinnen, wer wir eigentlich sind, kann uns das nötige Durchhaltevermögen geben, wenn wir überfordert oder frustriert sind. Es kann uns den Mut verleihen, uns durchzubeißen, auch wenn eine Sache noch so aussichtslos erscheint. Und es kann uns helfen, auf die uralte Weisheit zu vertrauen, die wir in uns tragen und die uns durch unsere Intuition vermittelt wird.

Wir haben uns dafür entschieden, auf der Erde zu sein, weil wir dort etwas lernen können, zu dem wir nur Zugang bekommen, wenn wir einen Körper haben. Manche von uns sind hier, um eine Schuld zurückzuzahlen, andere, um mehr über die Liebe zu lernen oder jemanden Vergebung zu lehren. Die meisten sind aus mehreren Gründen hier. Das Wissen liegt in unserer Seele, wir müssen uns nur daran erinnern.

Vergessen Sie auf Ihrem Lebensweg nie, wie mutig es ist, dass Sie da sind. Seien Sie stolz auf sich.

• • •

# EIN LEERES GEFÄSS KANN GEFÜLLT WERDEN

## DIE MACHT DES NICHT-WISSENS

Im Nicht-Wissen liegt Weisheit, und nur ein kluger Mensch gestattet sich zu sagen: »Ich weiß es nicht.« Es gibt viele Arten von Weisheit – von intellektueller über emotionale bis hin zur physischen. Selbst ausgewiesene Experten auf ihrem Gebiet können nicht *alles* über Mathematik, Yoga, Literatur, Psychologie oder Kunst wissen. Ein wahrer Meister seines Fachs wird sich zur Unwissenheit bekennen, denn nur ein leeres Gefäß kann gefüllt werden.

Es gibt vieles im Leben, wovon wir nichts wissen, und vieles, was wir gar nicht erst wissen wollen. Der Satz: »Ich weiß es nicht«, hat etwas Befreiendes. Wenn wir das zugeben, öffnen wir uns der Möglichkeit des Lernens – und darin zeigt sich Stärke. Niemand kann *alles* wissen. Und wenn wir das dennoch glauben, schränken wir uns ein, anstatt zu lernen und uns weiterzuentwickeln. Menschen, die ihr Nicht-Wissen eingestehen können, sind intellektuell und emotional meist souveräner als diejenigen, die so tun, als seien sie allwissend. Sie sind auch zufriedener mit sich und haben nicht das Bedürfnis, ihre vermeintliche Ignoranz überspielen oder verstecken zu müssen. Wer Wissen vortäuscht, über das er in Wahrheit gar nicht verfügt, kann am Ende ganz schön dumm dastehen.

Wir wären gut beraten, Menschen zu respektieren, die offen zugeben können, dass sie etwas nicht wissen – sie sind ehrlich uns und auch sich selbst gegenüber. Und auch wir sollten uns nicht genieren, »Ich weiß es nicht« zu sagen. Denn damit öffnen wir uns dem Unbekannten und können entdecken, was jenseits dessen liegt, was wir schon kennen.

Weise ist, wer Fragen mit einer Gegenfrage beantwortet oder uns mit einem Achselzucken und einem scherzhaften »Ich weiß es nicht« dazu anregt, in uns selbst nach der Antwort zu suchen.

• • •

# ÜBERREICHER SEGEN

## EIN LEBEN VOLLER GNADE

Gnade ist etwas, das in uns ist und um uns alle herum. Sie ist unsere innere Schönheit, die ausstrahlt und jeden berührt, dem wir begegnen. Sie ist die unsichtbare gottgesandte Hand, die uns aufhilft, wenn wir sie am dringendsten brauchen. Ein Leben in Gnade hat nichts damit zu tun, ob man dessen würdig ist, auch kann man es sich nicht durch gute Taten, Rituale oder Opfer verdienen. Es ist vielmehr eine unverdiente Gunst, die jedem großzügig gewährt wird – ein angeborenes Recht. Wir müssen lediglich den Blick dafür schärfen, dann entdecken und erfahren wir sie überall.

Der Regen, der dürregeplagten Bauern Hilfe bringt, ist ebenso eine Gnade wie der unerwartete Hinweis auf die perfekte freie Stelle, der von einem Wildfremden kommt. Sie widerfährt jemandem, der bei einem schweren Verkehrsunfall wie durch ein Wunder unverletzt bleibt, und sie steckt in den schlichten kleinen Zufällen, die wir als »Glück« bezeichnen — etwa wenn wir nach Ablauf der Parkuhr ohne Strafzettel davonkommen. Gnade wohnt der Liebe zweier Menschen inne, dem Geschenk oder dem Scheck, die ganz unerwartet mit der Post kommen, den behaglichen kleinen Annehmlichkeiten, die ein Zuhause ausmachen, aber auch der Vergebung, die wir anderen zuteilwerden lassen. Gnade lässt uns stehen bleiben und einem Fremden zu helfen. Gnade ist der Zustand, in dem wir uns befinden, wenn wir nichts anderes tun, als einfach ganz wir selbst zu sein.

Wenn wir die Tatsache akzeptieren, dass wir permanent in einem Zustand der Gnade leben, werden wir auch mit anderen »gnädiger« sein. Zu wissen, dass wir »begnadet« sind, gibt uns Hoffnung, macht uns großzügiger und stärkt unser Zutrauen, dass wir auch in schweren Zeiten aufgefangen werden. Unsere Herzensgüte ist eine Gnade, ebenso unsere spirituelle Großzügigkeit. Gnade ist bedingungslose Liebe. Sie ist die Schönheit, die in unserem Mensch-Sein liegt. Wenn wir wissen, dass wir mit Gnade gesegnet sind, können wir gar nicht anders, als unser Leben in Harmonie zu leben.

• • •

## NACHWORT

Ich hege die aufrichtige Hoffnung, dass die Lektüre dieser kleinen Texte eine Veränderung in Ihrem Leben bewirkt hat. Der Gedanke, Ihr Leben zu verändern, kann schön und aufregend, aber auch furchteinflößend sein. Seien Sie behutsam mit sich, wenn Sie die Worte dieser Seiten in Ihr Herz und Ihre Seele einlassen. Seien Sie gut zu sich, und nehmen Sie sich die nötige Zeit, um die Informationen zu verarbeiten. Und was noch wichtiger ist: Gratulieren Sie sich dazu, dass Sie ein mutiger und tapferer Geist sind, der auf unserer Erde lebt. Besinnen Sie sich auf Ihre Schönheit – Sie sind ein wundervolles Lichtwesen.

# DANKSAGUNG

Ich möchte mich bedanken bei
- meinem Mann Scott Blum, dem Mitbegründer von DailyOM
- dem Redaktionsteam, das mich auf dieser Reise begleitet hat: Christa Terry, Malayna Weeratunga, Mick Kubiak, Margaret Schultze und Anna Skinner.

Und ein ganz besonderes Dankeschön an alle, die DailyOM tatkräftig oder finanziell unterstützen.

Madisyn

## WAS IST DAILYOM?

DailyOM ist ein universeller Ansatz für ein ganzheitliches Leben unter Einbeziehung von Seele, Körper und Geist, der sich an alle wendet, die auf der Suche nach einem bewussten Lebensstil sind. Mehr Informationen zu DailyOM finden Sie auf der englischsprachigen Internetseite www. dailyom.com. Dort können Sie sich auch für den Newsletter registrieren, um jeden Tag einen inspirierenden Text zu erhalten. Außerdem finden Sie dort Geschenke und Ideen, die Sie auf Ihrer Reise der Heilung und Bewusstwerdung unterstützen.